内蒙古经济普查年鉴 2018

Inner Mongolia Economic Census Yearbook 2018

综合卷

内蒙古自治区统计局 编著

中国统计出版社
China Statistics Press

图书在版编目(CIP)数据

内蒙古经济普查年鉴. 2018. 综合卷 / 内蒙古自治区统计局编著. -- 北京 : 中国统计出版社, 2020.6
ISBN 978-7-5037-9166-6

Ⅰ. ①内… Ⅱ. ①内… Ⅲ. ①经济-普查-内蒙古-2018-年鉴 Ⅳ. ①F127.26-54

中国版本图书馆 CIP 数据核字(2020)第 091584 号

内蒙古经济普查年鉴-2018/综合卷

作　　者/内蒙古自治区统计局
责任编辑/许立舫
封面设计/黄俊杰　李雪燕
出版发行/中国统计出版社
通信地址/北京市丰台区西三环南路甲 6 号　邮政编码/100073
电　　话/邮购(010)63376909　书店(010)68783171
网　　址/http://www.zgticbs.com/
印　　刷/内蒙古宏业包装印务有限公司
经　　销/新华书店
开　　本/880mm×1230mm 1/16
字　　数/528 千字
印　　张/16.5
版　　别/2020 年 6 月第 1 版
版　　次/2020 年 6 月第 1 次印刷
定　　价/680.00 元(全四册附光盘)

本书附同版本 CD-ROM 一张,光盘内容以书面文字为准。
如有印装差错,由本社发行部调换。

编辑委员会

编 者 说 明

为便于社会各界共同分享内蒙古第四次经济普查成果，更方便地开发利用普查资料，我们将经济普查资料编辑整理，汇编成《内蒙古经济普查年鉴—2018》一书。全书共三卷四册，即综合卷、第二产业卷和第三产业卷。《综合卷》分三篇：第一篇为“综合篇”，第二篇为“企业篇”，第三篇为“文化及相关产业篇”。《第二产业卷》按内容分为上、下两册。上册两篇：第一篇为“工业企业生产经营及财务状况篇”，第二篇为“主要工业产品产量篇”。下册两篇：第一篇为“规模以上工业企业科技情况篇”，第二篇为“建筑业企业生产经营及账务状况篇”。《第三产业卷》分六篇：第一篇为“批发和零售业企业基本情况及财务状况篇”，第二篇为“住宿和餐饮业企业基本情况及财务状况篇”，第三篇为“房地产开发经营业生产经营及财务状况篇”，第四篇为“服务业企业财务状况篇”，第五篇为“服务业行政事业及非企业法人单位篇”，第六篇为“企业信息化和电子商务交易情况篇”。为使读者能够更好地使用本资料，现对有关问题做如下说明：

一、内蒙古第四次经济普查的标准时点为2018年12月31日，时期资料为2018年度；

二、《综合卷》中综合篇和企业篇汇总表，单位数包含兼营二、三产业的农、林、牧、渔业法人单位，从业人员数不包含兼营二、三产业的农、林、牧、渔业法人单位，各种分组表数据中不包含从事金融和铁路部门从业人员；

三、除综合卷中综合篇和企业篇汇总表外，企业法人单位数包括机构类型为企业的法人单位，以及执行企业会计制度的事业法人单位、民办非企业法人单位和基金会，农民专业合作社，农村集体经济组织和除宗教活动场所以外的机构类型为其他组织机构的法人单位；

四、本资料建筑业按法人单位注册地，其他行业按法人单位经营地进行汇总；

五、本资料对部分数据由于计量单位取舍不同或四舍五入而产生的误差数均未作机械调整；

六、表中空格表示该项统计指标数值为零、不足最小单位、数据不详或无该项数据，“#”表示其中的主要项；

七、为了更准确地使用本年鉴，每卷后附有该卷详细的指标解释。

我们希望此书的面世，能使社会各界对内蒙古第四次经济普查有一个全面的了解，更愿本书的内容，能为社会经济研究工作者提供有价值的参考。

内蒙古第四次经济普查资料是内蒙古普查工作者共同辛勤工作的成果，也是广大普查对象积极支持配合的结果。在此，我们向内蒙古所有普查工作者、普查对象和所有参与和支持普查工作的人员致以崇高的敬意和衷心的感谢！

2020年5月

综合卷 目录

第一篇 综合篇

第二篇 企业篇

第三篇　文化及相关产业篇

A. 概况

B. 文化制造业

C. 文化批零业

D. 文化服务业

E. 文化产业个体经营户

附　录

C. 文化批零业

D. 文化服务业

E. 文化产业个体经营户

附　录

第一篇

综 合 篇

1-1　按地区、行业门类分组的法人单位数

地　　区	法　人单位数（个）	农、林、牧、渔业	采矿业	制造业	电力、热力、燃气及水生产和供应业	建筑业	批发和零售业
总　　计	**297202**	**7267**	**3880**	**22179**	**2902**	**21994**	**85930**
呼和浩特市	41993	190	86	2218	211	3146	11912
包　头　市	41561	889	356	3478	315	2198	15408
呼伦贝尔市	29108	801	235	1799	228	1905	8016
兴　安　盟	11699	331	103	762	133	872	2421
通　辽　市	26875	1878	216	1875	323	1881	6423
赤　峰　市	40472	1515	794	3505	410	3504	10642
锡林郭勒盟	18418	178	406	1694	243	919	5256
乌兰察布市	19009	156	259	1919	287	1207	4664
鄂尔多斯市	34596	815	703	2206	372	3860	10114
巴彦淖尔市	17093	461	171	1597	217	1170	5692
乌　海　市	9349	17	135	497	47	699	3740
阿拉善盟	7029	36	416	629	116	633	1642

1-1　续表1

地　　区	交通运输、仓储和邮政业	住宿和餐饮业	信息传输、软件和信息技术服务业	金融业	房地产业	租赁和商务服务业	科学研究和技术服务业
总　　计	**11040**	**4358**	**8256**	**1721**	**11617**	**32688**	**13105**
呼和浩特市	1294	676	2237	304	2003	6118	3171
包　头　市	1531	583	1288	188	1579	4958	1640
呼伦贝尔市	1200	554	732	158	1163	3103	1218
兴　安　盟	363	187	204	83	540	1113	462
通　辽　市	828	262	628	161	953	2236	1037
赤　峰　市	1261	527	1207	146	1589	4356	1512
锡林郭勒盟	724	317	370	115	830	1608	758
乌兰察布市	718	423	324	141	691	1763	705
鄂尔多斯市	1555	452	544	183	1167	4336	1366
巴彦淖尔市	590	149	348	94	555	1427	575
乌　海　市	579	117	261	79	352	969	294
阿拉善盟	397	111	113	69	195	701	367

1-1 续表2

地区	水利、环境和公共设施管理业	居民服务、修理和其他服务业	教育	卫生和社会工作	文化、体育和娱乐业	公共管理、社会保障和社会组织
总计	**3785**	**6932**	**10805**	**4926**	**7343**	**36474**
呼和浩特市	537	1190	1382	487	1314	3517
包头市	386	1158	1189	597	822	2998
呼伦贝尔市	364	569	1050	572	937	4504
兴安盟	204	219	737	274	304	2387
通辽市	331	679	1495	617	759	4293
赤峰市	358	869	1943	739	1073	4522
锡林郭勒盟	307	392	417	328	390	3166
乌兰察布市	195	426	713	377	339	3702
鄂尔多斯市	596	785	1058	463	835	3186
巴彦淖尔市	254	308	467	284	265	2469
乌海市	140	211	205	82	166	759
阿拉善盟	113	126	149	106	139	971

1-2 按地区分组的法人单位数及从业人员数

地区	法人单位数（个）	单产业法人单位	多产业法人单位	从业人员数（人）	#女性
总计	**297202**	**289435**	**7767**	**4775258**	**1824518**
呼和浩特市	41993	41469	524	682796	278165
包头市	41561	40618	943	640153	236238
呼伦贝尔市	29108	27921	1187	426511	146039
兴安盟	11699	11164	535	166936	66838
通辽市	26875	26081	794	358741	137506
赤峰市	40472	39306	1166	581819	214593
锡林郭勒盟	18418	17847	571	211240	78644
乌兰察布市	19009	18581	428	269569	96681
鄂尔多斯市	34596	33978	618	577233	190656
巴彦淖尔市	17093	16653	440	241618	91910
乌海市	9349	9058	291	147681	53555
阿拉善盟	7029	6759	270	88996	30791
不分地区				381965	202902

注：表中“不分地区”的从业人员期末人数及女性是指从事金融和铁路部门从业人员。

1-3 按行业(中类)分组的法人单位数及从业人员数

行业中类	法人单位数(个)	单产业法人单位	多产业法人单位	从业人员数(人)	#女性
总 计	**297202**	**289435**	**7767**	**4775258**	**1824518**
农、林、牧、渔业	**7267**	**7155**	**112**	**49172**	**10756**
农业	31		31		
谷物种植	15		15		
豆类、油料和薯类种植	11		11		
棉、麻、糖、烟草种植					
蔬菜、食用菌及园艺作物种植	NA		3		
水果种植	NA		2		
坚果、含油果、香料和饮料作物种植					
中药材种植					
草种植及割草					
其他农业					
林业	16		16		
林木育种和育苗					
造林和更新					
森林经营、管护和改培	16		16		
木材和竹材采运					
林产品采集					
畜牧业	19		19		
牲畜饲养	15		15		
家禽饲养	4		4		
狩猎和捕捉动物					
其他畜牧业					
渔业					
水产养殖					
水产捕捞					
农、林、牧、渔专业及辅助性活动	7201	7155	46	49172	10756
农业专业及辅助性活动	5351	5318	33	26380	5925
林业专业及辅助性活动	398	388	10	16792	3271
畜牧专业及辅助性活动	1382	1379	3	5582	1464
渔业专业及辅助性活动	70	70		418	96
采矿业	**3880**	**3806**	**74**	**257443**	**40040**
煤炭开采和洗选业	968	923	45	193852	26515
烟煤和无烟煤开采洗选	828	794	34	130656	19694
褐煤开采洗选	99	88	11	63111	6804
其他煤炭采选	41	41		85	17
石油和天然气开采业	65	65		3974	933
石油开采	56	56		3919	928
天然气开采	9	9		55	5
黑色金属矿采选业	604	593	11	18323	5807
铁矿采选	590	579	11	18245	5793
锰矿、铬矿采选	NA	2		14	6
其他黑色金属矿采选	12	12		64	8
有色金属矿采选业	414	412	2	21603	3955
常用有色金属矿采选	273	271	2	17031	3151

注:NA表示单位个数小于或等于3,下表同。

1-3 续表1

行业中类	法人单位数（个）	单产业法人单位	多产业法人单位	从业人员数（人）	#女性
贵金属矿采选	101	101		1487	201
稀有稀土金属矿采选	40	40		3085	603
非金属矿采选业	1613	1598	15	16112	2550
土砂石开采	1409	1398	11	13358	2074
化学矿开采	23	23		100	8
采盐	12	10	2	520	106
石棉及其他非金属矿采选	169	167	2	2134	362
开采专业及辅助性活动	101	101		3248	227
煤炭开采和洗选专业及辅助性活动	20	20		979	91
石油和天然气开采专业及辅助性活动	73	73		2217	131
其他开采专业及辅助性活动	8	8		52	5
其他采矿业	115	114	1	331	53
其他采矿业	115	114	1	331	53
制造业	**22179**	**21746**	**433**	**673056**	**189253**
农副食品加工业	3466	3379	87	53632	19599
谷物磨制	580	565	15	4444	1424
饲料加工	419	413	6	8018	1717
植物油加工	232	230	2	2830	811
制糖业	25	25		4243	924
屠宰及肉类加工	1245	1195	50	23272	10577
水产品加工	6	6		7	1
蔬菜、菌类、水果和坚果加工	428	420	8	3836	1739
其他农副食品加工	531	525	6	6982	2406
食品制造业	1164	1128	36	55669	21542
焙烤食品制造	251	235	16	2351	1417
糖果、巧克力及蜜饯制造	30	29	1	795	324
方便食品制造	186	182	4	1869	1040
乳制品制造	258	252	6	28720	11021
罐头食品制造	26	24	2	1066	343
调味品、发酵制品制造	177	173	4	13769	4910
其他食品制造	236	233	3	7099	2487
酒、饮料和精制茶制造业	836	806	30	21322	8415
酒的制造	431	410	21	17162	6710
饮料制造	395	386	9	4120	1693
精制茶加工	10	10		40	12
烟草制品业	NA	3		2658	769
烟叶复烤					
卷烟制造	NA	3		2658	769
其他烟草制品制造					
纺织业	549	532	17	8923	5844
棉纺织及印染精加工	24	24		532	462
毛纺织及染整精加工	360	345	15	5909	3748
麻纺织及染整精加工	NA	3		7	2
丝绢纺织及印染精加工	NA	1		1	
化纤织造及印染精加工	6	6		103	21
针织或钩针编织物及其制品制造	57	56	1	1832	1314

1-3　续表2

行业中类	法人单位数（个）	单产业法人单位	多产业法人单位	从业人员数（人）	#女性
家用纺织制成品制造	48	47	1	309	192
产业用纺织制成品制造	50	50		230	105
纺织服装、服饰业	561	543	18	15702	10588
机织服装制造	204	198	6	3850	2549
针织或钩针编织服装制造	74	72	2	7059	4699
服饰制造	283	273	10	4793	3340
皮革、毛皮、羽毛及其制品和制鞋业	164	162	2	3145	2214
皮革鞣制加工	24	24		192	121
皮革制品制造	44	44		414	251
毛皮鞣制及制品加工	40	40		686	501
羽毛(绒)加工及制品制造	39	38	1	184	112
制鞋业	17	16	1	1669	1229
木材加工和木、竹、藤、棕、草制品业	703	698	5	8141	2893
木材加工	420	417	3	4352	1607
人造板制造	68	67	1	1940	548
木质制品制造	155	154	1	1170	423
竹、藤、棕、草等制品制造	60	60		679	315
家具制造业	212	208	4	1973	588
木质家具制造	168	165	3	1856	554
竹、藤家具制造	NA	1			
金属家具制造	22	22		65	13
塑料家具制造	NA	3		4	1
其他家具制造	18	17	1	48	20
造纸和纸制品业	219	219		5443	1670
纸浆制造	4	4		963	130
造纸	42	42		455	125
纸制品制造	173	173		4025	1415
印刷和记录媒介复制业	564	549	15	4712	2174
印刷	460	449	11	4249	1931
装订及印刷相关服务	103	99	4	460	243
记录媒介复制	NA	1		3	
文教、工美、体育和娱乐用品制造业	378	375	3	2296	1136
文教办公用品制造	31	31		191	82
乐器制造	19	19		94	30
工艺美术及礼仪用品制造	303	300	3	1897	1002
体育用品制造	16	16		102	17
玩具制造	7	7		7	2
游艺器材及娱乐用品制造	NA	2		5	3
石油、煤炭及其他燃料加工业	403	398	5	28013	6590
精炼石油产品制造	64	62	2	5952	1412
煤炭加工	278	275	3	21783	5114
核燃料加工	NA	1			
生物质燃料加工	60	60		278	64
化学原料和化学制品制造业	1582	1562	20	97621	23125
基础化学原料制造	444	439	5	42548	9349
肥料制造	453	448	5	10763	2279

1-3 续表3

行业中类	法人单位数（个）	单产业法人单位	多产业法人单位	从业人员数（人）	#女性
农药制造	28	28		3253	932
涂料、油墨、颜料及类似产品制造	141	138	3	2255	533
合成材料制造	90	89	1	27836	6896
专用化学产品制造	303	298	5	7986	2011
炸药、火工及焰火产品制造	41	40	1	2260	740
日用化学产品制造	82	82		720	385
医药制造业	232	223	9	24663	9367
化学药品原料药制造	36	35	1	11761	3676
化学药品制剂制造	26	26		4801	1929
中药饮片加工	62	61	1	734	338
中成药生产	48	44	4	3715	1896
兽用药品制造	17	14	3	1444	531
生物药品制品制造	30	30		2027	869
卫生材料及医药用品制造	13	13		181	128
药用辅料及包装材料					
化学纤维制造业	29	29		141	65
纤维素纤维原料及纤维制造	7	7		66	27
合成纤维制造	11	11		56	31
生物基材料制造	11	11		19	7
橡胶和塑料制品业	802	792	10	10090	3343
橡胶制品业	70	69	1	1915	370
塑料制品业	732	723	9	8175	2973
非金属矿物制品业	3986	3917	69	63181	13410
水泥、石灰和石膏制造	526	515	11	16669	3594
石膏、水泥制品及类似制品制造	1194	1164	30	14773	2730
砖瓦、石材等建筑材料制造	1619	1595	24	14399	3590
玻璃制造	37	37		1226	279
玻璃制品制造	56	56		949	283
玻璃纤维和玻璃纤维增强塑料制品制造	53	53		1085	386
陶瓷制品制造	46	45	1	1298	337
耐火材料制品制造	82	82		1807	504
石墨及其他非金属矿物制品制造	373	370	3	10975	1707
黑色金属冶炼和压延加工业	395	385	10	91678	19084
炼铁	23	23		1850	257
炼钢	10	10		4373	1149
钢压延加工	117	109	8	48319	9640
铁合金冶炼	245	243	2	37136	8038
有色金属冶炼和压延加工业	398	387	11	60408	9629
常用有色金属冶炼	115	111	4	39801	5473
贵金属冶炼	21	21		6521	1043
稀有稀土金属冶炼	55	53	2	4086	987
有色金属合金制造	91	86	5	2328	513
有色金属压延加工	116	116		7672	1613
金属制品业	1605	1588	17	29083	7678
结构性金属制品制造	1088	1078	10	7566	1625
金属工具制造	67	65	2	576	164

1-3　续表4

行业中类	法人单位数（个）	单产业法人单位	多产业法人单位	从业人员数（人）	#女性
集装箱及金属包装容器制造	34	34		1141	343
金属丝绳及其制品制造	88	87	1	9625	2779
建筑、安全用金属制品制造	84	83	1	3724	1241
金属表面处理及热处理加工	56	56		580	178
搪瓷制品制造	NA	2		5	2
金属制日用品制造	17	16	1	96	23
铸造及其他金属制品制造	169	167	2	5770	1323
通用设备制造业	1054	1041	13	12496	2781
锅炉及原动设备制造	155	149	6	2055	395
金属加工机械制造	184	182	2	2332	515
物料搬运设备制造	28	28		838	167
泵、阀门、压缩机及类似机械制造	61	61		649	171
轴承、齿轮和传动部件制造	10	9	1	199	17
烘炉、风机、包装等设备制造	85	85		941	206
文化、办公用机械制造	4	4		15	2
通用零部件制造	464	460	4	4940	1192
其他通用设备制造业	63	63		527	116
专用设备制造业	803	786	17	10608	2609
采矿、冶金、建筑专用设备制造	228	225	3	3333	714
化工、木材、非金属加工专用设备制造	40	40		1144	303
食品、饮料、烟草及饲料生产专用设备制造	39	37	2	650	172
印刷、制药、日化及日用品生产专用设备制造	6	6		36	5
纺织、服装和皮革加工专用设备制造	4	4		2	1
电子和电工机械专用设备制造	24	24		103	25
农、林、牧、渔专用机械制造	220	210	10	2840	534
医疗仪器设备及器械制造	47	47		877	481
环保、邮政、社会公共服务及其他专用设备制造	195	193	2	1623	374
汽车制造业	183	181	2	10101	1764
汽车整车制造	17	17		4858	697
汽车用发动机制造	NA	1			
改装汽车制造	11	10	1	418	102
低速汽车制造					
电车制造	NA	2		32	4
汽车车身、挂车制造	21	21		429	67
汽车零部件及配件制造	131	130	1	4364	894
铁路、船舶、航空航天和其他运输设备制造业	36	34	2	14449	3628
铁路运输设备制造	17	16	1	11894	2921
城市轨道交通设备制造					
船舶及相关装置制造	NA	2	1	100	25
航空、航天器及设备制造	9	9		2222	666
摩托车制造	NA	1		9	2
自行车和残疾人座车制造	NA	1		1	
助动车制造	NA	3		1	
非公路休闲车及零配件制造	NA	2		222	14
潜水救捞及其他未列明运输设备制造					
电气机械和器材制造业	468	455	13	8124	2222

1-3 续表5

行业中类	法人单位数（个）	单产业法人单位	多产业法人单位	从业人员数（人）	#女性
电机制造	55	53	2	2789	598
输配电及控制设备制造	188	183	5	3098	866
电线、电缆、光缆及电工器材制造	73	68	5	1052	384
电池制造	30	29	1	361	116
家用电力器具制造	21	21		221	94
非电力家用器具制造	29	29		177	34
照明器具制造	34	34		135	51
其他电气机械及器材制造	38	38		291	79
计算机、通信和其他电子设备制造业	201	199	2	15429	3644
计算机制造	27	27		213	105
通信设备制造	10	10		87	28
广播电视设备制造	4	4		128	32
雷达及配套设备制造					
非专业视听设备制造	5	5		1050	363
智能消费设备制造	15	15		147	54
电子器件制造	14	14		2453	563
电子元件及电子专用材料制造	115	113	2	11299	2488
其他电子设备制造	11	11		52	11
仪器仪表制造业	71	71		717	209
通用仪器仪表制造	38	38		470	155
专用仪器仪表制造	13	13		91	26
钟表与计时仪器制造	NA	1		1	
光学仪器制造	NA	2		5	3
衡器制造	16	16		149	25
其他仪器仪表制造业	NA	1		1	
其他制造业	143	143		912	231
日用杂品制造	25	25		194	35
核辐射加工	NA	2		15	5
其他未列明制造业	116	116		703	191
废弃资源综合利用业	263	259	4	4160	795
金属废料和碎屑加工处理	116	114	2	2020	375
非金属废料和碎屑加工处理	147	145	2	2140	420
金属制品、机械和设备修理业	706	694	12	7566	1647
金属制品修理	17	17		96	22
通用设备修理	107	102	5	809	164
专用设备修理	176	174	2	1538	304
铁路、船舶、航空航天等运输设备修理	15	15		277	101
电气设备修理	114	112	2	2963	610
仪器仪表修理	5	5		10	4
其他机械和设备修理业	272	269	3	1873	442
电力、热力、燃气及水生产和供应业	**2902**	**2800**	**102**	**187004**	**49225**
电力、热力生产和供应业	2111	2061	50	151813	37378
电力生产	1339	1316	23	65297	13650
电力供应	110	106	4	53614	14956
热力生产和供应	662	639	23	32902	8772

1-3　续表6

行业中类	法　人 单位数 （个）	单产业 法人单位	多产业 法人单位	从　业 人员数 （人）	#女性
燃气生产和供应业	228	200	28	12212	3392
燃气生产和供应业	217	189	28	11467	3327
生物质燃气生产和供应业	11	11		745	65
水的生产和供应业	563	539	24	22979	8455
自来水生产和供应	330	312	18	17847	6981
污水处理及其再生利用	213	207	6	4951	1438
海水淡化处理					
其他水的处理、利用与分配	20	20		181	36
建筑业	**21994**	**21754**	**240**	**346616**	**60807**
房屋建筑业	3678	3578	100	169365	26345
住宅房屋建筑	3132	3036	96	160446	24759
体育场馆建筑	7	7		36	6
其他房屋建筑业	539	535	4	8883	1580
土木工程建筑业	6486	6417	69	97279	19096
铁路、道路、隧道和桥梁工程建筑	2032	2006	26	42593	8130
水利和水运工程建筑	437	428	9	10513	2165
海洋工程建筑					
工矿工程建筑	244	239	5	10198	1407
架线和管道工程建筑	639	629	10	11448	2468
节能环保工程施工	95	95		1414	508
电力工程施工	192	185	7	5434	779
其他土木工程建筑	2847	2835	12	15679	3639
建筑安装业	3204	3179	25	27298	5454
电气安装	914	903	11	9798	2109
管道和设备安装	993	989	4	7611	1381
其他建筑安装业	1297	1287	10	9889	1964
建筑装饰、装修和其他建筑业	8626	8580	46	52674	9912
建筑装饰和装修业	6832	6801	31	26082	6622
建筑物拆除和场地准备活动	875	863	12	13345	1416
提供施工设备服务	176	176		2416	284
其他未列明建筑业	743	740	3	10831	1590
批发和零售业	**85930**	**84240**	**1690**	**389951**	**163592**
批发业	41767	41245	522	182699	60150
农、林、牧、渔产品批发	5552	5486	66	23947	5988
食品、饮料及烟草制品批发	3974	3891	83	21286	8235
纺织、服装及家庭用品批发	1636	1623	13	6036	3335
文化、体育用品及器材批发	710	704	6	2336	1102
医药及医疗器材批发	1282	1231	51	14456	7116
矿产品、建材及化工产品批发	16616	16455	161	73942	20974
机械设备、五金产品及电子产品批发	8789	8694	95	32396	10636
贸易经纪与代理	1090	1084	6	2648	942
其他批发业	2118	2077	41	5652	1822
零售业	44163	42995	1168	207252	103442
综合零售	5292	5197	95	37198	23177
食品、饮料及烟草制品专门零售	4975	4875	100	14831	6522

1-3 续表7

行业中类	法人单位数（个）	单产业法人单位	多产业法人单位	从业人员数（人）	#女性
纺织、服装及日用品专门零售	2944	2823	121	11044	7237
文化、体育用品及器材专门零售	2259	2201	58	8632	4792
医药及医疗器材专门零售	4131	3824	307	25890	18196
汽车、摩托车、零配件和燃料及其他动力销售	8033	7791	242	56668	22421
家用电器及电子产品专门零售	5375	5256	119	20992	9581
五金、家具及室内装饰材料专门零售	7833	7792	41	20938	7959
货摊、无店铺及其他零售业	3321	3236	85	11059	3557
交通运输、仓储和邮政业	**11040**	**10705**	**335**	**284388**	**67907**
铁路运输业	34	29	5	104024	15801
铁路旅客运输	NA	1		104011	15800
铁路货物运输	31	27	4	13	1
铁路运输辅助活动	NA	1	1		
道路运输业	8061	7906	155	125692	34985
城市公共交通运输	357	344	13	23528	6483
公路旅客运输	195	159	36	7742	3013
道路货物运输	6898	6822	76	58316	9776
道路运输辅助活动	611	581	30	36106	15713
水上运输业	14	14		127	38
水上旅客运输	6	6		18	4
水上货物运输	NA	2		25	4
水上运输辅助活动	6	6		84	30
航空运输业	96	94	2	6485	2462
航空客货运输	19	19		1334	498
通用航空服务	34	34		280	72
航空运输辅助活动	43	41	2	4871	1892
管道运输业	5	5		145	63
海底管道运输	NA	1		3	2
陆地管道运输	4	4		142	61
多式联运和运输代理业	676	662	14	4101	1306
多式联运	4	3	1	9	4
运输代理业	672	659	13	4092	1302
装卸搬运和仓储业	1752	1705	47	22367	4667
装卸搬运	913	902	11	12369	1981
通用仓储	159	153	6	1529	310
低温仓储	73	72	1	443	135
危险品仓储	10	10		191	21
谷物、棉花等农产品仓储	424	402	22	5878	1484
中药材仓储	4	4		5	3
其他仓储业	169	162	7	1952	733
邮政业	402	290	112	21447	8585
邮政基本服务	38	27	11	13053	6701
快递服务	346	245	101	8340	1872
其他寄递服务	18	18		54	12
住宿和餐饮业	**4358**	**4188**	**170**	**78153**	**44968**
住宿业	1936	1871	65	36099	22174

1-3　续表8

行业中类	法人单位数（个）	单产业法人单位	多产业法人单位	从业人员数（人）	#女性
旅游饭店	696	672	24	19864	11680
一般旅馆	1052	1015	37	14400	9319
民宿服务	32	30	2	247	169
露营地服务	NA	2		2	2
其他住宿业	154	152	2	1586	1004
餐饮业	2422	2317	105	42054	22794
正餐服务	2140	2051	89	39145	21543
快餐服务	110	105	5	1432	902
饮料及冷饮服务	18	17	1	29	13
餐饮配送及外卖送餐服务	75	69	6	1103	140
其他餐饮业	79	75	4	345	196
信息传输、软件和信息技术服务业	**8256**	**8128**	**128**	**77226**	**33559**
电信、广播电视和卫星传输服务	855	787	68	44370	21111
电信	706	646	60	37288	18558
广播电视传输服务	140	132	8	7037	2537
卫星传输服务	9	9		45	16
互联网和相关服务	1607	1589	18	5625	1969
互联网接入及相关服务	189	186	3	819	236
互联网信息服务	769	762	7	1977	763
互联网平台	296	291	5	1349	468
互联网安全服务	40	38	2	323	130
互联网数据服务	99	99		424	136
其他互联网服务	214	213	1	733	236
软件和信息技术服务业	5794	5752	42	27231	10479
软件开发	3005	2983	22	12748	4591
集成电路设计	18	17	1	348	99
信息系统集成和物联网技术服务	696	689	7	3932	1243
运行维护服务	490	487	3	3096	1166
信息处理和存储支持服务	73	71	2	390	131
信息技术咨询服务	1066	1062	4	3352	1257
数字内容服务	159	157	2	428	151
其他信息技术服务业	287	286	1	2937	1841
金融业	**1721**	**1114**	**607**	**382449**	**241472**
货币金融服务	1012	701	311	103214	53794
资本市场服务	121	117	4	4205	1912
保险业	444	158	286	274068	185346
其他金融业	144	138	6	962	420
房地产业	**11617**	**11104**	**513**	**163651**	**76723**
房地产业	11617	11104	513	163651	76723
房地产开发经营	3784	3613	171	44629	17075
物业管理	4542	4437	105	100213	51669
房地产中介服务	2534	2328	206	11711	5076
房地产租赁经营	678	648	30	6248	2552
其他房地产业	79	78	1	850	351
租赁和商务服务业	**32688**	**32190**	**498**	**250095**	**82375**

1-3 续表 9

行业中类	法人单位数（个）	单产业法人单位	多产业法人单位	从业人员数（人）	#女性
租赁业	4774	4740	34	17960	3691
机械设备经营租赁	4693	4659	34	17725	3603
文体设备和用品出租	71	71		188	71
日用品出租	10	10		47	17
商务服务业	27914	27450	464	232135	78684
组织管理服务	2874	2790	84	36025	13353
综合管理服务	750	730	20	9506	3707
法律服务	939	934	5	8782	4312
咨询与调查	9097	8996	101	29412	15468
广告业	5299	5261	38	17473	6936
人力资源服务	3903	3870	33	89617	23839
安全保护服务	494	469	25	25760	3874
会议、展览及相关服务	824	820	4	2574	1112
其他商务服务业	3734	3580	154	12986	6083
科学研究和技术服务业	**13105**	**12907**	**198**	**127988**	**41884**
研究和试验发展	870	863	7	10974	3909
自然科学研究和试验发展	42	41	1	302	110
工程和技术研究和试验发展	440	437	3	4035	1162
农业科学研究和试验发展	211	209	2	4636	1599
医学研究和试验发展	117	116	1	1217	632
社会人文科学研究	60	60		784	406
专业技术服务业	8062	7900	162	97915	31523
气象服务	267	245	22	3731	1486
地震服务	68	67	1	746	266
海洋服务	NA	1		38	8
测绘地理信息服务	443	433	10	4587	1399
质检技术服务	1294	1272	22	16451	6120
环境与生态监测检测服务	436	429	7	3774	1666
地质勘查	470	462	8	11747	2844
工程技术与设计服务	3374	3298	76	47157	15075
工业与专业设计及其他专业技术服务	1709	1693	16	9684	2659
科技推广和应用服务业	4173	4144	29	19099	6452
技术推广服务	3423	3399	24	16170	5292
知识产权服务	129	129		346	177
科技中介服务	167	166	1	551	206
创业空间服务	77	76	1	472	215
其他科技推广服务业	377	374	3	1560	562
水利、环境和公共设施管理业	**3785**	**3737**	**48**	**57193**	**20753**
水利管理业	546	533	13	8244	2476
防洪除涝设施管理	100	100		1460	374
水资源管理	182	171	11	3240	990
天然水收集与分配	84	83	1	1367	376
水文服务	22	21	1	515	181
其他水利管理业	158	158		1662	555
生态保护和环境治理业	533	529	4	5770	1623

1-3　续表 10

行业中类	法人单位数（个）	单产业法人单位	多产业法人单位	从业人员数（人）	#女性
生态保护	247	245	2	3439	1009
环境治理业	286	284	2	2331	614
公共设施管理业	2578	2549	29	42125	16259
市政设施管理	217	211	6	6764	2475
环境卫生管理	287	286	1	16738	7519
城乡市容管理	37	37		340	157
绿化管理	1665	1661	4	11250	3423
城市公园管理	38	38		566	216
游览景区管理	334	316	18	6467	2469
土地管理业	128	126	2	1054	395
土地整治服务	30	29	1	189	69
土地调查评估服务	38	37	1	225	94
土地登记服务	14	14		213	90
土地登记代理服务	8	8		84	29
其他土地管理服务	38	38		343	113
居民服务、修理和其他服务业	**6932**	**6806**	**126**	**48447**	**22688**
居民服务业	3124	3065	59	19861	9885
家庭服务	1389	1369	20	6945	4220
托儿所服务	17	17		64	54
洗染服务	84	82	2	699	422
理发及美容服务	230	222	8	647	467
洗浴和保健养生服务	318	307	11	4107	2638
摄影扩印服务	175	170	5	588	278
婚姻服务	334	329	5	877	364
殡葬服务	246	244	2	2820	858
其他居民服务业	331	325	6	3114	584
机动车、电子产品和日用产品修理业	2957	2898	59	11347	2927
汽车、摩托车等修理与维护	2200	2144	56	8943	2231
计算机和办公设备维修	390	390		1188	350
家用电器修理	260	259	1	825	248
其他日用产品修理业	107	105	2	391	98
其他服务业	851	843	8	17239	9876
清洁服务	658	651	7	16568	9671
宠物服务	26	25	1	108	38
其他未列明服务业	167	167		563	167
教育	**10805**	**10535**	**270**	**407447**	**265052**
教育	10805	10535	270	407447	265052
学前教育	3306	3292	14	63884	56750
初等教育	1663	1523	140	122675	80509
中等教育	1172	1149	23	149175	89041
高等教育	82	78	4	36122	19636
特殊教育	55	55		1571	1014
技能培训、教育辅助及其他教育	4527	4438	89	34020	18102
卫生和社会工作	**4926**	**4827**	**99**	**208904**	**140650**
卫生	3495	3405	90	196932	133587

1-3 续表 11

行业中类	法人单位数（个）	单产业法人单位	多产业法人单位	从业人员数（人）	#女性
医院	763	740	23	144215	100622
基层医疗卫生服务	2125	2071	54	34121	20702
专业公共卫生服务	517	510	7	15781	10462
其他卫生活动	90	84	6	2815	1801
社会工作	1431	1422	9	11972	7063
提供住宿社会工作	1016	1008	8	9988	5946
不提供住宿社会工作	415	414	1	1984	1117
文化、体育和娱乐业	**7343**	**7257**	**86**	**53029**	**24586**
新闻和出版业	144	142	2	5118	2708
新闻业	45	45		985	517
出版业	99	97	2	4133	2191
广播、电视、电影和录音制作业	914	888	26	11505	5044
广播	52	49	3	3643	1614
电视	47	42	5	2742	1154
影视节目制作	548	545	3	1971	723
广播电视集成播控	NA	3		208	92
电影和广播电视节目发行	12	12		61	20
电影放映	214	199	15	2762	1398
录音制作	38	38		118	43
文化艺术业	2219	2209	10	20592	10683
文艺创作与表演	621	619	2	7702	3810
艺术表演场馆	17	17		519	262
图书馆与档案馆	266	264	2	3289	1996
文物及非物质文化遗产保护	113	112	1	1298	553
博物馆	124	124		1427	723
烈士陵园、纪念馆	18	18		176	104
群众文体活动	487	485	2	3772	2114
其他文化艺术业	573	570	3	2409	1121
体育	906	888	18	4964	1750
体育组织	432	429	3	2047	630
体育场地设施管理	68	67	1	956	325
健身休闲活动	377	363	14	1892	767
其他体育	29	29		69	28
娱乐业	3160	3130	30	10850	4401
室内娱乐活动	1964	1942	22	5471	2174
游乐园	47	47		519	230
休闲观光活动	169	165	4	622	210
彩票活动	21	21		746	338
文化体育娱乐活动与经纪代理服务	918	915	3	2735	1202
其他娱乐业	41	40	1	757	247
公共管理、社会保障和社会组织	**36474**	**34436**	**2038**	**733046**	**248228**
中国共产党机关	1332	1154	178	29071	9643
中国共产党机关	1332	1154	178	29071	9643
国家机构	13573	11765	1808	573125	186509
国家权力机构	220	204	16	5627	1598

1-3　续表 12

行业中类	法　人 单位数 （个）	单产业 法人单位	多产业 法人单位	从　业 人员数 （人）	#女性
国家行政机构	13012	11287	1725	541234	174371
人民法院和人民检察院	267	202	65	24236	10174
其他国家机构	74	72	2	2028	366
人民政协、民主党派	173	158	15	3305	994
人民政协	137	122	15	3265	973
民主党派	36	36		40	21
社会保障	230	224	6	6385	3794
基本保险	163	158	5	5843	3479
补充保险	NA	1			
其他社会保障	66	65	1	542	315
群众团体、社会团体和其他成员组织	7738	7726	12	35319	16048
群众团体	733	723	10	6322	3362
社会团体	5796	5796		22087	10367
基金会	74	73	1	296	99
宗教组织	1135	1134	1	6614	2220
基层群众自治组织	13428	13409	19	85841	31240
社区居民自治组织	2369	2369		20285	15422
村民自治组织	11059	11040	19	65556	15818

1-4　按机构类型、从业人员组距分组的法人单位数及从业人员数

分　组	法　人 单位数 （个）	单产业 法人单位	多产业 法人单位	从　业 人员数 （人）	#女性
总　计	**297202**	**289435**	**7767**	**4775258**	**1824518**
按机构类型分组					
企业	232077	226787	5290	3284645	1126899
事业单位	20054	19533	521	823806	440254
机关	7554	5671	1883	430155	142626
社会团体	6736	6725	11	29495	14176
民办非企业单位	6097	6089	8	73418	56423
基金会	74	73	1	296	99
居委会	2369	2369		20285	15422
村委会	11059	11040	19	65556	15818
其他法人	11182	11148	34	47602	12801
按从业人员组距分组					
7 人及以下	230373	228159	2214	498729	182281
8 - 19 人	35037	33767	1270	407853	158539
20 - 49 人	17521	16056	1465	529055	212764
50 - 99 人	7477	6302	1175	507063	210147
100 - 299 人	4811	3865	946	749022	308499
300 - 499 人	881	641	240	298640	104007
500 - 999 人	641	413	228	372290	119904
1000 - 4999 人	424	221	203	580913	191248
5000 - 9999 人	23	8	15	123533	34210
10000 人及以上	14	3	11	226328	47725

1-5 按开业(成立)时间分组的法人单位数及从业人员数

开业成立时间	法人单位数（个）	单产业法人单位	多产业法人单位	从业人员数（人）	#女性
总计	**297202**	**289435**	**7767**	**4775258**	**1824518**
1949 年以前	1573	1432	141	89000	40662
1950 - 1977 年	8521	7895	626	480258	211183
1978 - 1991 年	8941	8362	579	280803	119923
1992 - 2000 年	9590	8829	761	555094	177803
2001 年	2448	2244	204	108759	38583
2002 年	3473	3188	285	117514	41126
2003 年	3295	3101	194	117244	42287
2004 年	3476	3247	229	128905	46936
2005 年	4568	4322	246	131244	43450
2006 年	5866	5567	299	147476	49342
2007 年	5267	5003	264	137090	42049
2008 年	6296	6006	290	152357	47392
2009 年	7826	7613	213	148361	52513
2010 年	10064	9756	308	142692	50629
2011 年	10286	9987	299	145140	52402
2012 年	11335	11031	304	123906	46378
2013 年	13534	13222	312	150085	58402
2014 年	21607	21234	373	156102	59303
2015 年	28124	27592	532	200601	76882
2016 年	37424	36817	607	253751	93802
2017 年	45331	44913	418	311643	100177
2018 年	47637	47356	281	214650	77843
无开业年份	720	718	2	751	257

1-6　按登记注册类型分组的法人单位数及从业人员数

登记注册类型	法人单位数（个）	单产业法人单位	多产业法人单位	从业人员数（人）	#女性
总　计	**297202**	**289435**	**7767**	**4775258**	**1824518**
内资	**296795**	**289072**	**7723**	**4689966**	**1793020**
国有	29181	26595	2586	1360878	613977
集体	1259	1187	72	22183	10074
股份合作	128	91	37	11121	4952
联营	226	223	3	2789	1592
国有联营	25	25		994	563
集体联营	65	63	2	315	151
国有与集体联营	17	17		691	441
其他联营	119	118	1	789	437
有限责任公司	65735	63941	1794	1434660	422644
国有独资公司	1459	1326	133	285369	78458
其他有限责任公司	64276	62615	1661	1149291	344186
股份有限公司	4256	3729	527	476265	240971
私营	162417	159770	2647	1153785	396734
私营独资	8351	8269	82	52213	29742
私营合伙	1353	1343	10	13995	7321
私营有限责任公司	147930	145480	2450	1036288	342189
私营股份有限公司	4783	4678	105	51289	17482
其他	33593	33536	57	228285	102076
港、澳、台商投资	**141**	**129**	**12**	**38561**	**14198**
合资经营企业（港或澳、台资）	52	47	5	12177	3729
合作经营企业（港或澳、台资）					
港、澳、台商独资经营	73	72	1	16368	6173
港、澳、台商投资股份有限公司	13	7	6	10013	4296
其他港、澳、台商投资	NA	3		3	
外商投资	**266**	**234**	**32**	**46731**	**17300**
中外合资经营	117	99	18	35018	13353
中外合作经营	10	8	2	1120	191
外资企业	82	77	5	4739	2040
外商投资股份有限公司	7	3	4	4382	1253
其他外商投资	50	47	3	1472	463

1-7 按行业(大类)、地区

行业大类	法人单位数(个)	呼和浩特市	包头市	呼伦贝尔市	兴安盟
总　计	**297202**	**41993**	**41561**	**29108**	**11699**
农、林、牧、渔业	**7267**	**190**	**889**	**801**	**331**
农业	31			23	3
林业	16			16	
畜牧业	19	3	2	9	
渔业					
农、林、牧、渔专业及辅助性活动	7201	187	887	753	328
采矿业	**3880**	**86**	**356**	**235**	**103**
煤炭开采和洗选业	968	14	101	26	5
石油和天然气开采业	65			1	1
黑色金属矿采选业	604	6	138	16	8
有色金属矿采选业	414	6	10	36	8
非金属矿采选业	1613	54	97	139	77
开采专业及辅助性活动	101	2	1	1	1
其他采矿业	115	4	9	16	3
制造业	**22179**	**2218**	**3478**	**1799**	**762**
农副食品加工业	3466	315	217	395	190
食品制造业	1164	184	108	109	39
酒、饮料和精制茶制造业	836	81	52	151	49
烟草制品业	NA	1			1
纺织业	549	76	42	11	9
纺织服装、服饰业	561	91	41	36	16
皮革、毛皮、羽毛及其制品和制鞋业	164	10	12	6	2
木材加工和木、竹、藤、棕、草制品业	703	35	30	261	18
家具制造业	212	24	46	22	9
造纸和纸制品业	219	44	29	13	3
印刷和记录媒介复制业	564	95	97	25	21
文教、工美、体育和娱乐用品制造业	378	35	34	35	23
石油、煤炭及其他燃料加工业	403	13	51	20	9
化学原料和化学制品制造业	1582	102	176	100	61
医药制造业	232	43	18	7	11
化学纤维制造业	29	2	4	3	1
橡胶和塑料制品业	802	70	98	69	33
非金属矿物制品业	3986	319	420	253	115
黑色金属冶炼和压延加工业	395	11	126	7	3
有色金属冶炼和压延加工业	398	23	166	5	6
金属制品业	1605	184	346	114	49
通用设备制造业	1054	111	539	38	17
专用设备制造业	803	73	194	39	25

分组的法人单位数

通辽市	赤峰市	锡林郭勒盟	乌兰察布市	鄂尔多斯市	巴彦淖尔市	乌海市	阿拉善盟
26875	**40472**	**18418**	**19009**	**34596**	**17093**	**9349**	**7029**
1878	**1515**	**178**	**156**	**815**	**461**	**17**	**36**
			2	1		2	
1	1	2		1			
1877	1514	176	154	813	461	15	36
216	**794**	**406**	**259**	**703**	**171**	**135**	**416**
28	22	59	8	453	41	109	102
2	3	42		11	2	1	2
11	152	57	77	6	59	2	72
5	222	46	22	2	21		36
165	372	157	135	162	43	21	191
2	5	18		63	3	1	4
3	18	27	17	6	2	1	9
1875	**3505**	**1694**	**1919**	**2206**	**1597**	**497**	**629**
340	612	377	335	169	467	13	36
96	172	101	101	111	113	12	18
77	168	48	46	84	40	23	17
	1						
14	60	94	46	110	71	4	12
43	77	69	71	88	15	7	7
11	19	18	48	16	19		3
55	134	65	21	38	41	4	1
19	27	14	20	12	11	8	
19	41	17	16	13	18	6	
58	127	17	31	50	28	8	7
40	64	49	20	30	22	4	22
38	25	24	35	99	16	29	44
119	224	107	114	222	127	97	133
29	53	8	14	18	16	4	11
2	10		1	1	2		3
75	158	47	89	65	69	18	11
351	726	291	507	471	211	110	212
13	15	14	112	18	50	16	10
59	53	15	14	23	25	2	7
173	253	130	104	110	84	34	24
53	99	31	31	65	28	34	8
55	148	40	31	117	50	20	11

1-7 续表1

行业大类	法人单位数（个）	呼和浩特市	包头市	呼伦贝尔市	兴安盟
汽车制造业	183	17	74	4	4
铁路、船舶、航空航天和其他运输设备制造业	36	3	17	2	1
电气机械和器材制造业	468	92	145	13	19
计算机、通信和其他电子设备制造业	201	43	75	3	4
仪器仪表制造业	71	16	31	1	3
其他制造业	143	18	21	17	2
废弃资源综合利用业	263	18	35	13	5
金属制品、机械和设备修理业	706	69	234	27	14
电力、热力、燃气及水生产和供应业	**2902**	**211**	**315**	**228**	**133**
电力、热力生产和供应业	2111	157	213	168	98
燃气生产和供应业	228	14	39	5	10
水的生产和供应业	563	40	63	55	25
建筑业	**21994**	**3146**	**2198**	**1905**	**872**
房屋建筑业	3678	535	267	327	137
土木工程建筑业	6486	661	455	411	217
建筑安装业	3204	596	346	276	130
建筑装饰、装修和其他建筑业	8626	1354	1130	891	388
批发和零售业	**85930**	**11912**	**15408**	**8016**	**2421**
批发业	41767	4356	8884	4875	1059
零售业	44163	7556	6524	3141	1362
交通运输、仓储和邮政业	**11040**	**1294**	**1531**	**1200**	**363**
铁路运输业	34	16	1	2	
道路运输业	8061	937	1220	701	268
水上运输业	14	2	3	2	4
航空运输业	96	17	7	20	3
管道运输业	5		1		
多式联运和运输代理业	676	63	82	144	3
装卸搬运和仓储业	1752	177	191	286	61
邮政业	402	82	26	45	24
住宿和餐饮业	**4358**	**676**	**583**	**554**	**187**
住宿业	1936	229	190	327	71
餐饮业	2422	447	393	227	116
信息传输、软件和信息技术服务业	**8256**	**2237**	**1288**	**732**	**204**
电信、广播电视和卫星传输服务	855	107	76	142	47
互联网和相关服务	1607	280	204	206	40
软件和信息技术服务业	5794	1850	1008	384	117
金融业	**1721**	**304**	**188**	**158**	**83**
货币金融服务	1012	156	100	96	46
资本市场服务	121	37	19	2	
保险业	444	89	48	36	29
其他金融业	144	22	21	24	8

通辽市	赤峰市	锡林郭勒盟	乌兰察布市	鄂尔多斯市	巴彦淖尔市	乌海市	阿拉善盟
9	16	3	8	36	6	4	2
1	3		3	3	1		2
44	49	24	22	26	15	13	6
6	28	11	6	17	3	1	4
3	7	3		2	3		2
6	28	18	10	15	6	2	
25	56	7	39	31	20	6	8
42	52	52	24	146	20	18	8
323	**410**	**243**	**287**	**372**	**217**	**47**	**116**
244	326	198	241	194	162	27	83
21	22	11	8	68	14	6	10
58	62	34	38	110	41	14	23
1881	**3504**	**919**	**1207**	**3860**	**1170**	**699**	**633**
277	848	194	172	575	174	77	95
534	1176	240	339	1674	362	154	263
304	347	137	197	482	182	115	92
766	1133	348	499	1129	452	353	183
6423	**10642**	**5256**	**4664**	**10114**	**5692**	**3740**	**1642**
2500	4588	2437	1676	5136	3299	1977	980
3923	6054	2819	2988	4978	2393	1763	662
828	**1261**	**724**	**718**	**1555**	**590**	**579**	**397**
4		4		6	1		
566	999	444	509	1221	456	450	290
						2	1
7	9	7	9	7	4	2	4
	1			3			
25	50	165	29	47	20	22	26
199	155	75	141	229	84	90	64
27	47	29	30	42	25	13	12
262	**527**	**317**	**423**	**452**	**149**	**117**	**111**
115	248	186	212	180	56	56	66
147	279	131	211	272	93	61	45
628	**1207**	**370**	**324**	**544**	**348**	**261**	**113**
89	146	74	37	32	65	21	19
167	162	93	90	147	101	79	38
372	899	203	197	365	182	161	56
161	**146**	**115**	**141**	**183**	**94**	**79**	**69**
83	86	84	83	132	46	50	50
27	8	2	13	4	4	3	2
36	44	23	29	39	36	21	14
15	8	6	16	8	8	5	3

1-7 续表2

行业大类	法人单位数（个）	呼和浩特市	包头市	呼伦贝尔市	兴安盟
房地产业	**11617**	**2003**	**1579**	**1163**	**540**
房地产业	11617	2003	1579	1163	540
租赁和商务服务业	**32688**	**6118**	**4958**	**3103**	**1113**
租赁业	4774	763	590	470	201
商务服务业	27914	5355	4368	2633	912
科学研究和技术服务业	**13105**	**3171**	**1640**	**1218**	**462**
研究和试验发展	870	205	129	69	29
专业技术服务业	8062	1877	970	804	325
科技推广和应用服务业	4173	1089	541	345	108
水利、环境和公共设施管理业	**3785**	**537**	**386**	**364**	**204**
水利管理业	546	81	49	49	36
生态保护和环境治理业	533	59	61	68	24
公共设施管理业	2578	382	266	233	134
土地管理业	128	15	10	14	10
居民服务、修理和其他服务业	**6932**	**1190**	**1158**	**569**	**219**
居民服务业	3124	498	552	293	91
机动车、电子产品和日用产品修理业	2957	488	423	221	115
其他服务业	851	204	183	55	13
教育	**10805**	**1382**	**1189**	**1050**	**737**
教育	10805	1382	1189	1050	737
卫生和社会工作	**4926**	**487**	**597**	**572**	**274**
卫生	3495	363	404	374	180
社会工作	1431	124	193	198	94
文化、体育和娱乐业	**7343**	**1314**	**822**	**937**	**304**
新闻和出版业	144	48	11	22	5
广播、电视、电影和录音制作业	914	229	98	91	28
文化艺术业	2219	387	212	283	77
体育	906	149	114	157	44
娱乐业	3160	501	387	384	150
公共管理、社会保障和社会组织	**36474**	**3517**	**2998**	**4504**	**2387**
中国共产党机关	1332	143	120	184	87
国家机构	13573	1480	1341	2131	814
人民政协、民主党派	173	29	22	21	7
社会保障	230	21	35	31	22
群众团体、社会团体和其他成员组织	7738	587	670	985	418
基层群众自治组织	13428	1257	810	1152	1039

通辽市	赤峰市	锡林郭勒盟	乌兰察布市	鄂尔多斯市	巴彦淖尔市	乌海市	阿拉善盟
953	**1589**	**830**	**691**	**1167**	**555**	**352**	**195**
953	1589	830	691	1167	555	352	195
2236	**4356**	**1608**	**1763**	**4336**	**1427**	**969**	**701**
325	744	322	333	530	327	86	83
1911	3612	1286	1430	3806	1100	883	618
1037	**1512**	**758**	**705**	**1366**	**575**	**294**	**367**
85	123	23	28	104	28	29	18
544	852	539	435	944	350	180	242
408	537	196	242	318	197	85	107
331	**358**	**307**	**195**	**596**	**254**	**140**	**113**
91	41	59	48	25	50	11	6
45	45	43	26	64	29	26	43
177	248	198	114	500	172	98	56
18	24	7	7	7	3	5	8
679	**869**	**392**	**426**	**785**	**308**	**211**	**126**
339	405	170	187	319	125	97	48
267	404	188	184	386	132	91	58
73	60	34	55	80	51	23	20
1495	**1943**	**417**	**713**	**1058**	**467**	**205**	**149**
1495	1943	417	713	1058	467	205	149
617	**739**	**328**	**377**	**463**	**284**	**82**	**106**
504	482	246	299	295	212	57	79
113	257	82	78	168	72	25	27
759	**1073**	**390**	**339**	**835**	**265**	**166**	**139**
11	11	6	10	14	3	1	2
62	95	42	35	164	39	18	13
210	239	178	156	243	102	66	66
62	113	63	24	82	32	27	39
414	615	101	114	332	89	54	19
4293	**4522**	**3166**	**3702**	**3186**	**2469**	**759**	**971**
110	130	145	118	114	92	45	44
1177	1271	1175	1426	1147	897	292	422
16	12	15	17	11	9	10	4
24	17	9	24	18	14	4	11
654	826	806	585	940	670	326	271
2312	2266	1016	1532	956	787	82	219

1-8 按行业(大类)、地区分组的

行业大类	从业人员数(人)	呼和浩特市	包头市	呼伦贝尔市	兴安盟
总　计	**4775258**	**682796**	**640153**	**426511**	**166936**
农、林、牧、渔业	**49172**	**935**	**2340**	**92**	**9134**
农业					
林业					
畜牧业					
渔业					
农、林、牧、渔专业及辅助性活动	49172	935	2340	92	9134
采矿业	**257443**	**1291**	**17155**	**15879**	**34365**
煤炭开采和洗选业	193852	350	4085	15444	17883
石油和天然气开采业	3974			6	21
黑色金属矿采选业	18323	55	11220	28	1867
有色金属矿采选业	21603	95	1183		9295
非金属矿采选业	16112	772	554	395	5231
开采专业及辅助性活动	3248	7	29	1	14
其他采矿业	331	12	84	5	54
制造业	**673056**	**84041**	**128871**	**31776**	**85521**
农副食品加工业	53632	5347	2515	62	12939
食品制造业	55669	27175	2935	30	3004
酒、饮料和精制茶制造业	21322	1929	2532	105	3969
烟草制品业	2658	1778			2
纺织业	8923	591	337	10	3151
纺织服装、服饰业	15702	3991	2714	43	747
皮革、毛皮、羽毛及其制品和制鞋业	3145	44	215		665
木材加工和木、竹、藤、棕、草制品业	8141	128	407	39	1107
家具制造业	1973	111	638	49	105
造纸和纸制品业	5443	2788	367	22	430
印刷和记录媒介复制业	4712	1283	691	40	716
文教、工美、体育和娱乐用品制造业	2296	92	101	8	638
石油、煤炭及其他燃料加工业	28013	1919	738	8860	1928
化学原料和化学制品制造业	97621	5896	9155	14295	4936
医药制造业	24663	5883	484	53	4816
化学纤维制造业	141	15	12		16
橡胶和塑料制品业	10090	998	1155	87	2319
非金属矿物制品业	63181	5371	7576	3949	12387
黑色金属冶炼和压延加工业	91678	383	43427	2297	6272
有色金属冶炼和压延加工业	60408	2302	19251	1	14327
金属制品业	29083	1778	4862	273	5483
通用设备制造业	12496	1752	6888	667	1285
专用设备制造业	10608	1096	4225	225	1419

注:表中分盟市数据不包含从事金融、铁路法人单位从业人员。

法人单位从业人员数

通辽市	赤峰市	锡林郭勒盟	乌兰察布市	鄂尔多斯市	巴彦淖尔市	乌海市	阿拉善盟
358741	**581819**	**211240**	**269569**	**577233**	**241618**	**147681**	**88996**
7636	**3973**	**12195**	**3862**	**845**	**7039**	**787**	**334**
7636	3973	12195	3862	845	7039	787	334
11193	105734	28121	7465	2196	3558	21368	8980
8650	100672	23100	1715	38	2630	12722	6563
	117	254	114			3316	8
51	97	306	2901	286	16	876	620
70	20	3705	2447	606	435	3388	359
2401	1737	732	280	1230	475	888	1417
7	3082	1	4		1	98	4
14	9	23	4	36	1	80	9
51770	**80086**	**31017**	**39700**	**53698**	**15680**	**22682**	**20623**
8380	724	3833	6965	4218	3669	4888	92
6866	1470	5126	3265	1718	927	1698	1455
1935	1439	2696	2622	995	1587	1385	128
					878		
154	955	42	2451	229	146	755	102
365	4591	507	588	1670	150	294	42
1539	39	12	148	432		40	11
888	131	4631	389	30	99	290	2
368	28	263	53	296	52	10	
81	30	1035	315	109	164	102	
446	316	220	226	245	426	56	47
213	150	145	55	157	165	495	77
251	9488	84	1944	188	20	185	2408
3307	28835	2443	2585	10080	915	3252	11922
2578	500	2450	6315	630	558	41	355
8		47	5	21			17
1456	967	599	601	949	243	238	478
7564	4750	3448	2021	9272	1934	2960	1949
89	13699	121	2620	18404	2394	839	1133
12484	2760	868	4960	407	87	2802	159
922	798	757	466	751	439	440	74
225	539	309	132	317	49	302	31
249	1183	928	413	256	324	240	50

1-8 续表1

行业大类	从业人员数（人）	呼和浩特市	包头市	呼伦贝尔市	兴安盟
汽车制造业	10101	158	4358	397	142
铁路、船舶、航空航天和其他运输设备制造业	14449		1551		11
电气机械和器材制造业	8124	1812	3071	75	1048
计算机、通信和其他电子设备制造业	15429	7637	4185	30	427
仪器仪表制造业	717	93	321		14
其他制造业	912	249	93	6	85
废弃资源综合利用业	4160	1014	1037	41	835
金属制品、机械和设备修理业	7566	428	3030	112	298
电力、热力、燃气及水生产和供应业	**187004**	**26427**	**21405**	**8663**	**16388**
电力、热力生产和供应业	151813	19297	15328	6971	12362
燃气生产和供应业	12212	2400	2372	647	1975
水的生产和供应业	22979	4730	3705	1045	2051
建筑业	**346616**	**59583**	**45044**	**15456**	**78423**
房屋建筑业	169365	29040	20202	6875	57430
土木工程建筑业	97279	16157	14178	4126	11875
建筑安装业	27298	5022	4616	1301	3349
建筑装饰、装修和其他建筑业	52674	9364	6048	3154	5769
批发和零售业	**389951**	**77248**	**67621**	**14082**	**44820**
批发业	182699	29128	34934	7493	20333
零售业	207252	48120	32687	6589	24487
交通运输、仓储和邮政业	**284388**	**44896**	**25785**	**7753**	**17955**
铁路运输业	104024				
道路运输业	125692	34173	19456	5896	12285
水上运输业	127		65	43	
航空运输业	6485	3143	451	148	228
管道运输业	145		4		3
多式联运和运输代理业	4101	676	596	294	330
装卸搬运和仓储业	22367	1931	2894	782	1894
邮政业	21447	4973	2319	590	3215
住宿和餐饮业	**78153**	**17313**	**12337**	**1914**	**7462**
住宿业	36099	8912	3915	972	3994
餐饮业	42054	8401	8422	942	3468
信息传输、软件和信息技术服务业	**77226**	**24959**	**10363**	**2458**	**7803**
电信、广播电视和卫星传输服务	44370	11247	4119	1693	4621
互联网和相关服务	5625	1403	859	282	356
软件和信息技术服务业	27231	12309	5385	483	2826
金融业	**382449**	**884**	**609**	**173**	**419**
货币金融服务	103214	624	282	142	375
资本市场服务	4205	14	160	15	1
保险业	274068	2	4		5
其他金融业	962	244	163	16	38

通辽市	赤峰市	锡林郭勒盟	乌兰察布市	鄂尔多斯市	巴彦淖尔市	乌海市	阿拉善盟
129	2090	4	38	113	243	2	9
17	231	1	1	7			2
357	229	80	23	227	56	866	25
356	2339	18	69	281	9	72	6
3	16	1	7		7	3	2
144	121	133	6	6	8	61	
201	278	99	269	294	45	23	24
195	1390	117	148	1396	86	343	23
14567	**24776**	**22681**	**11219**	**16942**	**8787**	**11545**	**3604**
12483	18672	20748	9683	15273	7969	10324	2703
371	2971	170	475	298	88	98	347
1713	3133	1763	1061	1371	730	1123	554
21199	**45704**	**26165**	**20306**	**13483**	**8674**	**7543**	**5036**
6769	9198	17362	8783	6072	3722	2401	1511
5637	21971	3562	7423	4643	2411	2746	2550
3130	3202	1804	1435	1253	1100	637	449
5663	11333	3437	2665	1515	1441	1759	526
30408	**45135**	**30648**	**23767**	**18458**	**11783**	**19767**	**6214**
11616	24154	16866	14632	5956	5919	8107	3561
18792	20981	13782	9135	12502	5864	11660	2653
13888	**21266**	**13656**	**8558**	**9926**	**5182**	**8047**	**3465**
						13	
8130	16626	5563	5503	6587	3533	5569	2371
		6			12		1
329	655	825	110	200	3	256	137
	138						
145	256	800	197	178	20	537	72
3613	2197	4182	1379	1531	708	693	563
1671	1394	2280	1369	1430	906	979	321
4263	**10439**	**7441**	**2795**	**5788**	**2346**	**4099**	**1956**
2504	2718	5032	665	2157	1117	2676	1437
1759	7721	2409	2130	3631	1229	1423	519
5341	**5323**	**6411**	**3442**	**4122**	**2385**	**3380**	**1239**
3870	3341	4789	2556	2798	1853	2427	1056
503	654	607	299	173	101	323	65
968	1328	1015	587	1151	431	630	118
437	**442**	**636**	**155**	**249**	**254**	**188**	**182**
310	371	446	72	206	195	160	164
51		1	14	13		7	1
3	18	10					
73	53	179	69	30	59	21	17

1-8 续表2

行业大类	从业人员数（人）	呼和浩特市	包头市	呼伦贝尔市	兴安盟
房地产业	**163651**	**41594**	**26655**	**7196**	**17447**
房地产业	163651	41594	26655	7196	17447
租赁和商务服务业	**250095**	**41234**	**68858**	**5432**	**22590**
租赁业	17960	2891	2747	344	2255
商务服务业	232135	38343	66111	5088	20335
科学研究和技术服务业	**127988**	**43948**	**14580**	**2748**	**12621**
研究和试验发展	10974	5814	1184	262	444
专业技术服务业	97915	32460	10630	2231	10077
科技推广和应用服务业	19099	5674	2766	255	2100
水利、环境和公共设施管理业	**57193**	**9203**	**7691**	**2124**	**7128**
水利管理业	8244	1522	693	76	648
生态保护和环境治理业	5770	717	629	198	597
公共设施管理业	42125	6644	6291	1819	5799
土地管理业	1054	320	78	31	84
居民服务、修理和其他服务业	**48447**	**8895**	**13046**	**1962**	**5062**
居民服务业	19861	4659	4005	467	1684
机动车、电子产品和日用产品修理业	11347	2092	1543	313	1823
其他服务业	17239	2144	7498	1182	1555
教育	**407447**	**58074**	**43578**	**8372**	**70499**
教育	407447	58074	43578	8372	70499
卫生和社会工作	**208904**	**32077**	**26955**	**4863**	**33316**
卫生	196932	30726	24826	4607	31100
社会工作	11972	1351	2129	256	2216
文化、体育和娱乐业	**53029**	**13397**	**5907**	**901**	**5378**
新闻和出版业	5118	1576	443		466
广播、电视、电影和录音制作业	11505	3905	1423	143	1378
文化艺术业	20592	4249	2030	412	1492
体育	4964	1742	500	61	456
娱乐业	10850	1925	1511	285	1586
公共管理、社会保障和社会组织	**733046**	**72520**	**61430**	**14494**	**91666**
中国共产党机关	29071	3650	2018	846	2946
国家机构	571050	55695	46421	11657	71503
人民政协、民主党派	3305	421	224	118	268
社会保障	6385	198	394	124	823
群众团体、社会团体和其他成员组织	35319	2645	6434	946	3632
基层群众自治组织	85841	9911	5939	803	12494

通辽市	赤峰市	锡林郭勒盟	乌兰察布市	鄂尔多斯市	巴彦淖尔市	乌海市	阿拉善盟
12125	**17121**	**12674**	**7554**	**6427**	**5241**	**7971**	**1646**
12125	17121	12674	7554	6427	5241	7971	1646
20105	**30408**	**15262**	**13243**	**9208**	**5290**	**14489**	**3976**
1085	2514	1538	1315	1183	551	1181	356
19020	27894	13724	11928	8025	4739	13308	3620
7963	**12769**	**10836**	**4837**	**4967**	**4092**	**5515**	**2272**
555	630	391	266	218	517	202	40
5740	10732	8977	3593	3459	3070	4596	1961
1668	1407	1468	978	1290	505	717	271
6112	**4864**	**4180**	**5764**	**2246**	**3717**	**2901**	**1263**
1583	381	222	1691	456	355	544	73
566	974	613	299	194	201	407	375
3870	3433	3213	3747	1584	3005	1927	793
93	76	132	27	12	156	23	22
3810	**3104**	**5348**	**1295**	**2677**	**892**	**1752**	**604**
1988	1198	2563	655	1086	534	766	256
1176	1329	832	475	596	328	604	236
646	577	1953	165	995	30	382	112
48807	**41736**	**37342**	**21801**	**29221**	**24498**	**18703**	**4816**
48807	41736	37342	21801	29221	24498	18703	4816
21878	**17711**	**22674**	**13229**	**12090**	**12324**	**9071**	**2716**
21196	16514	21326	12340	11335	11751	8648	2563
682	1197	1348	889	755	573	423	153
4564	**6217**	**5852**	**1821**	**3085**	**1829**	**2690**	**1388**
485	778	490	147	292	147	167	127
501	927	1447	315	242	511	381	332
2141	2468	2577	817	1507	715	1529	655
251	473	427	175	337	120	235	187
1186	1571	911	367	707	336	378	87
65043	**87622**	**125143**	**43871**	**68172**	**42428**	**41535**	**17047**
2470	3989	3028	1858	2814	2185	2387	880
46336	69220	109189	33932	50422	32130	30635	13910
279	415	347	233	398	178	302	122
494	376	2119	486	577	371	231	192
2639	5995	2919	3040	2745	1416	2040	868
12825	7627	7541	4322	11216	6148	5940	1075

1-9　按地区、机构类型分组的法人单位数

地　　区	法人单位数（个）	企业	事业单位	机关	社会团体	民办非企业单位	基金会	居委会	村委会	其他法人
总　　计	**297202**	**232077**	**20054**	**7554**	**6736**	**6097**	**74**	**2369**	**11059**	**11182**
呼和浩特市	41993	36132	2300	685	441	719	20	277	980	439
包 头 市	41561	35390	1984	629	552	774	1	276	534	1421
呼伦贝尔市	29108	21138	2988	1098	896	624	5	339	813	1207
兴 安 盟	11699	7641	1308	486	371	510	3	165	874	341
通 辽 市	26875	18264	2078	678	595	912	9	198	2114	2027
赤 峰 市	40472	31493	2068	783	747	1253	8	296	1970	1854
锡林郭勒盟	18418	13696	1561	777	771	210	2	153	863	385
乌兰察布市	19009	13790	1933	764	445	159	3	223	1309	383
鄂尔多斯市	34596	28833	1649	645	857	599	17	226	730	1040
巴彦淖尔市	17093	11934	1295	507	507	172	5	127	660	1886
乌 海 市	9349	8188	370	223	305	124	1	69	13	56
阿 拉 善 盟	7029	5578	520	279	249	41		20	199	143

1-10　按地区、机构类型分组的法人单位从业人员数

地　　区	从业人员数（人）	企业	事业单位	机关	社会团体	民办非企业单位	基金会	居委会	村委会	其他法人
总　　计	**4775258**	**3285535**	**822774**	**430297**	**29495**	**73418**	**296**	**20285**	**65556**	**34728**
呼和浩特市	663861	477974	108435	48890	2077	13631	92	2881	7030	624
包 头 市	625377	481816	78819	37099	5603	11265	10	2226	3713	3052
呼伦贝尔市	417479	216520	135358	46883	2407	4080	9	2595	4946	3316
兴 安 盟	162928	74300	47598	28591	1119	3516	32	1065	5083	1104
通 辽 市	351264	193037	88148	38491	2169	8212	24	1673	11152	7135
赤 峰 市	569999	355864	114986	61490	3194	13173	17	2055	10439	7333
锡林郭勒盟	206130	129883	37221	28120	1882	1651		1371	4569	1126
乌兰察布市	262471	147681	54737	41781	2084	3335	12	2644	8572	711
鄂尔多斯市	567071	409844	77143	52941	5233	9051	72	2096	5531	3829
巴彦淖尔市	234441	140820	49976	26718	2112	3135	27	853	3469	5997
乌 海 市	145044	115625	15978	9618	882	1901	1	703	100	33
阿 拉 善 盟	87361	60339	14375	9675	733	468		123	952	468
不 分 地 区	481832	481832								

注：表中“不分地区”是指从事金融、铁路部门的从业人员。

1-11　按地区、开业（成立）时间分组的法人单位数

地　　区	法　人单位数（个）	1949 年以前	1950－1977 年	1978－1991 年	1992－2000 年	2001 年	2002 年	2003 年	2004 年	2005 年	2006 年	2007 年
总　　计	**297202**	**1573**	**8521**	**8941**	**9590**	**2448**	**3473**	**3295**	**3476**	**4568**	**5866**	**5267**
呼和浩特市	41993	233	840	910	1415	374	488	442	477	614	769	687
包　头　市	41561	43	571	665	1349	344	521	551	573	678	831	885
呼伦贝尔市	29108	110	936	1112	1289	311	410	421	377	426	660	561
兴　安　盟	11699	275	421	819	409	89	138	150	98	137	204	207
通　辽　市	26875	266	1148	1321	883	184	286	207	278	378	678	383
赤　峰　市	40472	202	1168	1350	992	302	396	383	430	663	736	635
锡林郭勒盟	18418	72	1002	586	626	107	220	218	219	328	384	441
乌兰察布市	19009	268	961	808	662	217	347	169	227	229	386	300
鄂尔多斯市	34596	36	511	504	823	195	288	327	367	612	613	612
巴彦淖尔市	17093	43	649	486	654	169	187	164	187	269	308	276
乌　海　市	9349	6	101	151	308	93	112	163	148	132	183	152
阿 拉 善 盟	7029	19	213	229	180	63	80	100	95	102	114	128

1-11　续表

地　　区	2008 年	2009 年	2010 年	2011 年	2012 年	2013 年	2014 年	2015 年	2016 年	2017 年	2018 年	无开业年　份
总　　计	**6296**	**7826**	**10064**	**10286**	**11335**	**13534**	**21607**	**28124**	**37424**	**45331**	**47637**	**720**
呼和浩特市	755	959	1209	1293	1474	1669	3060	4164	5825	6931	7401	4
包　头　市	987	1286	1513	1567	1680	2022	3174	4370	5394	6203	6344	10
呼伦贝尔市	634	730	981	999	1165	1362	2212	2605	3443	3996	4363	5
兴　安　盟	223	260	310	360	462	510	787	1048	1255	1543	1991	3
通　辽　市	533	531	726	694	822	1409	2065	2426	3434	3879	4336	8
赤　峰　市	766	950	1155	1107	1511	2020	3060	4012	5492	6314	6181	647
锡林郭勒盟	464	555	682	603	773	862	1309	1656	1947	2391	2952	21
乌兰察布市	349	415	536	682	840	962	1325	1819	1978	2635	2891	3
鄂尔多斯市	870	1169	1735	1770	1336	1145	2095	3102	4719	6214	5549	4
巴彦淖尔市	369	478	617	639	684	828	1320	1474	2024	2524	2734	10
乌　海　市	184	305	354	330	310	423	691	831	1148	1559	1662	3
阿 拉 善 盟	162	188	246	242	278	322	509	617	765	1142	1233	2

1-12 按地区、开业(成立)时间分组的法人单位从业人员数

地　　区	从业人员数（人）	1949年以前	1950－1977年	1978－1991年	1992－2000年	2001年
总　计	**4775258**	**88982**	**453058**	**280347**	**552663**	**108504**
呼和浩特市	663861	14837	76434	34123	83713	19965
包 头 市	625377	1474	56325	31744	103719	25258
呼伦贝尔市	417479	10585	47275	27201	66417	9781
兴 安 盟	162928	11227	20929	20989	14832	2430
通 辽 市	351264	17958	45508	30498	26456	11642
赤 峰 市	569999	11922	73592	45749	75722	14570
锡林郭勒盟	206130	2773	23737	13082	24579	2536
乌兰察布市	262471	8915	32863	20530	23536	4606
鄂尔多斯市	567071	3921	31294	25823	81143	6800
巴彦淖尔市	234441	3946	31797	16137	29139	5503
乌 海 市	145044	60	8446	6795	13869	3520
阿 拉 善 盟	87361	1364	4858	7676	9538	1893

注：表中合计数包含金融、铁路部门从业人员481832人。

1-12 续表1

地　　区	2002年	2003年	2004年	2005年	2006年	2007年
总　计	**117514**	**117244**	**128905**	**131148**	**147476**	**137090**
呼和浩特市	16499	17126	27630	23991	24979	16308
包 头 市	24133	15728	9756	17834	15382	27531
呼伦贝尔市	11308	8016	12123	6076	7601	8161
兴 安 盟	2490	3855	3646	3470	3231	2675
通 辽 市	7669	10264	11640	7823	12665	10704
赤 峰 市	16907	11559	12252	16555	21627	15977
锡林郭勒盟	4342	8474	5406	5382	7736	10374
乌兰察布市	8294	8541	8562	6029	9211	5192
鄂尔多斯市	13325	23007	19947	28775	28035	21961
巴彦淖尔市	3598	3223	7840	8130	6953	10274
乌 海 市	5218	5447	5917	4599	6422	3865
阿 拉 善 盟	3731	2004	4186	2484	3634	4068

1-12　续表 2

地　　区	2008 年	2009 年	2010 年	2011 年	2012 年	2013 年
总　　计	**152219**	**148353**	**142692**	**145114**	**123906**	**150085**
呼和浩特市	15266	24400	17296	19584	17342	23859
包 头 市	24533	18765	17710	22065	13993	23169
呼伦贝尔市	9122	14508	13787	9846	9989	10264
兴 安 盟	7087	4892	4745	4477	4413	3890
通 辽 市	7189	12902	12051	10055	8766	14430
赤 峰 市	15254	21142	18917	17914	15672	19989
锡林郭勒盟	13097	5406	6490	6006	6041	8917
乌兰察布市	8675	4718	8442	11345	10858	11462
鄂尔多斯市	29092	18547	26444	29131	22958	17609
巴彦淖尔市	5626	10461	6146	8485	6551	9092
乌 海 市	15022	10002	7428	3294	2739	4212
阿 拉 善 盟	2256	2610	3236	2912	4584	3192

1-12　续表 3

地　　区	2014 年	2015 年	2016 年	2017 年	2018 年	无开业年　份
总　　计	**156102**	**200601**	**253736**	**311642**	**214650**	**751**
呼和浩特市	28283	34256	40725	47084	34816	3
包 头 市	21508	34003	34828	35229	25530	13
呼伦贝尔市	12195	13787	24563	68357	16514	3
兴 安 盟	5909	8861	10513	10336	8027	4
通 辽 市	15038	15650	23620	19261	19301	19
赤 峰 市	20023	23784	33609	36587	30016	660
锡林郭勒盟	8721	10464	10577	10921	11044	25
乌兰察布市	9902	13082	15714	17194	14800	
鄂尔多斯市	18243	23765	33067	37569	26614	1
巴彦淖尔市	7592	13145	13856	14337	12590	20
乌 海 市	4885	6038	7827	8731	10707	1
阿 拉 善 盟	3803	3766	4837	6036	4691	2

1-13 按行业(大类)、开业(成立)

行业大类	法人单位数(个)	1949年以前	1950－1977年	1978－1991年	1992－2000年
总 计	**297202**	**1573**	**8521**	**8941**	**9590**
农、林、牧、渔业	**7267**	**7**	**140**	**95**	**96**
农业	31		7	3	10
林业	16		11		4
畜牧业	19				1
渔业					
农、林、牧、渔专业及辅助性活动	7201	7	122	92	81
采矿业	**3880**	**1**	**9**	**21**	**154**
煤炭开采和洗选业	968	1	3	5	54
石油和天然气开采业	65				4
黑色金属矿采选业	604			3	19
有色金属矿采选业	414		1	4	23
非金属矿采选业	1613		4	9	51
开采专业及辅助性活动	101				
其他采矿业	115		1		3
制造业	**22179**	**3**	**55**	**161**	**1024**
农副食品加工业	3466		1	11	124
食品制造业	1164	1	1	8	52
酒、饮料和精制茶制造业	836	1	8	7	87
烟草制品业	NA			1	
纺织业	549			2	48
纺织服装、服饰业	561			7	46
皮革、毛皮、羽毛及其制品和制鞋业	164		1	1	13
木材加工和木、竹、藤、棕、草制品业	703		3	6	22
家具制造业	212			1	11
造纸和纸制品业	219			2	9
印刷和记录媒介复制业	564		4	18	38
文教、工美、体育和娱乐用品制造业	378			1	14
石油、煤炭及其他燃料加工业	403			2	2
化学原料和化学制品制造业	1582		5	4	55
医药制造业	232		4		24
化学纤维制造业	29				
橡胶和塑料制品业	802	1	2	4	30
非金属矿物制品业	3986		9	41	164
黑色金属冶炼和压延加工业	395		1	3	12
有色金属冶炼和压延加工业	398			3	37
金属制品业	1605		5	11	64
通用设备制造业	1054		1	15	62
专用设备制造业	803		1	2	45

时间分组的法人单位数

2001 年	2002 年	2003 年	2004 年	2005 年	2006 年	2007 年	2008 年
2448	**3473**	**3295**	**3476**	**4568**	**5866**	**5267**	**6296**
19	**15**	**25**	**17**	**43**	**36**	**37**	**105**
		1	1	1		1	1
		1					
					1		1
19	15	23	16	42	35	36	103
43	**65**	**118**	**172**	**220**	**230**	**258**	**281**
14	22	48	53	45	63	66	50
1				1	2	4	11
10	12	25	54	60	41	57	76
11	13	12	22	55	41	41	26
7	17	33	39	53	79	76	104
				5	1	2	3
	1		4	1	3	12	11
298	**368**	**501**	**559**	**596**	**653**	**673**	**799**
39	48	68	64	83	111	116	120
10	14	25	23	28	36	30	30
19	22	37	27	23	18	14	32
			1				
16	12	16	16	18	25	29	24
4	10	11	7	11	9	13	9
1	3	3	1	3	5	3	3
7	8	18	25	36	21	24	43
4	3	1	4	1	3	5	4
2	4	11	8	6	10	11	8
14	14	16	13	23	18	16	13
4	5	4	8		5	4	5
1	5	6	9	11	4	8	17
13	26	37	55	51	60	56	64
5	10	8	9	9	7	8	6
			3				
16	12	12	8	17	12	20	21
39	51	44	85	100	126	115	162
10	16	68	46	22	21	16	13
5	8	15	16	17	15	36	29
24	25	23	28	27	38	40	53
15	30	37	57	41	40	39	57
16	12	23	15	25	14	29	24

1-13 续表 1

行业大类	法人单位数（个）	1949年以前	1950－1977年	1978－1991年	1992－2000年
汽车制造业	183			2	4
铁路、船舶、航空航天和其他运输设备制造业	36		4	1	2
电气机械和器材制造业	468				25
计算机、通信和其他电子设备制造业	201			1	9
仪器仪表制造业	71		1		3
其他制造业	143				1
废弃资源综合利用业	263				1
金属制品、机械和设备修理业	706		4	7	20
电力、热力、燃气及水生产和供应业	**2902**		**19**	**44**	**67**
电力、热力生产和供应业	2111		7	6	40
燃气生产和供应业	228				3
水的生产和供应业	563		12	38	24
建筑业	**21994**		**52**	**83**	**514**
房屋建筑业	3678		39	48	243
土木工程建筑业	6486		10	26	94
建筑安装业	3204		3	7	71
建筑装饰、装修和其他建筑业	8626			2	106
批发和零售业	**85930**	**5**	**41**	**171**	**1324**
批发业	41767	2	16	85	611
零售业	44163	3	25	86	713
交通运输、仓储和邮政业	**11040**	**4**	**75**	**94**	**245**
铁路运输业	34		1		3
道路运输业	8061	2	58	30	134
水上运输业	14				1
航空运输业	96		2	1	1
管道运输业	5				
多式联运和运输代理业	676			3	10
装卸搬运和仓储业	1752	2	13	59	73
邮政业	402		1	1	23
住宿和餐饮业	**4358**		**3**	**29**	**127**
住宿业	1936		2	23	83
餐饮业	2422		1	6	44
信息传输、软件和信息技术服务业	**8256**	**1**	**13**	**25**	**56**
电信、广播电视和卫星传输服务	855	1	12	21	22
互联网和相关服务	1607			1	4
软件和信息技术服务业	5794		1	3	30
金融业	**1721**	**4**	**12**	**48**	**85**
货币金融服务	1012	4	12	46	56
资本市场服务	121				5
保险业	444			1	21
其他金融业	144			1	3

2001 年	2002 年	2003 年	2004 年	2005 年	2006 年	2007 年	2008 年
2	4	2	2	7	7	5	7
3		1	1		1	1	1
15	9	6	10	12	16	12	19
4	2	1	3	5	5	2	8
2		1	5	3	6	3	1
1	3	1	1	2	1		
1	2		2	4	7	5	10
6	10	6	7	11	12	13	16
22	**37**	**46**	**60**	**66**	**76**	**95**	**96**
17	25	25	35	46	60	68	57
	2	4	8	5	3	8	8
5	10	17	17	15	13	19	31
123	**152**	**104**	**120**	**120**	**177**	**263**	**311**
44	47	20	16	18	24	47	61
34	44	29	38	30	58	69	84
17	22	18	24	22	36	40	50
28	39	37	42	50	59	107	116
389	**608**	**694**	**766**	**922**	**1160**	**1296**	**1523**
183	294	369	399	552	709	767	847
206	314	325	367	370	451	529	676
67	**82**	**95**	**139**	**153**	**174**	**182**	**270**
		1	1	1	3	2	7
49	55	68	99	96	113	125	182
			1	2	2		
1	1	1	2	5	4	1	3
	1					2	
3	7	7	8	25	14	15	25
13	16	14	24	21	38	30	46
1	2	4	4	3		7	7
34	**44**	**63**	**63**	**86**	**90**	**94**	**106**
18	24	39	36	43	44	57	68
16	20	24	27	43	46	37	38
41	**26**	**29**	**39**	**35**	**47**	**65**	**83**
33	12	15	13	9	11	6	22
1	1		2	5	6	12	12
7	13	14	24	21	30	47	49
15	**10**	**25**	**16**	**41**	**51**	**99**	**120**
11	5	6	5	12	16	57	45
	1	1	1			1	2
1	4	15	7	23	33	38	70
3		3	3	6	2	3	3

1-13 续表 2

行业大类	法人单位数（个）	1949 年以前	1950 - 1977 年	1978 - 1991 年	1992 - 2000 年
房地产业	**11617**		**1**	**36**	**463**
房地产业	11617		1	36	463
租赁和商务服务业	**32688**	**10**	**62**	**164**	**495**
租赁业	4774		1	2	20
商务服务业	27914	10	61	162	475
科学研究和技术服务业	**13105**	**17**	**320**	**322**	**444**
研究和试验发展	870		18	27	31
专业技术服务业	8062	12	231	179	313
科技推广和应用服务业	4173	5	71	116	100
水利、环境和公共设施管理业	**3785**		**148**	**110**	**157**
水利管理业	546		99	69	75
生态保护和环境治理业	533		29	14	17
公共设施管理业	2578		20	25	63
土地管理业	128			2	2
居民服务、修理和其他服务业	**6932**		**14**	**39**	**110**
居民服务业	3124		13	30	47
机动车、电子产品和日用产品修理业	2957			8	54
其他服务业	851		1	1	9
教育	**10805**	**267**	**1106**	**772**	**572**
教育	10805	267	1106	772	572
卫生和社会工作	**4926**	**53**	**942**	**373**	**266**
卫生	3495	47	909	263	204
社会工作	1431	6	33	110	62
文化、体育和娱乐业	**7343**	**13**	**225**	**266**	**160**
新闻和出版业	144	3	13	19	28
广播、电视、电影和录音制作业	914	1	16	27	19
文化艺术业	2219	9	185	204	89
体育	906		7	8	13
娱乐业	3160		4	8	11
公共管理、社会保障和社会组织	**36474**	**1188**	**5284**	**6088**	**3231**
中国共产党机关	1332	80	242	309	107
国家机构	13573	268	1446	1939	1635
人民政协、民主党派	173	9	34	75	14
社会保障	230	2	3	29	57
群众团体、社会团体和其他成员组织	7738	133	248	461	533
基层群众自治组织	13428	696	3311	3275	885

2001 年	2002 年	2003 年	2004 年	2005 年	2006 年	2007 年	2008 年
197	**184**	**183**	**187**	**256**	**366**	**415**	**380**
197	184	183	187	256	366	415	380
159	**144**	**199**	**248**	**305**	**383**	**400**	**502**
7	8	11	14	19	20	30	46
152	136	188	234	286	363	370	456
145	**172**	**155**	**181**	**204**	**272**	**205**	**284**
6	5	6	7	13	10	8	13
126	151	123	147	159	204	163	229
13	16	26	27	32	58	34	42
26	**43**	**41**	**29**	**52**	**50**	**53**	**106**
5	10	6	3	4	14	5	34
1	7	8	7	12	8	11	11
18	23	22	16	32	23	35	57
2	3	5	3	4	5	2	4
19	**40**	**39**	**51**	**51**	**57**	**79**	**95**
9	13	21	19	25	20	24	34
9	22	16	27	21	28	44	53
1	5	2	5	5	9	11	8
85	**106**	**133**	**113**	**172**	**236**	**171**	**250**
85	106	133	113	172	236	171	250
82	**59**	**52**	**67**	**122**	**133**	**86**	**130**
71	42	40	49	97	102	64	95
11	17	12	18	25	31	22	35
35	**76**	**79**	**84**	**89**	**144**	**127**	**124**
5	2	1	6	3	4	1	4
4	2	2	3	4	12	12	13
9	15	11	15	27	60	30	25
	3	3	4	5	9	6	9
17	54	62	56	50	59	78	73
649	**1242**	**714**	**565**	**1035**	**1531**	**669**	**731**
23	143	11	10	8	13	12	6
268	607	299	357	478	535	312	373
8	10	1		1	1	1	
10	7	15	10	8	9	7	3
56	124	105	85	143	202	180	208
284	351	283	103	397	771	157	141

1-13 续表3

行业大类	2009 年	2010 年	2011 年	2012 年	2013 年
总　计	**7826**	**10064**	**10286**	**11335**	**13534**
农、林、牧、渔业	**184**	**327**	**290**	**471**	**926**
农业	1		1		
林业					
畜牧业		2	3	3	2
渔业					
农、林、牧、渔专业及辅助性活动	183	325	286	468	924
采矿业	**257**	**199**	**196**	**203**	**172**
煤炭开采和洗选业	50	50	42	36	45
石油和天然气开采业	8	5	3	2	1
黑色金属矿采选业	30	18	28	20	18
有色金属矿采选业	27	17	13	12	15
非金属矿采选业	131	100	97	123	86
开采专业及辅助性活动	2	3	7	3	2
其他采矿业	9	6	6	7	5
制造业	**858**	**1102**	**1146**	**1301**	**1227**
农副食品加工业	124	133	134	259	242
食品制造业	31	49	36	92	124
酒、饮料和精制茶制造业	34	17	27	48	53
烟草制品业				1	
纺织业	24	22	35	27	20
纺织服装、服饰业	8	15	33	23	27
皮革、毛皮、羽毛及其制品和制鞋业	5	8	11	8	11
木材加工和木、竹、藤、棕、草制品业	27	32	27	31	38
家具制造业	7	10	7	9	9
造纸和纸制品业	10	10	12	4	8
印刷和记录媒介复制业	13	23	18	23	23
文教、工美、体育和娱乐用品制造业	6	12	12	24	12
石油、煤炭及其他燃料加工业	15	20	20	18	15
化学原料和化学制品制造业	52	75	74	64	85
医药制造业	6	1	10	6	5
化学纤维制造业		1	1	3	
橡胶和塑料制品业	30	48	43	43	44
非金属矿物制品业	202	315	328	300	219
黑色金属冶炼和压延加工业	9	9	16	15	16
有色金属冶炼和压延加工业	18	10	17	21	10
金属制品业	79	90	92	71	94
通用设备制造业	58	60	43	50	35
专用设备制造业	31	38	41	56	35

2014 年	2015 年	2016 年	2017 年	2018 年	无开业年份
21607	**28124**	**37424**	**45331**	**47637**	**720**
1076	**677**	**881**	**985**	**809**	**6**
2	1		1		
		3	2	1	
1074	676	878	982	808	6
200	**204**	**254**	**276**	**338**	**9**
44	23	54	87	112	1
8	3	2	5	5	
33	22	23	23	31	1
13	10	17	10	29	2
89	125	140	126	119	5
6	10	12	18	27	
7	11	6	7	15	
1630	**1796**	**2186**	**2512**	**2656**	**75**
284	351	379	359	400	16
90	102	129	137	113	3
46	82	81	82	68	3
31	51	47	48	38	
62	64	63	69	70	
9	11	18	26	20	
60	35	55	82	100	3
20	19	24	29	41	
12	14	29	19	28	2
42	57	63	64	50	1
31	37	55	73	64	2
27	25	46	72	79	1
128	103	141	183	244	7
9	13	23	33	36	
3		3	3	12	
76	63	79	101	117	3
264	296	328	421	367	10
13	16	26	27	20	
20	9	30	33	48	1
113	135	178	192	212	11
58	60	87	103	102	4
59	79	76	76	102	4

1-13 续表 4

行业大类	2009 年	2010 年	2011 年	2012 年	2013 年
汽车制造业	4	12	10	15	12
铁路、船舶、航空航天和其他运输设备制造业	3	1	2	2	1
电气机械和器材制造业	32	32	31	20	16
计算机、通信和其他电子设备制造业	7	11	9	9	4
仪器仪表制造业	2	4	4	2	2
其他制造业		7	3	10	7
废弃资源综合利用业	4	9	14	12	11
金属制品、机械和设备修理业	17	28	36	35	49
电力、热力、燃气及水生产和供应业	**115**	**143**	**144**	**125**	**162**
电力、热力生产和供应业	75	97	101	76	123
燃气生产和供应业	13	19	17	14	16
水的生产和供应业	27	27	26	35	23
建筑业	**399**	**592**	**612**	**591**	**683**
房屋建筑业	77	86	85	83	93
土木工程建筑业	119	197	172	166	195
建筑安装业	69	89	98	117	115
建筑装饰、装修和其他建筑业	134	220	257	225	280
批发和零售业	**2122**	**3155**	**3325**	**3400**	**4333**
批发业	1238	1688	1794	1868	2373
零售业	884	1467	1531	1532	1960
交通运输、仓储和邮政业	**310**	**375**	**381**	**419**	**515**
铁路运输业	6	5		1	2
道路运输业	207	260	262	301	371
水上运输业	2	2			1
航空运输业	2	1	3	5	6
管道运输业	1	1			
多式联运和运输代理业	16	25	24	23	28
装卸搬运和仓储业	55	62	63	64	83
邮政业	21	19	29	25	24
住宿和餐饮业	**124**	**170**	**193**	**199**	**244**
住宿业	57	103	102	110	147
餐饮业	67	67	91	89	97
信息传输、软件和信息技术服务业	**95**	**102**	**142**	**180**	**227**
电信、广播电视和卫星传输服务	12	8	13	18	19
互联网和相关服务	16	19	27	24	41
软件和信息技术服务业	67	75	102	138	167
金融业	**181**	**161**	**147**	**127**	**111**
货币金融服务	146	130	103	79	69
资本市场服务	1	6	7	5	3
保险业	20	18	27	37	32
其他金融业	14	7	10	6	7

2014 年	2015 年	2016 年	2017 年	2018 年	无开业 年　份
15	12	16	21	24	
		1	4	6	1
31	35	44	46	57	
22	13	20	35	31	
4	8	6	8	6	
11	15	15	22	43	
29	18	32	49	51	2
61	73	92	95	107	1
249	**297**	**298**	**351**	**384**	**6**
194	231	228	283	311	6
18	22	23	20	25	
37	44	47	48	48	
1383	**2000**	**3623**	**5064**	**4922**	**106**
172	263	544	847	800	21
368	507	1055	1557	1595	39
231	317	529	655	667	7
612	913	1495	2005	1860	39
7570	**9721**	**12639**	**15166**	**15409**	**191**
4033	4409	5675	7006	6792	57
3537	5312	6964	8160	8617	134
951	**1176**	**1443**	**1944**	**1933**	**13**
	1				
667	852	1096	1501	1521	12
	2		1		
15	5	12	13	12	
63	77	84	108	111	
170	195	207	265	238	1
36	44	44	56	51	
318	**461**	**549**	**656**	**693**	**12**
161	199	184	197	233	6
157	262	365	459	460	6
597	**956**	**1351**	**1835**	**2278**	**33**
48	73	97	146	239	5
106	203	286	385	455	1
443	680	968	1304	1584	27
116	**110**	**102**	**75**	**65**	
75	36	44	33	22	
20	27	19	12	10	
7	25	25	19	21	
14	22	14	11	12	

1-13 续表 5

行业大类	2009 年	2010 年	2011 年	2012 年	2013 年
房地产业	**434**	**752**	**649**	**407**	**550**
房地产业	434	752	649	407	550
租赁和商务服务业	**594**	**832**	**993**	**999**	**1345**
租赁业	64	116	147	161	222
商务服务业	530	716	846	838	1123
科学研究和技术服务业	**277**	**345**	**414**	**448**	**511**
研究和试验发展	15	18	25	23	33
专业技术服务业	212	260	311	333	332
科技推广和应用服务业	50	67	78	92	146
水利、环境和公共设施管理业	**91**	**128**	**119**	**140**	**150**
水利管理业	25	15	16	13	16
生态保护和环境治理业	10	15	11	24	21
公共设施管理业	52	93	90	92	111
土地管理业	4	5	2	11	2
居民服务、修理和其他服务业	**115**	**193**	**192**	**234**	**293**
居民服务业	47	62	65	73	112
机动车、电子产品和日用产品修理业	55	109	96	118	147
其他服务业	13	22	31	43	34
教育	**259**	**273**	**277**	**439**	**552**
教育	259	273	277	439	552
卫生和社会工作	**119**	**121**	**127**	**171**	**189**
卫生	79	80	101	117	104
社会工作	40	41	26	54	85
文化、体育和娱乐业	**160**	**186**	**164**	**201**	**218**
新闻和出版业	7	6	3	2	
广播、电视、电影和录音制作业	20	28	19	29	19
文化艺术业	37	30	46	70	81
体育	13	11	13	20	27
娱乐业	83	111	83	80	91
公共管理、社会保障和社会组织	**1132**	**908**	**775**	**1280**	**1126**
中国共产党机关	7	10	9	25	30
国家机构	389	468	377	466	388
人民政协、民主党派	1	1		1	2
社会保障	5	4	4	6	3
群众团体、社会团体和其他成员组织	222	198	226	378	501
基层群众自治组织	508	227	159	404	202

2014 年	2015 年	2016 年	2017 年	2018 年	无开业年份
677	**685**	**948**	**1417**	**2385**	**45**
677	685	948	1417	2385	45
2725	**3686**	**5255**	**6445**	**6637**	**106**
440	513	811	1107	1004	11
2285	3173	4444	5338	5633	95
903	**1182**	**1566**	**2051**	**2643**	**44**
78	95	129	166	140	4
581	708	866	1139	1267	16
244	379	571	746	1236	24
229	**363**	**495**	**683**	**570**	**2**
16	29	30	35	27	
33	55	58	57	123	1
171	264	394	571	405	1
9	15	13	20	15	
662	**881**	**1150**	**1293**	**1308**	**17**
297	432	544	623	605	9
276	345	481	530	512	6
89	104	125	140	191	2
672	**855**	**1178**	**1159**	**1143**	**15**
672	855	1178	1159	1143	15
232	**385**	**409**	**441**	**361**	**6**
140	231	210	248	198	4
92	154	199	193	163	2
449	**896**	**1143**	**1176**	**1303**	**25**
3	7	11	11	5	
46	122	141	169	206	
117	189	266	283	413	8
45	126	200	195	185	4
238	452	525	518	494	13
968	**1793**	**1954**	**1802**	**1800**	**9**
10	23	70	133	51	
263	675	820	655	553	2
1	2	5	4	2	
2	14	13	13	6	
590	689	908	882	659	7
102	390	138	115	529	

1-14 按行业（大类）、开业（成立）时间

行业大类	从业人员数（人）	1949年以前	1950－1977年	1978－1991年	1992－2000年
总　计	**4775258**	**88982**	**453058**	**280347**	**552663**
农、林、牧、渔业	**49172**	**165**	**10430**	**2830**	**7907**
农业					
林业					
畜牧业					
渔业					
农、林、牧、渔专业及辅助性活动	49172	165	10430	2830	7907
采矿业	**257443**	**35**	**4234**	**3839**	**88834**
煤炭开采和洗选业	193852	35	3589	655	72975
石油和天然气开采业	3974				3050
黑色金属矿采选业	18323			978	8725
有色金属矿采选业	21603		262	1804	2829
非金属矿采选业	16112		373	402	1220
开采专业及辅助性活动	3248				
其他采矿业	331		10		35
制造业	**673056**	**411**	**8095**	**12999**	**105407**
农副食品加工业	53632		1	733	3757
食品制造业	55669	259	33	1601	21179
酒、饮料和精制茶制造业	21322	141	3150	2029	3528
烟草制品业	2658			878	
纺织业	8923			78	2147
纺织服装、服饰业	15702			1025	7850
皮革、毛皮、羽毛及其制品和制鞋业	3145		16		696
木材加工和木、竹、藤、棕、草制品业	8141		8	108	480
家具制造业	1973			50	32
造纸和纸制品业	5443			5	459
印刷和记录媒介复制业	4712		261	240	579
文教、工美、体育和娱乐用品制造业	2296			17	450
石油、煤炭及其他燃料加工业	28013			5	1906
化学原料和化学制品制造业	97621		1086	18	7665
医药制造业	24663		1398		2846
化学纤维制造业	141				
橡胶和塑料制品业	10090	11		32	501
非金属矿物制品业	63181		903	970	4191
黑色金属冶炼和压延加工业	91678		181	220	31341
有色金属冶炼和压延加工业	60408			2772	10412
金属制品业	29083		31	338	938
通用设备制造业	12496			460	1195
专用设备制造业	10608			76	1193

分组的法人单位从业人员数

2001 年	2002 年	2003 年	2004 年	2005 年	2006 年	2007 年	2008 年
108504	**117514**	**117244**	**128905**	**131148**	**147476**	**137090**	**152219**
100	**79**	**199**	**72**	**1086**	**174**	**259**	**1037**
100	79	199	72	1086	174	259	1037
6821	**6577**	**7941**	**13184**	**14340**	**29173**	**12265**	**25773**
5875	5214	6315	9386	9772	21429	9164	22416
					29	118	152
50	417	388	2652	744	990	207	1174
819	714	221	581	2613	3989	1885	1216
77	232	1017	550	401	2454	847	796
				805	280	1	10
			15	5	2	43	9
18344	**29750**	**45335**	**30938**	**30247**	**26218**	**41356**	**32447**
3408	2578	1375	1869	2378	3965	2825	1325
627	1209	8399	1405	1961	3213	1311	808
1735	204	1521	1191	483	770	654	1743
			1778				
922	42	371	185	936	950	439	146
110	733	590	253	407	215	225	178
9	15	11	15	10	10	52	66
11	219	810	297	666	280	383	878
440	4	4	29	40	10	38	15
57	20	718	1272	119	114	469	421
174	116	105	86	630	181	123	145
65	70	5	21		15	4	63
8	2570	588	636	4135	1175	896	3893
524	4286	3367	6692	3810	3822	11043	10812
845	917	1917	1080	1595	642	7591	710
			12				
205	614	117	66	258	134	560	138
1184	2623	2320	3010	3171	2557	1984	2382
922	8492	19257	3881	4719	1652	2951	256
3725	3728	1081	5196	2687	2876	5968	3593
619	204	475	333	326	454	1373	759
591	647	1096	631	311	824	699	487
712	179	928	561	633	295	564	494

1-14 续表1

行业大类	从业人员数（人）	1949年以前	1950－1977年	1978－1991年	1992－2000年
汽车制造业	10101			991	164
铁路、船舶、航空航天和其他运输设备制造业	14449			300	248
电气机械和器材制造业	8124				535
计算机、通信和其他电子设备制造业	15429				517
仪器仪表制造业	717				44
其他制造业	912				23
废弃资源综合利用业	4160				9
金属制品、机械和设备修理业	7566		1027	53	522
电力、热力、燃气及水生产和供应业	**187004**		**10683**	**10048**	**50368**
电力、热力生产和供应业	151813		6484	6854	49142
燃气生产和供应业	12212				109
水的生产和供应业	22979		4199	3194	1117
建筑业	**346616**		**42301**	**17651**	**77957**
房屋建筑业	169365		32083	7846	64119
土木工程建筑业	97279		10047	9455	9388
建筑安装业	27298		171	333	3345
建筑装饰、装修和其他建筑业	52674			17	1105
批发和零售业	**389951**	**425**	**6768**	**6719**	**27125**
批发业	182699	69	2588	5633	7852
零售业	207252	356	4180	1086	19273
交通运输、仓储和邮政业	**284388**	**136**	**14163**	**4296**	**29650**
铁路运输业	104024				
道路运输业	125692	80	13717	1484	13699
水上运输业	127				19
航空运输业	6485		183		2
管道运输业	145				
多式联运和运输代理业	4101			336	60
装卸搬运和仓储业	22367	56	257	2474	3129
邮政业	21447		6	2	12741
住宿和餐饮业	**78153**		**867**	**1413**	**4896**
住宿业	36099		300	1115	3439
餐饮业	42054		567	298	1457
信息传输、软件和信息技术服务业	**77226**		**340**	**1108**	**6517**
电信、广播电视和卫星传输服务	44370		322	902	5074
互联网和相关服务	5625				27
软件和信息技术服务业	27231		18	206	1416
金融业	**382449**				**37**
货币金融服务	103214				5
资本市场服务	4205				9
保险业	274068				
其他金融业	962				23

2001 年	2002 年	2003 年	2004 年	2005 年	2006 年	2007 年	2008 年
310	39	107	7	303	234	17	722
22			10		4		7
366	79	42	271	109	163	114	863
522	77	4	27	384	458	642	1262
45		54	16	33	45	15	61
	10	5	3	13	143		
54	56		19	8	484	337	109
132	19	68	86	122	533	79	111
1724	**3920**	**6978**	**12958**	**7127**	**9078**	**5583**	**3537**
1491	2874	5951	9695	6081	8378	4150	2678
	146	676	2344	296	351	424	171
233	900	351	919	750	349	1009	688
15239	**14710**	**2658**	**3171**	**7648**	**4383**	**9102**	**8366**
9158	7802	1136	676	4364	1458	2582	2364
4261	5675	1067	1347	1166	1923	2541	3773
982	936	132	623	1350	766	663	623
838	297	323	525	768	236	3316	1606
5603	**11063**	**10477**	**8214**	**8812**	**8988**	**9104**	**11115**
2084	5217	3505	3282	5076	4939	4458	6063
3519	5846	6972	4932	3736	4049	4646	5052
4317	**2437**	**3989**	**14176**	**6348**	**5671**	**3560**	**3504**
							13
3708	1946	3639	13412	2774	4212	2253	1702
			4	63	26		
335	4	111	319	2544	600	561	33
	84					24	
20	122	55	72	456	205	150	160
247	256	167	316	505	628	312	1335
7	25	17	53	6		260	261
2894	**1256**	**893**	**2100**	**2992**	**2728**	**3143**	**3195**
619	597	427	987	1522	1141	2624	1754
2275	659	466	1113	1470	1587	519	1441
20593	**494**	**790**	**7650**	**129**	**984**	**1718**	**5740**
20331	127	628	7080	31	63	47	5198
63	1		62	21	12	34	40
199	366	162	508	77	909	1637	502
118	**7**	**76**	**19**	**141**	**84**	**77**	**133**
68	7	20	11	38	80	64	123
		5					4
		5			2		
50		46	8	103	2	13	6

1-14 续表2

行业大类	从业人员数（人）	1949年以前	1950－1977年	1978－1991年	1992－2000年
房地产业	**163651**		**51**	**707**	**10460**
房地产业	163651		51	707	10460
租赁和商务服务业	**250095**	**1062**	**6725**	**3844**	**12043**
租赁业	17960		7	8	61
商务服务业	232135	1062	6718	3836	11982
科学研究和技术服务业	**127988**	**779**	**8907**	**8628**	**11434**
研究和试验发展	10974		760	1007	689
专业技术服务业	97915	752	7070	6107	9538
科技推广和应用服务业	19099	27	1077	1514	1207
水利、环境和公共设施管理业	**57193**		**5986**	**2789**	**5246**
水利管理业	8244		2959	1633	739
生态保护和环境治理业	5770		762	137	351
公共设施管理业	42125		2265	1019	4142
土地管理业	1054				14
居民服务、修理和其他服务业	**48447**		**415**	**1687**	**1082**
居民服务业	19861		387	1567	627
机动车、电子产品和日用产品修理业	11347			26	396
其他服务业	17239		28	94	59
教育	**407447**	**26223**	**120408**	**54584**	**30826**
教育	407447	26223	120408	54584	30826
卫生和社会工作	**208904**	**19215**	**77844**	**25787**	**15200**
卫生	196932	19097	76635	24429	14380
社会工作	11972	118	1209	1358	820
文化、体育和娱乐业	**53029**	**956**	**6591**	**4667**	**2798**
新闻和出版业	5118	771	1478	473	733
广播、电视、电影和录音制作业	11505		253	747	450
文化艺术业	20592	185	4375	3133	1215
体育	4964		380	80	227
娱乐业	10850		105	234	173
公共管理、社会保障和社会组织	**733046**	**39575**	**128250**	**116751**	**64876**
中国共产党机关	29071	2520	6261	7618	2336
国家机构	571050	31414	98586	84107	52203
人民政协、民主党派	3305	213	843	1330	184
社会保障	6385	10	1683	1189	1451
群众团体、社会团体和其他成员组织	35319	941	2298	3430	2704
基层群众自治组织	85841	4477	18579	19077	5998

2001 年	2002 年	2003 年	2004 年	2005 年	2006 年	2007 年	2008 年
3889	**4487**	**4761**	**5802**	**6929**	**14965**	**8622**	**7992**
3889	4487	4761	5802	6929	14965	8622	7992
2821	**1815**	**6486**	**4537**	**6002**	**3487**	**18307**	**14175**
62	18	24	91	51	53	237	182
2759	1797	6462	4446	5951	3434	18070	13993
7386	**4140**	**2294**	**3593**	**4137**	**5743**	**4064**	**7679**
239	11	7	72	980	2700	143	138
7064	4035	2169	3271	3000	2705	3818	7064
83	94	118	250	157	338	103	477
1018	**1078**	**1860**	**610**	**1844**	**860**	**841**	**2761**
57	410	112	56	55	303	17	377
8	70	114	69	226	178	164	293
939	586	1607	377	1506	303	646	2064
14	12	27	108	57	76	14	27
271	**4908**	**525**	**449**	**507**	**387**	**1677**	**1139**
107	148	388	206	376	131	330	266
110	254	100	141	117	130	217	274
54	4506	37	102	14	126	1130	599
2693	**3802**	**9170**	**6417**	**8468**	**9930**	**6586**	**9261**
2693	3802	9170	6417	8468	9930	6586	9261
1522	**737**	**1920**	**1943**	**5009**	**2311**	**1515**	**3303**
1317	640	1867	1792	4755	1960	1182	3065
205	97	53	151	254	351	333	238
189	**727**	**575**	**455**	**375**	**1009**	**1545**	**1137**
105	59	10	202	12	138	12	73
20	202	94	38	38	63	649	181
20	222	162	63	110	462	527	375
	20	35	12	37	177	135	136
44	224	274	140	178	169	222	372
12962	**25527**	**10317**	**12617**	**19007**	**21303**	**7766**	**9925**
369	3322	201	237	212	151	66	46
9417	18646	6792	11127	15578	14894	5509	8152
107	238	65				13	
320	134	32	73	130	73	95	30
351	614	1146	357	493	834	1016	622
2398	2573	2081	823	2594	5351	1067	1075

1-14 续表 3

行业大类	2009 年	2010 年	2011 年	2012 年	2013 年
总　计	**148353**	**142692**	**145114**	**123906**	**150085**
农、林、牧、渔业	**822**	**1368**	**1390**	**1920**	**3228**
农业					
林业					
畜牧业					
渔业					
农、林、牧、渔专业及辅助性活动	822	1368	1390	1920	3228
采矿业	**6375**	**5907**	**6297**	**4440**	**6603**
煤炭开采和洗选业	3250	3550	4586	2200	5409
石油和天然气开采业	20	258	51	6	1
黑色金属矿采选业	151	434	135	145	672
有色金属矿采选业	1497	501	753	1092	61
非金属矿采选业	1443	1121	700	945	377
开采专业及辅助性活动	1	23	69	49	10
其他采矿业	13	20	3	3	73
制造业	**30197**	**32570**	**37898**	**25246**	**23381**
农副食品加工业	2107	1869	4246	3951	2423
食品制造业	789	4160	1034	941	2539
酒、饮料和精制茶制造业	778	140	494	477	449
烟草制品业				2	
纺织业	138	310	438	161	222
纺织服装、服饰业	179	95	858	150	330
皮革、毛皮、羽毛及其制品和制鞋业	68	34	56	4	87
木材加工和木、竹、藤、棕、草制品业	321	395	198	541	373
家具制造业	127	41	29	45	47
造纸和纸制品业	583	291	228	13	53
印刷和记录媒介复制业	52	156	70	334	202
文教、工美、体育和娱乐用品制造业	12	53	53	124	19
石油、煤炭及其他燃料加工业	1333	2169	1521	1219	1941
化学原料和化学制品制造业	10100	7578	5451	4305	4787
医药制造业	2205		331	238	37
化学纤维制造业				30	
橡胶和塑料制品业	381	2254	627	392	326
非金属矿物制品业	3421	4708	4965	5107	2196
黑色金属冶炼和压延加工业	228	265	4337	1802	3727
有色金属冶炼和压延加工业	1222	2999	2662	2359	983
金属制品业	857	627	3723	992	585
通用设备制造业	369	612	355	346	312
专用设备制造业	514	638	452	437	518

2014 年	2015 年	2016 年	2017 年	2018 年	无开业年份
156102	**200601**	**253736**	**311642**	**214650**	**751**
3546	**2227**	**3581**	**3846**	**2904**	**2**
3546	2227	3581	3846	2904	2
3520	**2912**	**2365**	**3730**	**2126**	**14**
2508	184	1205	2767	1363	5
40	55	15	15	26	
135	56	113	67	90	
220	368	106	16	54	2
600	769	782	637	362	7
10	1459	134	192	205	
7	21	10	36	26	
24569	**20263**	**22584**	**28499**	**18488**	**223**
4511	2726	2645	3300	1616	24
1106	1116	961	702	307	9
634	474	326	287	111	3
225	350	158	420	285	
558	457	439	490	560	
169	67	141	153	1466	
366	210	402	619	570	6
586	59	148	65	164	
79	73	85	188	78	118
212	238	431	233	141	3
478	97	143	401	205	1
303	236	418	437	2620	4
4028	2531	2319	1859	1528	10
725	453	186	520	427	
25		3	2	69	
983	557	728	557	645	4
3350	2712	2637	6176	2601	13
844	707	3622	1743	531	
781	1959	1783	2047	1575	
905	930	922	952	690	10
919	491	1111	713	324	3
502	500	468	687	255	2

1-14 续表4

行业大类	2009年	2010年	2011年	2012年	2013年
汽车制造业	167	1469	202	526	154
铁路、船舶、航空航天和其他运输设备制造业	315	219	26	18	3
电气机械和器材制造业	1485	575	690	126	132
计算机、通信和其他电子设备制造业	2305	330	2626	145	241
仪器仪表制造业	18	19	16	8	9
其他制造业		42	11	47	43
废弃资源综合利用业	6	199	996	164	142
金属制品、机械和设备修理业	117	323	1203	242	501
电力、热力、燃气及水生产和供应业	**20228**	**7083**	**5678**	**5008**	**3293**
电力、热力生产和供应业	19039	4073	4519	3781	2289
燃气生产和供应业	536	2303	411	565	812
水的生产和供应业	653	707	748	662	192
建筑业	**8243**	**11500**	**8487**	**8098**	**7497**
房屋建筑业	2524	4173	2010	3276	2354
土木工程建筑业	3307	4412	2567	2181	2432
建筑安装业	1053	597	1162	1034	787
建筑装饰、装修和其他建筑业	1359	2318	2748	1607	1924
批发和零售业	**11415**	**19237**	**17391**	**16676**	**22343**
批发业	5396	8644	7609	7543	10868
零售业	6019	10593	9782	9133	11475
交通运输、仓储和邮政业	**6177**	**5613**	**6220**	**6181**	**6142**
铁路运输业					
道路运输业	3928	3134	2903	4945	4349
水上运输业		3			4
航空运输业	91	34	127	83	309
管道运输业	34	3			
多式联运和运输代理业	160	162	165	86	97
装卸搬运和仓储业	1027	1632	611	443	1162
邮政业	937	645	2414	624	221
住宿和餐饮业	**4489**	**3584**	**6071**	**5706**	**4552**
住宿业	1707	2004	2489	2205	2278
餐饮业	2782	1580	3582	3501	2274
信息传输、软件和信息技术服务业	**884**	**1014**	**799**	**1124**	**1601**
电信、广播电视和卫星传输服务	113	191	40	84	490
互联网和相关服务	134	244	145	119	184
软件和信息技术服务业	637	579	614	921	927
金融业	**622**	**470**	**321**	**360**	**393**
货币金融服务	521	423	274	307	356
资本市场服务		15	10	1	2
保险业	18				1
其他金融业	83	32	37	52	34

2014 年	2015 年	2016 年	2017 年	2018 年	无开业年份
302	1569	110	99	191	
			626	22	1
531	289	908	295	296	
398	423	493	3997	578	
9	34	19	14	8	
174	71	58	144	125	
434	303	327	355	147	11
432	631	593	418	353	1
7579	**5176**	**6337**	**2915**	**1701**	**2**
2481	3577	5280	1840	1154	2
1364	796	597	163	148	
3734	803	460	912	399	
10937	**15301**	**22493**	**28111**	**22670**	**93**
3186	3663	5599	5462	3525	5
3675	5103	7212	8292	7395	60
1871	1733	2829	2990	3315	3
2205	4802	6853	11367	8435	25
30552	**34991**	**42003**	**46404**	**34384**	**142**
15880	15598	19559	24062	16740	34
14672	19393	22444	22342	17644	108
10412	**11803**	**10078**	**17842**	**7651**	**11**
7059	8297	7633	15067	5743	8
	5		3		
1034	15	27	31	42	
211	356	304	385	539	
1754	1412	1766	1759	1116	3
354	1718	348	597	211	
5026	**4460**	**5961**	**6916**	**4994**	**17**
2544	2450	2108	2090	1690	9
2482	2010	3853	4826	3304	8
2956	**4708**	**5988**	**6190**	**5885**	**14**
559	1363	359	594	772	2
515	699	942	1250	1133	
1882	2646	4687	4346	3980	12
702	**372**	**384**	**198**	**114**	
443	154	273	151	29	
165	20	23	10	13	
1		2	4	9	
93	198	86	33	63	

1-14 续表5

行业大类	2009年	2010年	2011年	2012年	2013年
房地产业	**13198**	**12416**	**10612**	**6757**	**10282**
房地产业	13198	12416	10612	6757	10282
租赁和商务服务业	**10159**	**7337**	**9819**	**5991**	**22614**
租赁业	263	924	551	850	879
商务服务业	9896	6413	9268	5141	21735
科学研究和技术服务业	**4207**	**3711**	**3265**	**3932**	**4365**
研究和试验发展	38	94	177	95	720
专业技术服务业	3454	3202	2689	3231	2840
科技推广和应用服务业	715	415	399	606	805
水利、环境和公共设施管理业	**1994**	**1571**	**1606**	**1095**	**1648**
水利管理业	152	78	192	103	74
生态保护和环境治理业	149	439	123	146	186
公共设施管理业	1661	1018	1289	791	1376
土地管理业	32	36	2	55	12
居民服务、修理和其他服务业	**2137**	**2579**	**1486**	**1456**	**2276**
居民服务业	881	965	394	507	1198
机动车、电子产品和日用产品修理业	263	494	471	434	625
其他服务业	993	1120	621	515	453
教育	**9257**	**9619**	**8144**	**10750**	**11179**
教育	9257	9619	8144	10750	11179
卫生和社会工作	**4133**	**2263**	**2528**	**3293**	**6552**
卫生	3785	1810	2031	2916	5737
社会工作	348	453	497	377	815
文化、体育和娱乐业	**1897**	**1664**	**1340**	**2032**	**1859**
新闻和出版业	118	245	89	17	
广播、电视、电影和录音制作业	614	608	558	961	544
文化艺术业	683	429	438	558	813
体育	192	78	50	198	112
娱乐业	290	304	205	298	390
公共管理、社会保障和社会组织	**11919**	**13186**	**15762**	**13841**	**10277**
中国共产党机关	31	61	168	189	221
国家机构	7733	11077	10004	9300	6632
人民政协、民主党派	24	5			16
社会保障	112		187	156	
群众团体、社会团体和其他成员组织	596	594	4305	1244	1858
基层群众自治组织	3423	1449	1098	2952	1550

2014 年	2015 年	2016 年	2017 年	2018 年	无开业年份
7292	**6880**	**8491**	**9409**	**9609**	**40**
7292	6880	8491	9409	9609	40
12918	**19206**	**27276**	**31803**	**21591**	**77**
1552	1907	3413	3969	2852	6
11366	17299	23863	27834	18739	71
5668	**6957**	**9409**	**9368**	**7456**	**26**
408	565	727	615	336	2
4452	4676	5783	6078	4515	13
808	1716	2899	2675	2605	11
1514	**6119**	**7390**	**6173**	**3189**	**1**
59	207	375	154	132	
266	452	916	433	288	
1124	5311	5895	5489	2716	1
65	149	204	97	53	
3838	**4676**	**5089**	**5861**	**5991**	**11**
2228	2693	2372	2282	1806	2
1124	1265	1852	1823	1226	5
486	718	865	1756	2959	4
9686	**16155**	**16629**	**15687**	**11955**	**18**
9686	16155	16629	15687	11955	18
4212	**8750**	**9986**	**6911**	**3953**	**17**
3589	7929	8650	5995	3354	17
623	821	1336	916	599	
2945	**6007**	**4855**	**5421**	**3963**	**22**
42	59	228	112	142	
483	2730	747	917	608	
1456	954	1526	1780	1106	
149	497	720	1198	529	2
815	1767	1634	1414	1578	20
8230	**23638**	**42837**	**76358**	**46026**	**21**
83	155	1193	2009	1622	
5394	18573	36860	70551	38501	
		108	72	87	
44	69	380	133	84	
1884	1860	3389	2827	1935	21
825	2981	907	766	3797	

1-15 按地区、从业人员

地区	法人单位数（个）	7人及以下	8-19人	20-49人	50-99人
总计	**297202**	**230373**	**35037**	**17521**	**7477**
呼和浩特市	41993	32324	5112	2502	1055
包头市	41561	33406	4321	2131	851
呼伦贝尔市	29108	22960	3227	1673	676
兴安盟	11699	8814	1430	775	366
通辽市	26875	20625	3458	1536	657
赤峰市	40472	31763	4500	2280	1020
锡林郭勒盟	18418	14436	2191	1071	406
乌兰察布市	19009	14099	2502	1318	587
鄂尔多斯市	34596	26403	4244	2087	935
巴彦淖尔市	17093	12820	2250	1120	497
乌海市	9349	7298	1015	535	243
阿拉善盟	7029	5425	787	493	184

1-16 按地区、从业人员组距

地区	从业人员数（人）	7人及以下	8-19人	20-49人	50-99人
总计	**4775258**	**498724**	**407778**	**528995**	**506891**
呼和浩特市	663861	75258	59513	75125	71452
包头市	625377	74226	50078	64064	56906
呼伦贝尔市	417479	46257	37753	51163	46565
兴安盟	162928	21844	16658	23553	25126
通辽市	351264	47343	39731	46321	44912
赤峰市	569999	66265	52217	68473	69688
锡林郭勒盟	206130	30286	25775	32400	27304
乌兰察布市	262471	27244	29202	40172	40351
鄂尔多斯市	567071	55163	49117	62848	62805
巴彦淖尔市	234441	29531	26342	33919	33540
乌海市	145044	14046	11981	16322	16065
阿拉善盟	87361	11261	9411	14635	12177
不分地区	481832				

注：表中“不分地区”是指从事金融、铁路部门的从业人员。

组距分组的法人单位数

100－299 人	300－499 人	500－999 人	1000－4999 人	5000－9999 人	10000 人及以上
4811	**881**	**641**	**424**	**23**	**14**
679	128	102	78	8	5
579	98	90	77	6	2
416	73	45	34	3	1
241	36	24	13		
434	84	46	34	1	
651	112	84	58	1	3
232	35	28	19		
379	64	45	15		
654	122	90	56	2	3
297	46	44	18	1	
155	57	28	17	1	
94	26	15	5		

分组的法人单位从业人员数

100－299 人	300－499 人	500－999 人	1000－4999 人	5000－9999 人	10000 人及以上
748124	**297511**	**370481**	**573595**	**114789**	**215894**
105388	42054	56313	114027	41699	17690
91857	36086	59572	106663	27737	33041
63103	24488	27343	45124	22184	53499
34896	11252	12666	15175		1758
66412	26967	24457	44386	5446	5134
104941	38183	49151	80036		41045
33717	11386	14928	26117		4217
59971	21413	22175	16871		5072
102885	44311	56292	82617	5129	45904
45998	14579	23772	16129	5802	4829
24309	19417	14736	19256	6792	2120
14647	7375	9076	7194		1585

1-17 按行业(大类)、从业人员

行业大类	法人单位数(个)	7 人及以下	8-19 人	20-49 人
总　计	**297202**	**230373**	**35037**	**17521**
农、林、牧、渔业	**7267**	**6362**	**697**	**141**
农业	31	31		
林业	16	16		
畜牧业	19	19		
渔业				
农、林、牧、渔专业及辅助性活动	7201	6296	697	141
采矿业	**3880**	**2578**	**437**	**377**
煤炭开采和洗选业	968	422	87	159
石油和天然气开采业	65	45	8	6
黑色金属矿采选业	604	466	57	38
有色金属矿采选业	414	273	42	27
非金属矿采选业	1613	1195	221	138
开采专业及辅助性活动	101	73	15	6
其他采矿业	115	104	7	3
制造业	**22179**	**15168**	**3321**	**1932**
农副食品加工业	3466	2426	557	289
食品制造业	1164	791	180	91
酒、饮料和精制茶制造业	836	568	138	62
烟草制品业	NA	1		
纺织业	549	373	88	53
纺织服装、服饰业	561	378	77	57
皮革、毛皮、羽毛及其制品和制鞋业	164	119	27	11
木材加工和木、竹、藤、棕、草制品业	703	494	113	64
家具制造业	212	173	26	8
造纸和纸制品业	219	158	28	15
印刷和记录媒介复制业	564	428	93	28
文教、工美、体育和娱乐用品制造业	378	331	29	12
石油、煤炭及其他燃料加工业	403	284	46	25
化学原料和化学制品制造业	1582	995	205	146
医药制造业	232	113	24	32
化学纤维制造业	29	21	6	2
橡胶和塑料制品业	802	569	139	59
非金属矿物制品业	3986	2545	681	507
黑色金属冶炼和压延加工业	395	173	25	42
有色金属冶炼和压延加工业	398	188	41	42
金属制品业	1605	1252	196	101
通用设备制造业	1054	749	172	87
专用设备制造业	803	575	123	56

组距分组的法人单位数

50－99 人	100－299 人	300－499 人	500－999 人	1000－4999 人	5000－9999 人	10000 人及以上
7477	**4811**	**881**	**641**	**424**	**23**	**14**
37	**17**	**1**	**3**	**9**		
37	17	1	3	9		
173	**157**	**67**	**51**	**32**	**5**	**3**
93	86	50	39	25	4	3
2	3			1		
20	12	4	4	2	1	
17	35	11	7	2		
38	18	2		1		
2	3		1	1		
1						
798	**580**	**175**	**113**	**84**	**5**	**3**
112	60	12	6	4		
38	31	18	8	4	3	
27	22	14	2	3		
		1	1			
20	10	2	3			
25	16	5	1	2		
3	2	1		1		
17	15					
2	2	1				
3	11	3	1			
9	5	1				
3	2	1				
8	8	17	9	6		
95	56	29	32	24		
16	33	6	3	4	1	
18	13	2	2			
158	71	16	7	1		
48	71	16	8	10		2
41	43	10	17	16		
28	23	1	1	2	1	
27	14	4	1			
26	20	3				

1-17 续表 1

行业大类	法人单位数（个）	7 人及以下	8－19 人	20－49 人
汽车制造业	183	111	32	10
铁路、船舶、航空航天和其他运输设备制造业	36	19	4	2
电气机械和器材制造业	468	315	84	37
计算机、通信和其他电子设备制造业	201	123	22	20
仪器仪表制造业	71	55	10	3
其他制造业	143	116	17	7
废弃资源综合利用业	263	190	30	23
金属制品、机械和设备修理业	706	535	108	41
电力、热力、燃气及水生产和供应业	**2902**	**1591**	**466**	**388**
电力、热力生产和供应业	2111	1226	337	253
燃气生产和供应业	228	103	39	34
水的生产和供应业	563	262	90	101
建筑业	**21994**	**17822**	**2104**	**1106**
房屋建筑业	3678	2555	392	299
土木工程建筑业	6486	5118	703	365
建筑安装业	3204	2555	350	203
建筑装饰、装修和其他建筑业	8626	7594	659	239
批发和零售业	**85930**	**77687**	**5738**	**1710**
批发业	41767	37257	3309	875
零售业	44163	40430	2429	835
交通运输、仓储和邮政业	**11040**	**8231**	**1455**	**760**
铁路运输业	34	4	5	11
道路运输业	8061	6163	994	489
水上运输业	14	10	1	3
航空运输业	96	58	11	5
管道运输业	5	2		2
多式联运和运输代理业	676	561	72	30
装卸搬运和仓储业	1752	1194	295	174
邮政业	402	239	77	46
住宿和餐饮业	**4358**	**2679**	**802**	**506**
住宿业	1936	1077	431	264
餐饮业	2422	1602	371	242
信息传输、软件和信息技术服务业	**8256**	**7305**	**616**	**189**
电信、广播电视和卫星传输服务	855	651	92	30
互联网和相关服务	1607	1461	98	37
软件和信息技术服务业	5794	5193	426	122
金融业	**1721**	**824**	**188**	**116**
货币金融服务	1012	536	116	63
资本市场服务	121	94	18	7
保险业	444	94	26	32
其他金融业	144	100	28	14

50－99 人	100－299 人	300－499 人	500－999 人	1000－4999 人	5000－9999 人	10000 人及以上
12	13	1	1	3		
2	3	2	3			1
16	11	4	1			
12	14	4	3	3		
2	1					
1	2					
15	3	1	1			
14	5	1	2			
197	**167**	**35**	**36**	**20**		**2**
103	115	28	31	16		2
26	21	1	2	2		
68	31	6	3	2		
445	**342**	**76**	**57**	**39**	**2**	**1**
167	166	37	34	25	2	1
132	114	26	18	10		
66	26	2	1	1		
80	36	11	4	3		
492	**237**	**35**	**18**	**13**		
210	96	11	6	3		
282	141	24	12	10		
343	**179**	**29**	**20**	**18**	**2**	**3**
2	6		1	3		2
259	120	16	11	6	2	1
7	9	3	2	1		
1						
10	3					
53	28	6	2			
11	13	4	4	8		
219	**129**	**17**	**5**	**1**		
93	61	9	1			
126	68	8	4	1		
61	**44**	**10**	**15**	**16**		
21	25	9	13	14		
9	2					
31	17	1	2	2		
114	**188**	**100**	**97**	**88**	**5**	**1**
66	115	62	37	17		
				2		
47	72	38	60	69	5	1
1	1					

1-17 续表 2

行业大类	法人单位数（个）	7 人及以下	8－19 人	20－49 人
房地产业	**11617**	**7430**	**2375**	**1263**
房地产业	11617	7430	2375	1263
租赁和商务服务业	**32688**	**28437**	**2730**	**976**
租赁业	4774	4279	373	96
商务服务业	27914	24158	2357	880
科学研究和技术服务业	**13105**	**9796**	**2001**	**888**
研究和试验发展	870	681	105	51
专业技术服务业	8062	5535	1515	665
科技推广和应用服务业	4173	3580	381	172
水利、环境和公共设施管理业	**3785**	**2759**	**510**	**318**
水利管理业	546	321	118	75
生态保护和环境治理业	533	365	90	54
公共设施管理业	2578	1993	269	178
土地管理业	128	80	33	11
居民服务、修理和其他服务业	**6932**	**5918**	**692**	**214**
居民服务业	3124	2632	322	119
机动车、电子产品和日用产品修理业	2957	2622	276	49
其他服务业	851	664	94	46
教育	**10805**	**4898**	**1828**	**1613**
教育	10805	4898	1828	1613
卫生和社会工作	**4926**	**2291**	**1118**	**907**
卫生	3495	1258	867	793
社会工作	1431	1033	251	114
文化、体育和娱乐业	**7343**	**6058**	**759**	**360**
新闻和出版业	144	52	39	29
广播、电视、电影和录音制作业	914	699	114	69
文化艺术业	2219	1577	377	186
体育	906	773	86	33
娱乐业	3160	2957	143	43
公共管理、社会保障和社会组织	**36474**	**22539**	**7200**	**3757**
中国共产党机关	1332	426	426	337
国家机构	13573	5056	2795	2990
人民政协、民主党派	173	57	28	78
社会保障	230	89	37	78
群众团体、社会团体和其他成员组织	7738	6686	825	174
基层群众自治组织	13428	10225	3089	100

50－99 人	100－299 人	300－499 人	500－999 人	1000－4999 人	5000－9999 人	10000 人及以上
331	**169**	**26**	**16**	**7**		
331	169	26	16	7		
302	**150**	**40**	**35**	**15**	**3**	
19	7					
283	143	40	35	15	3	
240	**151**	**22**	**3**	**4**		
16	12	3	1	1		
198	126	18	2	3		
26	13	1				
99	**73**	**11**	**8**	**7**		
15	17					
16	7	1				
64	49	10	8	7		
4						
69	**25**	**7**	**2**	**5**		
33	13	3		2		
9	1					
27	11	4	2	3		
1284	**1081**	**66**	**22**	**13**		
1284	1081	66	22	13		
270	**209**	**52**	**51**	**27**	**1**	
244	203	52	50	27	1	
26	6		1			
106	**50**	**6**	**3**	**1**		
9	13	1	1			
17	10	3	1	1		
60	17	1	1			
8	6					
12	4	1				
1897	**863**	**106**	**86**	**25**		**1**
114	28	1				
1694	825	104	85	23		1
10						
23	2			1		
42	8	1	1	1		
14						

1-18 按行业(大类)、从业人员组距

地　　区	从业人员数(人)	7人及以下	8－19人	20－49人
总　计	**4775258**	**498724**	**407778**	**528995**
农、林、牧、渔业	**49172**	**14790**	**7759**	**4120**
农业				
林业				
畜牧业				
渔业				
农、林、牧、渔专业及辅助性活动	49172	14790	7759	4120
采矿业	**257443**	**3889**	**5291**	**11305**
煤炭开采和洗选业	193852	632	1095	4968
石油和天然气开采业	3974	100	102	175
黑色金属矿采选业	18323	493	695	1109
有色金属矿采选业	21603	366	496	808
非金属矿采选业	16112	2057	2644	3966
开采专业及辅助性活动	3248	123	174	201
其他采矿业	331	118	85	78
制造业	**673056**	**32155**	**38963**	**58711**
农副食品加工业	53632	5183	6498	8806
食品制造业	55669	1877	2060	2801
酒、饮料和精制茶制造业	21322	1222	1645	1855
烟草制品业	2658	2		
纺织业	8923	759	1017	1592
纺织服装、服饰业	15702	865	896	1596
皮革、毛皮、羽毛及其制品和制鞋业	3145	164	323	376
木材加工和木、竹、藤、棕、草制品业	8141	932	1336	1951
家具制造业	1973	400	300	261
造纸和纸制品业	5443	298	317	432
印刷和记录媒介复制业	4712	1180	1021	764
文教、工美、体育和娱乐用品制造业	2296	644	349	360
石油、煤炭及其他燃料加工业	28013	472	516	795
化学原料和化学制品制造业	97621	1872	2426	4574
医药制造业	24663	196	310	1015
化学纤维制造业	141	18	56	67
橡胶和塑料制品业	10090	1218	1641	1678
非金属矿物制品业	63181	5090	8198	15508
黑色金属冶炼和压延加工业	91678	291	279	1403
有色金属冶炼和压延加工业	60408	310	519	1359
金属制品业	29083	2788	2205	2948
通用设备制造业	12496	1881	2018	2644
专用设备制造业	10608	1352	1459	1621

分组的法人单位从业人员数

50－99 人	100－299 人	300－499 人	500－999 人	1000－4999 人	5000－9999 人	10000 人及以上
506891	**748124**	**297511**	**370481**	**573595**	**114789**	**215894**
2350	**2684**	**317**	**1771**	**15381**		
2350	2684	317	1771	15381		
12170	**27402**	**25571**	**36137**	**57192**	**33810**	**44538**
6707	15313	19168	27526	46161	27744	44538
176	368			2915		
1425	1870	1466	2900	2299	6066	
1203	6289	4271	4956	3214		
2452	3027	666		1300		
157	535		755	1303		
50						
54285	**100118**	**68486**	**76606**	**148792**	**27889**	**39460**
7695	10202	4816	3630	6802		
2636	5153	6848	5166	7041	22087	
1967	3535	5657	1781	3660		
			878	1778		
1388	1514	773	1880			
1646	2721	1969	550	5459		
161	217	498		1406		
1200	2722					
104	508	400				
234	2166	1039	957			
585	792	370				
196	363	384				
608	1380	7251	6466	10525		
6610	9686	11396	21754	39303		
1185	6175	2168	2027	5785	5802	
1294	1961	782	1516			
10051	12613	6280	4341	1100		
3441	13055	6152	5968	21629		39460
2914	7536	3951	11957	31862		
1818	3372	389	575	2948		
1776	2048	1519	610			
1727	3394	1055				

1-18 续表 1

地　　区	从业人员数（人）	7 人及以下	8－19 人	20－49 人
汽车制造业	10101	214	377	293
铁路、船舶、航空航天和其他运输设备制造业	14449	29	45	43
电气机械和器材制造业	8124	666	997	1133
计算机、通信和其他电子设备制造业	15429	263	271	605
仪器仪表制造业	717	135	119	98
其他制造业	912	195	195	184
废弃资源综合利用业	4160	303	345	711
金属制品、机械和设备修理业	7566	1336	1225	1238
电力、热力、燃气及水生产和供应业	**187004**	**2891**	**5880**	**11978**
电力、热力生产和供应业	151813	2089	4141	7665
燃气生产和供应业	12212	233	535	1140
水的生产和供应业	22979	569	1204	3173
建筑业	**346616**	**36471**	**24330**	**32661**
房屋建筑业	169365	5123	4563	8906
土木工程建筑业	97279	10219	8149	10770
建筑安装业	27298	5670	4089	6106
建筑装饰、装修和其他建筑业	52674	15459	7529	6879
批发和零售业	**389951**	**156736**	**63816**	**50175**
批发业	182699	77272	37188	25155
零售业	207252	79464	26628	25020
交通运输、仓储和邮政业	**284388**	**16975**	**17098**	**22738**
铁路运输业	104024		13	
道路运输业	125692	12615	11712	14809
水上运输业	127	21	19	87
航空运输业	6485	91	129	128
管道运输业	145	7		54
多式联运和运输代理业	4101	1119	852	889
装卸搬运和仓储业	22367	2521	3479	5381
邮政业	21447	601	894	1390
住宿和餐饮业	**78153**	**5809**	**9592**	**15135**
住宿业	36099	2772	5196	7860
餐饮业	42054	3037	4396	7275
信息传输、软件和信息技术服务业	**77226**	**13941**	**6956**	**5559**
电信、广播电视和卫星传输服务	44370	1400	1089	964
互联网和相关服务	5625	2606	1083	1035
软件和信息技术服务业	27231	9935	4784	3560
金融业	**382449**	**1725**	**1499**	**1027**
货币金融服务	103214	1377	1144	449
资本市场服务	4205	87	38	152
保险业	274068	24	18	
其他金融业	962	237	299	426

50－99人	100－299人	300－499人	500－999人	1000－4999人	5000－9999人	10000人及以上
771	2168	476	798	2586		
163	616	300	625			
1116	1784	1568	605			
841	2794	1512	2235	6908		
115						
70	268					
1028	532	461	780			
945	843	472	1507			
13509	**29130**	**13469**	**23210**	**35734**		**51203**
7034	21145	10712	20203	27621		51203
1864	3216	481	1410	3333		
4611	4769	2276	1597	4780		
30149	**57954**	**28054**	**39036**	**64617**	**12941**	**20403**
11708	28422	13813	22487	40999	12941	20403
8692	18890	9444	12958	18157		
4423	4309	796	685	1220		
5326	6333	4001	2906	4241		
34214	**36958**	**13234**	**12756**	**22062**		
14978	14221	4322	4359	5204		
19236	22737	8912	8397	16858		
23178	**27403**	**11230**	**13657**	**25045**	**12848**	**10205**
17454	19545	6503	8022	11979	12848	10205
619	1378	1097	1238	1805		
84						
730	511					
3519	3881	2190	1396			
772	2088	1440	3001	11261		
15372	**21187**	**6334**	**3199**	**1525**		
6607	9796	3194	674			
8765	11391	3140	2525	1525		
4155	**7317**	**3878**	**10568**	**24852**		
1420	4253	3499	9434	22311		
639	262					
2096	2802	379	1134	2541		
377						
377						

1-18 续表2

地　　区	从　业 人员数 （人）	7人及以下	8－19人	20－49人
房地产业	**163651**	**16244**	**29001**	**36991**
房地产业	163651	16244	29001	36991
租赁和商务服务业	**250095**	**57379**	**30883**	**28080**
租赁业	17960	8668	4196	2710
商务服务业	232135	48711	26687	25370
科学研究和技术服务业	**127988**	**19198**	**24161**	**26032**
研究和试验发展	10974	1174	1307	1474
专业技术服务业	97915	12237	18546	19581
科技推广和应用服务业	19099	5787	4308	4977
水利、环境和公共设施管理业	**57193**	**5594**	**6025**	**9336**
水利管理业	8244	822	1416	2294
生态保护和环境治理业	5770	672	1095	1629
公共设施管理业	42125	3953	3150	5122
土地管理业	1054	147	364	291
居民服务、修理和其他服务业	**48447**	**12826**	**7821**	**6412**
居民服务业	19861	5158	3792	3552
机动车、电子产品和日用产品修理业	11347	6210	2992	1457
其他服务业	17239	1458	1037	1403
教育	**407447**	**13064**	**22283**	**51783**
教育	407447	13064	22283	51783
卫生和社会工作	**208904**	**5678**	**14014**	**28219**
卫生	196932	3083	11088	24936
社会工作	11972	2595	2926	3283
文化、体育和娱乐业	**53029**	**12010**	**8971**	**10810**
新闻和出版业	5118	113	465	958
广播、电视、电影和录音制作业	11505	1490	1354	2053
文化艺术业	20592	2809	4525	5618
体育	4964	1432	1014	878
娱乐业	10850	6166	1613	1303
公共管理、社会保障和社会组织	**733046**	**71349**	**83435**	**117923**
中国共产党机关	29071	873	5573	10316
国家机构	571050	7061	35681	95455
人民政协、民主党派	3305	35	434	2181
社会保障	6385	42	476	2548
群众团体、社会团体和其他成员组织	35319	12814	9506	4759
基层群众自治组织	85841	50524	31765	2664

50－99 人	100－299 人	300－499 人	500－999 人	1000－4999 人	5000－9999 人	10000 人及以上
22297	**26734**	**9954**	**11188**	**11242**		
22297	26734	9954	11188	11242		
20405	**24168**	**15321**	**24705**	**27483**	**21671**	
1200	1186					
19205	22982	15321	24705	27483	21671	
16052	**24801**	**7556**	**1788**	**7560**		
1009	1679	765	518	2597		
13415	21097	6417	1270	4963		
1628	2025	374				
6583	**11799**	**4153**	**4974**	**8729**		
942	2770					
1113	905	356				
4276	8124	3797	4974	8729		
252						
4607	**4126**	**2738**	**1162**	**8755**		
2155	2015	1053		2136		
564	124					
1888	1987	1685	1162	6619		
92073	**169102**	**24449**	**13829**	**20864**		
92073	169102	24449	13829	20864		
17757	**34483**	**20240**	**35281**	**47602**	**5630**	
15956	33646	20240	34751	47602	5630	
1801	837		530			
7143	**7777**	**2262**	**1976**	**2080**		
558	2077	302	645			
1182	1523	1258	565	2080		
4050	2463	361	766			
512	1128					
841	586	341				
130215	**134981**	**40265**	**58638**	**44080**		**50085**
7930	3882	497				
116807	129558	39318	57956	39129		50085
655						
1427	268			1624		
2508	1273	450	682	3327		
888						

1-19　按行业门类分组的个体经营户数和从业人员数

行　业	个体经营户数（个）	从业人员数（人）
总　计	**1179179**	**2108146**
采矿业	265	2585
制造业	33088	74598
电力、热力、燃气及水生产和供应业	54	124
建筑业	21773	54299
批发和零售业	535455	910380
交通运输、仓储和邮政业	228266	86252
住宿和餐饮业	152710	452518
信息传输、软件和信息技术服务业	3821	8406
金融业		
房地产业	2196	6588
租赁和商务服务业	18041	46907
科学研究和技术服务业	2238	6043
水利、环境和公共设施管理业	272	925
居民服务、修理和其他服务业	132125	331394
教育	9728	45722
卫生和社会工作	14591	43773
文化、体育和娱乐业	11068	37631
公共管理、社会保障和社会组织		

注：本表合计数含从事农、林、牧、渔专业及辅助性活动的个体经营户数据。

第二篇

企 业 篇

2-1　按地区分组的企业法人单位数及从业人员数

地区	法人单位数（个）	单产业法人单位	多产业法人单位	从业人员数（人）	#女性
总　　计	**232077**	**226787**	**5290**	**3284645**	**1126899**
呼和浩特市	36132	35700	432	477339	175795
包头市	35390	34542	848	481561	150696
呼伦贝尔市	21138	20338	800	216520	62843
兴安盟	7641	7382	259	74300	23852
通辽市	18264	17823	441	193037	60776
赤峰市	31493	30780	713	355864	104503
锡林郭勒盟	13696	13411	285	129883	41968
乌兰察布市	13790	13472	318	147681	46283
鄂尔多斯市	28833	28332	501	409844	106573
巴彦淖尔市	11934	11636	298	140820	45179
乌海市	8188	7963	225	115625	35731
阿拉善盟	5578	5408	170	60339	17506
不分地区				481832	255194

注：1. 表中“不分地区”从业人员期末人数及女性是指从事金融和铁路部门从业人员。

2. 表中分地区法人单位数包含金融和铁路部门法人单位数。

2-2 按控股情况、运营状态、开业(成立)时间分组的企业法人单位数及从业人员数

分组	法人单位数（个）	单产业法人单位	多产业法人单位	从业人员数（人）	#女性
总计	**232077**	**226787**	**5290**	**3284645**	**1126899**
按企业控股情况分组					
国有控股	4759	4053	706	678968	184446
集体控股	1511	1349	162	56809	18387
私人控股	211794	207906	3888	1788056	577918
港澳台商控股	221	210	11	36556	13687
外商控股	151	136	15	23675	7951
其他	13641	13133	508	191910	62343
按运营状态分组					
正常运营	163004	158249	4755	2677446	839791
停业(歇业)	44506	44081	425	53422	13324
筹建	15746	15691	55	34344	8527
当年关闭	2127	2115	12	1677	492
当年破产	165	164	1	127	30
当年注销	4148	4127	21	2911	836
当年吊销	454	450	4	144	19
其他	1927	1910	17	5903	1713
按开业(成立)时间分组					
1949 年以前	13	11	2	1107	389
1950－1977 年	269	191	78	90573	23680
1978－1991 年	755	634	121	61720	17200
1992－2000 年	4688	4159	529	424717	116418
2001 年	1490	1339	151	88001	29807
2002 年	1901	1737	164	84871	28237
2003 年	2285	2119	166	93990	30751
2004 年	2612	2425	187	106812	36682
2005 年	3088	2916	172	96399	26695
2006 年	3723	3513	210	111929	34190
2007 年	4208	3969	239	120061	33139
2008 年	4849	4597	252	126197	34485
2009 年	5851	5665	186	119681	37997
2010 年	8147	7896	251	113958	36564
2011 年	8597	8326	271	116057	36596
2012 年	8657	8396	261	92018	30334
2013 年	10158	9889	269	116188	40339
2014 年	18153	17806	347	128557	45214
2015 年	24137	23700	437	145164	48693
2016 年	32962	32504	458	179961	59581
2017 年	41065	40719	346	208100	67450
2018 年	43780	43589	191	149209	50053
无开业年份	689	687	2	704	238

注：表中从业人员及女性合计数包含从事金融、铁路部门从业人员。

2-3　按行业(中类)分组的企业法人单位数及从业人员数

行业中类	法人单位数(个)			从业人员数(人)	
		单产业法人单位	多产业法人单位		#女性
总　计	**232077**	**226787**	**5290**	**3284645**	**1126899**
农、林、牧、渔业	**1579**	**1502**	**77**	**20516**	**4840**
农业	30		30		
谷物种植	15		15		
豆类、油料和薯类种植	11		11		
棉、麻、糖、烟草种植					
蔬菜、食用菌及园艺作物种植	NA		2		
水果种植	NA		2		
坚果、含油果、香料和饮料作物种植					
中药材种植					
草种植及割草					
其他农业					
林业	14		14		
林木育种和育苗					
造林和更新					
森林经营、管护和改培	14		14		
木材和竹材采运					
林产品采集					
畜牧业	13		13		
牲畜饲养	10		10		
家禽饲养	NA		3		
狩猎和捕捉动物					
其他畜牧业					
渔业					
水产养殖					
水产捕捞					
农、林、牧、渔专业及辅助性活动	1522	1502	20	20516	4840
农业专业及辅助性活动	1018	1006	12	7055	2103
林业专业及辅助性活动	172	166	6	11903	2329
畜牧专业及辅助性活动	302	300	2	1281	354
渔业专业及辅助性活动	30	30		277	54
采矿业	**3880**	**3806**	**74**	**257305**	**40019**
煤炭开采和洗选业	968	923	45	193852	26515
烟煤和无烟煤开采洗选	828	794	34	130656	19694
褐煤开采洗选	99	88	11	63111	6804
其他煤炭采选	41	41		85	17
石油和天然气开采业	65	65		3836	912
石油开采	56	56		3781	907
天然气开采	9	9		55	5

注:NA 表示单位个数小于或等于3,下表同。

2-3 续表1

行业中类	法人单位数（个）	单产业法人单位	多产业法人单位	从业人员数（人）	#女性
黑色金属矿采选业	604	593	11	18323	5807
铁矿采选	590	579	11	18245	5793
锰矿、铬矿采选	NA	2		14	6
其他黑色金属矿采选	12	12		64	8
有色金属矿采选业	414	412	2	21603	3955
常用有色金属矿采选	273	271	2	17031	3151
贵金属矿采选	101	101		1487	201
稀有稀土金属矿采选	40	40		3085	603
非金属矿采选业	1613	1598	15	16112	2550
土砂石开采	1409	1398	11	13358	2074
化学矿开采	23	23		100	8
采盐	12	10	2	520	106
石棉及其他非金属矿采选	169	167	2	2134	362
开采专业及辅助性活动	101	101		3248	227
煤炭开采和洗选专业及辅助性活动	20	20		979	91
石油和天然气开采专业及辅助性活动	73	73		2217	131
其他开采专业及辅助性活动	8	8		52	5
其他采矿业	115	114	1	331	53
其他采矿业	115	114	1	331	53
制造业	**21831**	**21398**	**433**	**643521**	**181131**
农副食品加工业	3274	3187	87	52617	19273
谷物磨制	524	509	15	4190	1364
饲料加工	397	391	6	7890	1693
植物油加工	213	211	2	2751	793
制糖业	25	25		4243	924
屠宰及肉类加工	1215	1165	50	23168	10547
水产品加工	6	6		7	1
蔬菜、菌类、水果和坚果加工	396	388	8	3588	1611
其他农副食品加工	498	492	6	6780	2340
食品制造业	1116	1080	36	55486	21461
焙烤食品制造	248	232	16	2346	1412
糖果、巧克力及蜜饯制造	30	29	1	795	324
方便食品制造	178	174	4	1831	1030
乳制品制造	230	224	6	28624	10972
罐头食品制造	26	24	2	1066	343
调味品、发酵制品制造	173	169	4	13750	4902
其他食品制造	231	228	3	7074	2478
酒、饮料和精制茶制造业	832	802	30	21296	8401
酒的制造	430	409	21	17147	6701
饮料制造	392	383	9	4109	1688
精制茶加工	10	10		40	12

2-3　续表2

行业中类	法人单位数（个）	单产业法人单位	多产业法人单位	从业人员数（人）	#女性
烟草制品业	NA	2		2656	769
烟叶复烤					
卷烟制造	NA	2		2656	769
其他烟草制品制造					
纺织业	546	529	17	8891	5829
棉纺织及印染精加工	24	24		532	462
毛纺织及染整精加工	359	344	15	5894	3746
麻纺织及染整精加工	NA	3		7	2
丝绢纺织及印染精加工	NA	1		1	
化纤织造及印染精加工	6	6		103	21
针织或钩针编织物及其制品制造	57	56	1	1832	1314
家用纺织制成品制造	46	45	1	292	179
产业用纺织制成品制造	50	50		230	105
纺织服装、服饰业	543	525	18	15541	10441
机织服装制造	200	194	6	3813	2519
针织或钩针编织服装制造	74	72	2	7059	4699
服饰制造	269	259	10	4669	3223
皮革、毛皮、羽毛及其制品和制鞋业	163	161	2	3136	2213
皮革鞣制加工	24	24		192	121
皮革制品制造	44	44		414	251
毛皮鞣制及制品加工	40	40		686	501
羽毛(绒)加工及制品制造	38	37	1	175	111
制鞋业	17	16	1	1669	1229
木材加工和木、竹、藤、棕、草制品业	687	682	5	7986	2796
木材加工	420	417	3	4352	1607
人造板制造	68	67	1	1940	548
木质制品制造	155	154	1	1170	423
竹、藤、棕、草等制品制造	44	44		524	218
家具制造业	212	208	4	1973	588
木质家具制造	168	165	3	1856	554
竹、藤家具制造	NA	1			
金属家具制造	22	22		65	13
塑料家具制造	NA	3		4	1
其他家具制造	18	17	1	48	20
造纸和纸制品业	219	219		5443	1670
纸浆制造	4	4		963	130
造纸	42	42		455	125
纸制品制造	173	173		4025	1415
印刷和记录媒介复制业	564	549	15	4712	2174
印刷	460	449	11	4249	1931
装订及印刷相关服务	103	99	4	460	243

2-3 续表3

行业中类	法人单位数（个）	单产业法人单位	多产业法人单位	从业人员数（人）	#女性
记录媒介复制	NA	1		3	
文教、工美、体育和娱乐用品制造业	340	337	3	2067	968
文教办公用品制造	31	31		191	82
乐器制造	18	18		89	29
工艺美术及礼仪用品制造	266	263	3	1673	835
体育用品制造	16	16		102	17
玩具制造	7	7		7	2
游艺器材及娱乐用品制造	NA	2		5	3
石油、煤炭及其他燃料加工业	403	398	5	28013	6590
精炼石油产品制造	64	62	2	5952	1412
煤炭加工	278	275	3	21783	5114
核燃料加工	NA	1			
生物质燃料加工	60	60		278	64
化学原料和化学制品制造业	1579	1559	20	97614	23123
基础化学原料制造	443	438	5	42542	9347
肥料制造	452	447	5	10763	2279
农药制造	28	28		3253	932
涂料、油墨、颜料及类似产品制造	141	138	3	2255	533
合成材料制造	90	89	1	27836	6896
专用化学产品制造	302	297	5	7985	2011
炸药、火工及焰火产品制造	41	40	1	2260	740
日用化学产品制造	82	82		720	385
医药制造业	232	223	9	24663	9367
化学药品原料药制造	36	35	1	11761	3676
化学药品制剂制造	26	26		4801	1929
中药饮片加工	62	61	1	734	338
中成药生产	48	44	4	3715	1896
兽用药品制造	17	14	3	1444	531
生物药品制品制造	30	30		2027	869
卫生材料及医药用品制造	13	13		181	128
药用辅料及包装材料					
化学纤维制造业	29	29		141	65
纤维素纤维原料及纤维制造	7	7		66	27
合成纤维制造	11	11		56	31
生物基材料制造	11	11		19	7
橡胶和塑料制品业	800	790	10	10083	3342
橡胶制品业	70	69	1	1915	370
塑料制品业	730	721	9	8168	2972
非金属矿物制品业	3986	3917	69	63181	13410
水泥、石灰和石膏制造	526	515	11	16669	3594
石膏、水泥制品及类似制品制造	1194	1164	30	14773	2730

2-3　续表 4

行业中类	法人单位数（个）	单产业法人单位	多产业法人单位	从业人员数（人）	#女性
砖瓦、石材等建筑材料制造	1619	1595	24	14399	3590
玻璃制造	37	37		1226	279
玻璃制品制造	56	56		949	283
玻璃纤维和玻璃纤维增强塑料制品制造	53	53		1085	386
陶瓷制品制造	46	45	1	1298	337
耐火材料制品制造	82	82		1807	504
石墨及其他非金属矿物制品制造	373	370	3	10975	1707
黑色金属冶炼和压延加工业	395	385	10	91678	19084
炼铁	23	23		1850	257
炼钢	10	10		4373	1149
钢压延加工	117	109	8	48319	9640
铁合金冶炼	245	243	2	37136	8038
有色金属冶炼和压延加工业	398	387	11	60408	9629
常用有色金属冶炼	115	111	4	39801	5473
贵金属冶炼	21	21		6521	1043
稀有稀土金属冶炼	55	53	2	4086	987
有色金属合金制造	91	86	5	2328	513
有色金属压延加工	116	116		7672	1613
金属制品业	1600	1583	17	16996	4334
结构性金属制品制造	1088	1078	10	7566	1625
金属工具制造	64	62	2	538	153
集装箱及金属包装容器制造	34	34		1141	343
金属丝绳及其制品制造	86	85	1	872	223
建筑、安全用金属制品制造	84	83	1	3724	1241
金属表面处理及热处理加工	56	56		580	178
搪瓷制品制造	NA	2		5	2
金属制日用品制造	17	16	1	96	23
铸造及其他金属制品制造	169	167	2	2474	546
通用设备制造业	1054	1041	13	12496	2781
锅炉及原动设备制造	155	149	6	2055	395
金属加工机械制造	184	182	2	2332	515
物料搬运设备制造	28	28		838	167
泵、阀门、压缩机及类似机械制造	61	61		649	171
轴承、齿轮和传动部件制造	10	9	1	199	17
烘炉、风机、包装等设备制造	85	85		941	206
文化、办公用机械制造	4	4		15	2
通用零部件制造	464	460	4	4940	1192
其他通用设备制造业	63	63		527	116
专用设备制造业	798	781	17	10592	2608
采矿、冶金、建筑专用设备制造	228	225	3	3333	714
化工、木材、非金属加工专用设备制造	40	40		1144	303

2-3 续表5

行业中类	法人单位数（个）	单产业法人单位	多产业法人单位	从业人员数（人）	#女性
食品、饮料、烟草及饲料生产专用设备制造	38	36	2	640	172
印刷、制药、日化及日用品生产专用设备制造	6	6		36	5
纺织、服装和皮革加工专用设备制造	4	4		2	1
电子和电工机械专用设备制造	24	24		103	25
农、林、牧、渔专用机械制造	216	206	10	2834	533
医疗仪器设备及器械制造	47	47		877	481
环保、邮政、社会公共服务及其他专用设备制造	195	193	2	1623	374
汽车制造业	183	181	2	7683	1345
汽车整车制造	17	17		2440	278
汽车用发动机制造	NA	1			
改装汽车制造	11	10	1	418	102
低速汽车制造					
电车制造	NA	2		32	4
汽车车身、挂车制造	21	21		429	67
汽车零部件及配件制造	131	130	1	4364	894
铁路、船舶、航空航天和其他运输设备制造业	35	33	2	1821	370
铁路运输设备制造	17	16	1	1460	323
城市轨道交通设备制造					
船舶及相关装置制造	NA	2	1	100	25
航空、航天器及设备制造	8	8		28	6
摩托车制造	NA	1		9	2
自行车和残疾人座车制造	NA	1		1	
助动车制造	NA	3		1	
非公路休闲车及零配件制造	NA	2		222	14
潜水救捞及其他未列明运输设备制造					
电气机械和器材制造业	467	454	13	7869	2070
电机制造	55	53	2	2534	446
输配电及控制设备制造	188	183	5	3098	866
电线、电缆、光缆及电工器材制造	73	68	5	1052	384
电池制造	30	29	1	361	116
家用电力器具制造	21	21		221	94
非电力家用器具制造	28	28		177	34
照明器具制造	34	34		135	51
其他电气机械及器材制造	38	38		291	79
计算机、通信和其他电子设备制造业	201	199	2	15429	3644
计算机制造	27	27		213	105
通信设备制造	10	10		87	28
广播电视设备制造	4	4		128	32
雷达及配套设备制造					
非专业视听设备制造	5	5		1050	363
智能消费设备制造	15	15		147	54

2-3 续表6

行业中类	法人单位数（个）	单产业法人单位	多产业法人单位	从业人员数（人）	#女性
电子器件制造	14	14		2453	563
电子元件及电子专用材料制造	115	113	2	11299	2488
其他电子设备制造	11	11		52	11
仪器仪表制造业	70	70		467	131
通用仪器仪表制造	37	37		220	77
专用仪器仪表制造	13	13		91	26
钟表与计时仪器制造	NA	1		1	
光学仪器制造	NA	2		5	3
衡器制造	16	16		149	25
其他仪器仪表制造业	NA	1		1	
其他制造业	137	137		878	215
日用杂品制造	22	22		163	20
核辐射加工	NA	2		15	5
其他未列明制造业	113	113		700	190
废弃资源综合利用业	263	259	4	4160	795
金属废料和碎屑加工处理	116	114	2	2020	375
非金属废料和碎屑加工处理	147	145	2	2140	420
金属制品、机械和设备修理业	703	691	12	7545	1645
金属制品修理	17	17		96	22
通用设备修理	107	102	5	809	164
专用设备修理	174	172	2	1522	303
铁路、船舶、航空航天等运输设备修理	15	15		277	101
电气设备修理	114	112	2	2963	610
仪器仪表修理	5	5		10	4
其他机械和设备修理业	271	268	3	1868	441
电力、热力、燃气及水生产和供应业	**2881**	**2781**	**100**	**186101**	**48847**
电力、热力生产和供应业	2108	2058	50	151803	37374
电力生产	1337	1314	23	65295	13650
电力供应	110	106	4	53614	14956
热力生产和供应	661	638	23	32894	8768
燃气生产和供应业	227	199	28	12212	3392
燃气生产和供应业	217	189	28	11467	3327
生物质燃气生产和供应业	10	10		745	65
水的生产和供应业	546	524	22	22086	8081
自来水生产和供应	317	301	16	17021	6633
污水处理及其再生利用	209	203	6	4884	1412
海水淡化处理					
其他水的处理、利用与分配	20	20		181	36
建筑业	**21994**	**21754**	**240**	**346616**	**60807**
房屋建筑业	3678	3578	100	169365	26345
住宅房屋建筑	3132	3036	96	160446	24759

2-3 续表7

行业中类	法人单位数（个）	单产业法人单位	多产业法人单位	从业人员数（人）	#女性
体育场馆建筑	7	7		36	6
其他房屋建筑业	539	535	4	8883	1580
土木工程建筑业	6486	6417	69	97279	19096
铁路、道路、隧道和桥梁工程建筑	2032	2006	26	42593	8130
水利和水运工程建筑	437	428	9	10513	2165
海洋工程建筑					
工矿工程建筑	244	239	5	10198	1407
架线和管道工程建筑	639	629	10	11448	2468
节能环保工程施工	95	95		1414	508
电力工程施工	192	185	7	5434	779
其他土木工程建筑	2847	2835	12	15679	3639
建筑安装业	3204	3179	25	27298	5454
电气安装	914	903	11	9798	2109
管道和设备安装	993	989	4	7611	1381
其他建筑安装业	1297	1287	10	9889	1964
建筑装饰、装修和其他建筑业	8626	8580	46	52674	9912
建筑装饰和装修业	6832	6801	31	26082	6622
建筑物拆除和场地准备活动	875	863	12	13345	1416
提供施工设备服务	176	176		2416	284
其他未列明建筑业	743	740	3	10831	1590
批发和零售业	**82809**	**81125**	**1684**	**378978**	**161140**
批发业	39157	38641	516	173648	58324
农、林、牧、渔产品批发	3832	3767	65	17902	4822
食品、饮料及烟草制品批发	3772	3691	81	20458	7972
纺织、服装及家庭用品批发	1634	1621	13	6036	3335
文化、体育用品及器材批发	710	704	6	2336	1102
医药及医疗器材批发	1260	1209	51	14349	7087
矿产品、建材及化工产品批发	16128	15970	158	72397	20708
机械设备、五金产品及电子产品批发	8641	8546	95	31933	10551
贸易经纪与代理	1078	1072	6	2628	935
其他批发业	2102	2061	41	5609	1812
零售业	43652	42484	1168	205330	102816
综合零售	5227	5132	95	37017	23153
食品、饮料及烟草制品专门零售	4594	4494	100	13411	6058
纺织、服装及日用品专门零售	2934	2813	121	10971	7191
文化、体育用品及器材专门零售	2255	2197	58	8596	4758
医药及医疗器材专门零售	4124	3817	307	25831	18171
汽车、摩托车、零配件和燃料及其他动力销售	8030	7788	242	56668	22421
家用电器及电子产品专门零售	5374	5255	119	20976	9572
五金、家具及室内装饰材料专门零售	7832	7791	41	20937	7959
货摊、无店铺及其他零售业	3282	3197	85	10923	3533

2-3　续表 8

行业中类	法人单位数（个）	单产业法人单位	多产业法人单位	从业人员数（人）	#女性
交通运输、仓储和邮政业	**10742**	**10418**	**324**	**273959**	**64580**
铁路运输业	34	29	5	104024	15801
铁路旅客运输	NA	1		104011	15800
铁路货物运输	31	27	4	13	1
铁路运输辅助活动	NA	1	1		
道路运输业	7839	7694	145	116129	31861
城市公共交通运输	354	341	13	23499	6473
公路旅客运输	194	158	36	7735	3013
道路货物运输	6891	6815	76	58253	9764
道路运输辅助活动	400	380	20	26642	12611
水上运输业	11	11		125	37
水上旅客运输	6	6		18	4
水上货物运输	NA	2		25	4
水上运输辅助活动	NA	3		82	29
航空运输业	87	85	2	6005	2373
航空客货运输	19	19		1334	498
通用航空服务	31	31		258	68
航空运输辅助活动	37	35	2	4413	1807
管道运输业	5	5		145	63
海底管道运输	NA	1		3	2
陆地管道运输	4	4		142	61
多式联运和运输代理业	676	662	14	4101	1306
多式联运	4	3	1	9	4
运输代理业	672	659	13	4092	1302
装卸搬运和仓储业	1693	1647	46	21989	4556
装卸搬运	913	902	11	12369	1981
通用仓储	159	153	6	1529	310
低温仓储	67	66	1	402	119
危险品仓储	9	9		185	21
谷物、棉花等农产品仓储	378	357	21	5685	1406
中药材仓储	4	4		5	3
其他仓储业	163	156	7	1814	716
邮政业	397	285	112	21441	8583
邮政基本服务	34	23	11	13048	6699
快递服务	345	244	101	8339	1872
其他寄递服务	18	18		54	12
住宿和餐饮业	**4311**	**4141**	**170**	**77878**	**44838**
住宿业	1910	1845	65	35876	22072
旅游饭店	676	652	24	19767	11629
一般旅馆	1049	1012	37	14310	9286
民宿服务	31	29	2	238	160
露营地服务	NA	2		2	2

2-3 续表9

行业中类	法人单位数（个）	单产业法人单位	多产业法人单位	从业人员数（人）	#女性
其他住宿业	152	150	2	1559	995
餐饮业	2401	2296	105	42002	22766
正餐服务	2120	2031	89	39093	21515
快餐服务	110	105	5	1432	902
饮料及冷饮服务	18	17	1	29	13
餐饮配送及外卖送餐服务	75	69	6	1103	140
其他餐饮业	78	74	4	345	196
信息传输、软件和信息技术服务业	**8121**	**7998**	**123**	**73680**	**32294**
电信、广播电视和卫星传输服务	782	719	63	41307	20001
电信	705	645	60	37209	18534
广播电视传输服务	70	67	3	4073	1455
卫星传输服务	7	7		25	12
互联网和相关服务	1581	1563	18	5481	1904
互联网接入及相关服务	188	185	3	802	227
互联网信息服务	757	750	7	1948	749
互联网平台	291	286	5	1311	452
互联网安全服务	38	36	2	305	125
互联网数据服务	94	94		382	115
其他互联网服务	213	212	1	733	236
软件和信息技术服务业	5758	5716	42	26892	10389
软件开发	3003	2981	22	12730	4583
集成电路设计	18	17	1	348	99
信息系统集成和物联网技术服务	695	688	7	3927	1243
运行维护服务	479	476	3	2864	1109
信息处理和存储支持服务	69	67	2	374	127
信息技术咨询服务	1051	1047	4	3290	1239
数字内容服务	159	157	2	428	151
其他信息技术服务业	284	283	1	2931	1838
金融业	**1689**	**1093**	**596**	**382385**	**241456**
货币金融服务	985	685	300	103172	53785
资本市场服务	120	116	4	4205	1912
保险业	444	158	286	274068	185346
其他金融业	140	134	6	940	413
房地产业	**11552**	**11041**	**511**	**162477**	**76172**
房地产业	11552	11041	511	162477	76172
房地产开发经营	3784	3613	171	44629	17075
物业管理	4500	4396	104	99799	51474
房地产中介服务	2529	2323	206	11628	5037
房地产租赁经营	675	645	30	6056	2473
其他房地产业	64	64		365	113
租赁和商务服务业	**30842**	**30364**	**478**	**226060**	**71723**
租赁业	4510	4476	34	16968	3556

2-3　续表 10

行业中类	法人单位数（个）	单产业法人单位	多产业法人单位	从业人员数（人）	#女性
机械设备经营租赁	4429	4395	34	16733	3468
文体设备和用品出租	71	71		188	71
日用品出租	10	10		47	17
商务服务业	26332	25888	444	209092	68167
组织管理服务	2504	2432	72	24518	8413
综合管理服务	693	675	18	8947	3507
法律服务	128	128		837	462
咨询与调查	8976	8875	101	28818	15131
广告业	5293	5255	38	16746	6574
人力资源服务	3806	3774	32	88604	23293
安全保护服务	488	463	25	25671	3861
会议、展览及相关服务	806	802	4	2426	1054
其他商务服务业	3638	3484	154	12525	5872
科学研究和技术服务业	**10894**	**10742**	**152**	**92687**	**29632**
研究和试验发展	656	650	6	6600	2112
自然科学研究和试验发展	26	25	1	135	55
工程和技术研究和试验发展	402	400	2	2939	836
农业科学研究和试验发展	133	131	2	3054	1015
医学研究和试验发展	87	86	1	462	202
社会人文科学研究	8	8		10	4
专业技术服务业	6715	6593	122	73496	23471
气象服务	18	18		115	45
地震服务	4	4		26	10
海洋服务	NA	1		38	8
测绘地理信息服务	423	413	10	3856	1220
质检技术服务	950	930	20	10089	3671
环境与生态监测检测服务	318	312	6	2298	1000
地质勘查	419	414	5	7572	1960
工程技术与设计服务	3199	3124	75	43331	13768
工业与专业设计及其他专业技术服务	1383	1377	6	6171	1789
科技推广和应用服务业	3523	3499	24	12591	4049
技术推广服务	2846	2827	19	10388	3230
知识产权服务	122	122		310	155
科技中介服务	154	153	1	473	164
创业空间服务	57	56	1	210	99
其他科技推广服务业	344	341	3	1210	401
水利、环境和公共设施管理业	**2936**	**2908**	**28**	**36728**	**13633**
水利管理业	135	135		1090	356
防洪除涝设施管理	7	7		7	1
水资源管理	46	46		479	138
天然水收集与分配	10	10		46	16
水文服务	12	12		44	21
其他水利管理业	60	60		514	180
生态保护和环境治理业	377	375	2	3009	843

2-3 续表 11

行业中类	法人单位数（个）	单产业法人单位	多产业法人单位	从业人员数（人）	#女性
生态保护	106	106		990	316
环境治理业	271	269	2	2019	527
公共设施管理业	2344	2320	24	32191	12270
市政设施管理	167	164	3	4668	1801
环境卫生管理	233	232	1	12058	5222
城乡市容管理	26	26		247	126
绿化管理	1601	1599	2	8829	2651
城市公园管理	12	12		186	88
游览景区管理	305	287	18	6203	2382
土地管理业	80	78	2	438	164
土地整治服务	21	20	1	95	29
土地调查评估服务	34	33	1	213	89
土地登记服务					
土地登记代理服务	5	5		10	2
其他土地管理服务	20	20		120	44
居民服务、修理和其他服务业	**6644**	**6520**	**124**	**45191**	**20849**
居民服务业	2857	2800	57	16715	8093
家庭服务	1326	1306	20	6691	4038
托儿所服务	15	15		29	21
洗染服务	84	82	2	699	422
理发及美容服务	228	220	8	632	462
洗浴和保健养生服务	296	285	11	2764	1599
摄影扩印服务	173	168	5	587	278
婚姻服务	322	317	5	855	348
殡葬服务	150	150		1543	476
其他居民服务业	263	257	6	2915	449
机动车、电子产品和日用产品修理业	2948	2889	59	11301	2911
汽车、摩托车等修理与维护	2193	2137	56	8901	2215
计算机和办公设备维修	390	390		1188	350
家用电器修理	259	258	1	821	248
其他日用产品修理业	106	104	2	391	98
其他服务业	839	831	8	17175	9845
清洁服务	654	647	7	16521	9648
宠物服务	26	25	1	108	38
其他未列明服务业	159	159		546	159
教育	**2926**	**2840**	**86**	**15033**	**7694**
教育	2926	2840	86	15033	7694
学前教育	185	182	3	1997	1770
初等教育	21	21		135	96
中等教育	15	15		300	185
高等教育					
特殊教育	5	5		30	15
技能培训、教育辅助及其他教育	2700	2617	83	12571	5628

2-3　续表 12

行业中类	法人单位数（个）	单产业法人单位	多产业法人单位	从业人员数（人）	#女性
卫生和社会工作	**844**	**827**	**17**	**15514**	**10417**
卫生	643	632	11	14816	10088
医院	310	308	2	9801	6732
基层医疗卫生服务	252	249	3	2432	1697
专业公共卫生服务	19	19		314	219
其他卫生活动	62	56	6	2269	1440
社会工作	201	195	6	698	329
提供住宿社会工作	185	179	6	655	310
不提供住宿社会工作	16	16		43	19
文化、体育和娱乐业	**5602**	**5529**	**73**	**23177**	**9854**
新闻和出版业	46	45	1	838	452
新闻业	6	6		96	54
出版业	40	39	1	742	398
广播、电视、电影和录音制作业	806	789	17	4828	2172
广播	19	18	1	82	35
电视	9	9		200	85
影视节目制作	543	541	2	1775	636
广播电视集成播控					
电影和广播电视节目发行	11	11		61	20
电影放映	187	173	14	2592	1353
录音制作	37	37		118	43
文化艺术业	1173	1166	7	5357	2484
文艺创作与表演	457	455	2	2457	1156
艺术表演场馆	9	9		222	140
图书馆与档案馆	30	30		91	41
文物及非物质文化遗产保护	21	21		195	85
博物馆	7	7		29	6
烈士陵园、纪念馆	NA	2		25	17
群众文体活动	130	128	2	370	160
其他文化艺术业	517	514	3	1968	879
体育	538	520	18	2677	1002
体育组织	203	200	3	540	188
体育场地设施管理	36	35	1	552	156
健身休闲活动	274	260	14	1532	641
其他体育	25	25		53	17
娱乐业	3039	3009	30	9477	3744
室内娱乐活动	1953	1931	22	5355	2108
游乐园	46	46		507	219
休闲观光活动	134	130	4	535	175
彩票活动					
文化体育娱乐活动与经纪代理服务	868	865	3	2331	997
其他娱乐业	38	37	1	749	245

2-4 按行业(大类)、地区

行业大类	法人单位数(个)	呼和浩特市	包头市	呼伦贝尔市	兴安盟
总 计	**232077**	**36132**	**35390**	**21138**	**7641**
农、林、牧、渔业	**1579**	**107**	**119**	**165**	**56**
农业	30			23	3
林业	14			14	
畜牧业	13	2		6	
渔业					
农、林、牧、渔专业及辅助性活动	1522	105	119	122	53
采矿业	**3880**	**86**	**356**	**235**	**103**
煤炭开采和洗选业	968	14	101	26	5
石油和天然气开采业	65			1	1
黑色金属矿采选业	604	6	138	16	8
有色金属矿采选业	414	6	10	36	8
非金属矿采选业	1613	54	97	139	77
开采专业及辅助性活动	101	2	1	1	1
其他采矿业	115	4	9	16	3
制造业	**21831**	**2191**	**3453**	**1770**	**744**
农副食品加工业	3274	297	199	382	186
食品制造业	1116	179	105	104	33
酒、饮料和精制茶制造业	832	81	52	151	48
烟草制品业	NA	1			1
纺织业	546	76	41	11	9
纺织服装、服饰业	543	91	41	31	12
皮革、毛皮、羽毛及其制品和制鞋业	163	10	12	6	2
木材加工和木、竹、藤、棕、草制品业	687	35	30	261	17
家具制造业	212	24	46	22	9
造纸和纸制品业	219	44	29	13	3
印刷和记录媒介复制业	564	95	97	25	21
文教、工美、体育和娱乐用品制造业	340	34	34	31	21
石油、煤炭及其他燃料加工业	403	13	51	20	9
化学原料和化学制品制造业	1579	102	175	100	61
医药制造业	232	43	18	7	11
化学纤维制造业	29	2	4	3	1
橡胶和塑料制品业	800	70	98	69	33
非金属矿物制品业	3986	319	420	253	115
黑色金属冶炼和压延加工业	395	11	126	7	3
有色金属冶炼和压延加工业	398	23	166	5	6

分组的企业法人单位数

通辽市	赤峰市	锡林郭勒盟	乌兰察布市	鄂尔多斯市	巴彦淖尔市	乌海市	阿拉善盟
18264	**31493**	**13696**	**13790**	**28833**	**11934**	**8188**	**5578**
273	**327**	**54**	**71**	**270**	**119**	**9**	**9**
			1	1		2	
1	1	2		1			
272	326	52	70	268	119	7	9
216	**794**	**406**	**259**	**703**	**171**	**135**	**416**
28	22	59	8	453	41	109	102
2	3	42		11	2	1	2
11	152	57	77	6	59	2	72
5	222	46	22	2	21		36
165	372	157	135	162	43	21	191
2	5	18		63	3	1	4
3	18	27	17	6	2	1	9
1861	**3438**	**1633**	**1901**	**2175**	**1547**	**497**	**621**
333	576	359	322	150	425	13	32
94	171	86	100	105	111	12	16
77	168	46	46	84	39	23	17
14	60	92	46	110	71	4	12
43	75	63	71	87	15	7	7
11	19	18	48	16	18		3
55	119	65	21	38	41	4	1
19	27	14	20	12	11	8	
19	41	17	16	13	18	6	
58	127	17	31	50	28	8	7
35	57	35	20	29	20	4	20
38	25	24	35	99	16	29	44
119	224	107	114	221	126	97	133
29	53	8	14	18	16	4	11
2	10		1	1	2		3
75	157	47	88	65	69	18	11
351	726	291	507	471	211	110	212
13	15	14	112	18	50	16	10
59	53	15	14	23	25	2	7

2-4 续表1

行业大类	法人单位数（个）	呼和浩特市	包头市	呼伦贝尔市	兴安盟
金属制品业	1600	184	346	114	49
通用设备制造业	1054	111	539	38	17
专用设备制造业	798	73	192	39	25
汽车制造业	183	17	74	4	4
铁路、船舶、航空航天和其他运输设备制造业	35	2	17	2	1
电气机械和器材制造业	467	92	145	13	19
计算机、通信和其他电子设备制造业	201	43	75	3	4
仪器仪表制造业	70	15	31	1	3
其他制造业	137	17	21	15	2
废弃资源综合利用业	263	18	35	13	5
金属制品、机械和设备修理业	703	69	234	27	14
电力、热力、燃气及水生产和供应业	**2881**	**207**	**310**	**227**	**133**
电力、热力生产和供应业	2108	156	211	168	98
燃气生产和供应业	227	14	38	5	10
水的生产和供应业	546	37	61	54	25
建筑业	**21994**	**3146**	**2198**	**1905**	**872**
房屋建筑业	3678	535	267	327	137
土木工程建筑业	6486	661	455	411	217
建筑安装业	3204	596	346	276	130
建筑装饰、装修和其他建筑业	8626	1354	1130	891	388
批发和零售业	**82809**	**11864**	**15031**	**7664**	**2401**
批发业	39157	4321	8649	4550	1039
零售业	43652	7543	6382	3114	1362
交通运输、仓储和邮政业	**10742**	**1261**	**1509**	**1158**	**343**
铁路运输业	34	16	1	2	
道路运输业	7839	923	1207	667	251
水上运输业	11		2	2	4
航空运输业	87	14	7	17	2
管道运输业	5		1		
多式联运和运输代理业	676	63	82	144	3
装卸搬运和仓储业	1693	163	183	282	59
邮政业	397	82	26	44	24
住宿和餐饮业	**4311**	**675**	**580**	**546**	**186**
住宿业	1910	229	190	321	71
餐饮业	2401	446	390	225	115
信息传输、软件和信息技术服务业	**8121**	**2217**	**1277**	**705**	**196**
电信、广播电视和卫星传输服务	782	102	73	127	43
互联网和相关服务	1581	276	200	200	36
软件和信息技术服务业	5758	1839	1004	378	117

通辽市	赤峰市	锡林郭勒盟	乌兰察布市	鄂尔多斯市	巴彦淖尔市	乌海市	阿拉善盟
173	251	129	102	110	84	34	24
53	99	31	31	65	28	34	8
55	148	40	30	115	50	20	11
9	16	3	8	36	6	4	2
1	3		3	3	1		2
44	49	23	22	26	15	13	6
6	28	11	6	17	3	1	4
3	7	3		2	3		2
6	28	16	10	15	5	2	
25	56	7	39	31	20	6	8
42	50	52	24	145	20	18	8
320	**408**	**243**	**284**	**372**	**215**	**47**	**115**
244	326	198	241	194	162	27	83
21	22	11	8	68	14	6	10
55	60	34	35	110	39	14	22
1881	**3504**	**919**	**1207**	**3860**	**1170**	**699**	**633**
277	848	194	172	575	174	77	95
534	1176	240	339	1674	362	154	263
304	347	137	197	482	182	115	92
766	1133	348	499	1129	452	353	183
6175	**10399**	**5154**	**4591**	**9780**	**4422**	**3731**	**1597**
2291	4383	2364	1625	4946	2071	1971	947
3884	6016	2790	2966	4834	2351	1760	650
817	**1214**	**683**	**694**	**1538**	**559**	**572**	**394**
4		4		6	1		
558	963	409	492	1206	432	443	288
						2	1
7	9	7	9	7	2	2	4
	1			3			
25	50	165	29	47	20	22	26
196	144	70	135	227	81	90	63
27	47	28	29	42	23	13	12
262	**515**	**305**	**422**	**451**	**146**	**117**	**106**
115	240	180	211	180	55	56	62
147	275	125	211	271	91	61	44
610	**1192**	**355**	**322**	**538**	**343**	**257**	**109**
78	136	63	36	30	62	17	15
164	161	91	90	145	101	79	38
368	895	201	196	363	180	161	56

2-4 续表2

行业大类	法人单位数（个）	呼和浩特市	包头市	呼伦贝尔市	兴安盟
金融业	**1689**	**289**	**186**	**155**	**81**
货币金融服务	985	142	99	95	44
资本市场服务	120	36	19	2	
保险业	444	89	48	36	29
其他金融业	140	22	20	22	8
房地产业	**11552**	**1992**	**1566**	**1158**	**539**
房地产业	11552	1992	1566	1158	539
租赁和商务服务业	**30842**	**5898**	**4743**	**2849**	**1024**
租赁业	4510	760	582	452	200
商务服务业	26332	5138	4161	2397	824
科学研究和技术服务业	**10894**	**2879**	**1461**	**856**	**335**
研究和试验发展	656	159	111	37	13
专业技术服务业	6715	1719	857	574	245
科技推广和应用服务业	3523	1001	493	245	77
水利、环境和公共设施管理业	**2936**	**440**	**296**	**265**	**123**
水利管理业	135	39	10	12	2
生态保护和环境治理业	377	45	47	52	6
公共设施管理业	2344	347	231	197	112
土地管理业	80	9	8	4	3
居民服务、修理和其他服务业	**6644**	**1161**	**1104**	**543**	**207**
居民服务业	2857	471	500	269	82
机动车、电子产品和日用产品修理业	2948	488	423	220	113
其他服务业	839	202	181	54	12
教育	**2926**	**439**	**402**	**223**	**50**
教育	2926	439	402	223	50
卫生和社会工作	**844**	**133**	**127**	**79**	**38**
卫生	643	104	99	62	22
社会工作	201	29	28	17	16
文化、体育和娱乐业	**5602**	**1147**	**672**	**635**	**210**
新闻和出版业	46	26	2	4	2
广播、电视、电影和录音制作业	806	221	90	57	19
文化艺术业	1173	299	130	104	16
体育	538	110	74	102	27
娱乐业	3039	491	376	368	146

通辽市	赤峰市	锡林郭勒盟	乌兰察布市	鄂尔多斯市	巴彦淖尔市	乌海市	阿拉善盟
159	**145**	**114**	**140**	**182**	**93**	**78**	**67**
82	85	83	82	131	45	49	48
27	8	2	13	4	4	3	2
36	44	23	29	39	36	21	14
14	8	6	16	8	8	5	3
947	**1587**	**818**	**686**	**1164**	**550**	**350**	**195**
947	1587	818	686	1164	550	350	195
2047	**4090**	**1461**	**1639**	**4189**	**1306**	**923**	**673**
291	663	307	298	515	276	86	80
1756	3427	1154	1341	3674	1030	837	593
772	**1353**	**590**	**467**	**1209**	**445**	**248**	**279**
54	110	15	20	79	23	19	16
416	752	418	277	845	276	154	182
302	491	157	170	285	146	75	81
210	**292**	**218**	**128**	**559**	**181**	**121**	**103**
13	19	10	7	5	9	5	4
28	29	22	17	52	17	23	39
156	227	183	100	496	153	89	53
13	17	3	4	6	2	4	7
646	**832**	**377**	**407**	**743**	**294**	**207**	**123**
306	369	156	171	279	114	93	47
267	403	187	182	385	132	91	57
73	60	34	54	79	48	23	19
389	**435**	**113**	**248**	**363**	**156**	**57**	**51**
389	435	113	248	363	156	57	51
105	**87**	**39**	**84**	**71**	**30**	**23**	**28**
95	60	33	70	48	16	18	16
10	27	6	14	23	14	5	12
574	**881**	**214**	**240**	**666**	**187**	**117**	**59**
2	3	1		4	2		
49	87	30	31	160	35	16	11
90	144	73	82	136	48	42	9
31	56	18	17	50	18	8	27
402	591	92	110	316	84	51	12

2-5 按行业(大类)、地区分组的

行业大类	从业人员数(人)	呼和浩特市	包头市	呼伦贝尔市	兴安盟
总　计	**3284645**	**477339**	**481561**	**216520**	**74300**
农、林、牧、渔业	**20516**	**526**	**436**	**9489**	**3946**
农业					
林业					
畜牧业					
渔业					
农、林、牧、渔专业及辅助性活动	20516	526	436	9489	3946
采矿业	**257305**	**1291**	**17155**	**28121**	**3558**
煤炭开采和洗选业	193852	350	4085	23100	2630
石油和天然气开采业	3836			254	
黑色金属矿采选业	18323	55	11220	306	16
有色金属矿采选业	21603	95	1183	3705	435
非金属矿采选业	16112	772	554	732	475
开采专业及辅助性活动	3248	7	29	1	1
其他采矿业	331	12	84	23	1
制造业	**643521**	**83901**	**128745**	**30896**	**15530**
农副食品加工业	52617	5243	2432	3771	3644
食品制造业	55486	27159	2923	5114	899
酒、饮料和精制茶制造业	21296	1929	2532	2696	1572
烟草制品业	2656	1778			878
纺织业	8891	591	322	42	146
纺织服装、服饰业	15541	3991	2714	483	77
皮革、毛皮、羽毛及其制品和制鞋业	3136	44	215	12	
木材加工和木、竹、藤、棕、草制品业	7986	128	407	4631	95
家具制造业	1973	111	638	263	52
造纸和纸制品业	5443	2788	367	1035	164
印刷和记录媒介复制业	4712	1283	691	220	426
文教、工美、体育和娱乐用品制造业	2067	87	101	138	160
石油、煤炭及其他燃料加工业	28013	1919	738	84	20
化学原料和化学制品制造业	97614	5896	9154	2443	915
医药制造业	24663	5883	484	2450	558
化学纤维制造业	141	15	12	47	
橡胶和塑料制品业	10083	998	1155	599	243
非金属矿物制品业	63181	5371	7576	3448	1934
黑色金属冶炼和压延加工业	91678	383	43427	121	2394
有色金属冶炼和压延加工业	60408	2302	19251	868	87

企业法人单位从业人员数

通辽市	赤峰市	锡林郭勒盟	乌兰察布市	鄂尔多斯市	巴彦淖尔市	乌海市	阿拉善盟
193037	**355864**	**129883**	**147681**	**409844**	**140820**	**115625**	
1002	**2074**	**174**	**391**	**1178**	**1274**	**13**	**13**
1002	2074	174	391	1178	1274	13	13
11193	**34365**	**21368**	**2196**	**105734**	**7465**	**15879**	**8980**
8650	17883	12722	38	100672	1715	15444	6563
	21	3316		117	114	6	8
51	1867	876	286	97	2901	28	620
70	9295	3388	606	20	2447		359
2401	5231	888	1230	1737	280	395	1417
7	14	98		3082	4	1	4
14	54	80	36	9	4	5	9
51610	**84985**	**22489**	**53621**	**79924**	**39451**	**31776**	**20593**
8349	12680	4827	4163	614	6748	62	84
6858	2999	1656	1709	1434	3258	30	1447
1935	3969	1384	995	1439	2612	105	128
154	3151	738	229	955	2451	10	102
365	715	266	1670	4587	588	43	42
1539	665	40	432	39	139		11
888	956	290	30	131	389	39	2
368	105	10	296	28	53	49	
81	430	102	109	30	315	22	
446	716	56	245	316	226	40	47
92	607	455	157	150	49	8	63
251	1928	185	188	9488	1944	8860	2408
3307	4936	3252	10080	28829	2585	14295	11922
2578	4816	41	630	500	6315	53	355
8	16		21		5		17
1456	2313	238	948	967	601	87	478
7564	12387	2960	9272	4750	2021	3949	1949
89	6272	839	18404	13699	2620	2297	1133
12484	14327	2802	407	2760	4960	1	159

2-5 续表1

行业大类	从业人员数（人）	呼和浩特市	包头市	呼伦贝尔市	兴安盟
金属制品业	16996	1778	4862	757	439
通用设备制造业	12496	1752	6888	309	49
专用设备制造业	10592	1096	4210	928	324
汽车制造业	7683	158	4358	4	243
铁路、船舶、航空航天和其他运输设备制造业	1821		1551	1	
电气机械和器材制造业	7869	1812	3071	80	56
计算机、通信和其他电子设备制造业	15429	7637	4185	18	9
仪器仪表制造业	467	93	321	1	7
其他制造业	878	234	93	117	8
废弃资源综合利用业	4160	1014	1037	99	45
金属制品、机械和设备修理业	7545	428	3030	117	86
电力、热力、燃气及水生产和供应业	**186101**	**26327**	**21334**	**21791**	**5716**
电力、热力生产和供应业	151803	19289	15326	19945	4898
燃气生产和供应业	12212	2400	2372	170	88
水的生产和供应业	22086	4638	3636	1676	730
建筑业	**346616**	**59583**	**45044**	**26165**	**8674**
房屋建筑业	169365	29040	20202	17362	3722
土木工程建筑业	97279	16157	14178	3562	2411
建筑安装业	27298	5022	4616	1804	1100
建筑装饰、装修和其他建筑业	52674	9364	6048	3437	1441
批发和零售业	**378978**	**77109**	**66343**	**29371**	**11730**
批发业	173648	29013	34161	15678	5866
零售业	205330	48096	32182	13693	5864
交通运输、仓储和邮政业	**273959**	**43653**	**25181**	**12684**	**4525**
铁路运输业	104024				
道路运输业	116129	33306	18889	4737	2876
水上运输业	125		63	6	12
航空运输业	6005	2808	451	688	3
管道运输业	145		4		
多式联运和运输代理业	4101	676	596	800	20
装卸搬运和仓储业	21989	1890	2859	4173	708
邮政业	21441	4973	2319	2280	906
住宿和餐饮业	**77878**	**17313**	**12330**	**7412**	**2346**
住宿业	35876	8912	3915	5013	1117
餐饮业	42002	8401	8415	2399	1229
信息传输、软件和信息技术服务业	**73680**	**24684**	**9972**	**6085**	**2273**
电信、广播电视和卫星传输服务	41307	11056	3957	4520	1747
互联网和相关服务	5481	1378	831	563	95
软件和信息技术服务业	26892	12250	5184	1002	431

通辽市	赤峰市	锡林郭勒盟	乌兰察布市	鄂尔多斯市	巴彦淖尔市	乌海市	阿拉善盟
922	5449	439	739	798	466	273	74
225	1285	302	317	539	132	667	31
249	1419	240	256	1182	413	225	50
129	142	2	113	2090	38	397	9
17	11		7	231	1		2
357	1048	866	227	229	23	75	25
356	427	72	281	2339	69	30	6
3	14	3		16	7		2
144	85	58	6	121	6	6	
201	835	23	294	278	269	41	24
195	282	343	1396	1385	148	112	23
14437	**18243**	**13642**	**15375**	**27417**	**10912**	**7369**	**3538**
12483	14364	12421	13944	21313	9440	5677	2703
371	1975	98	298	2971	475	647	347
1583	1904	1123	1133	3133	997	1045	488
21199	**78423**	**7543**	**13483**	**45704**	**20306**	**15456**	**5036**
6769	57430	2401	6072	9198	8783	6875	1511
5637	11875	2746	4643	21971	7423	4126	2550
3130	3349	637	1253	3202	1435	1301	449
5663	5769	1759	1515	11333	2665	3154	526
29580	**43844**	**19334**	**18214**	**43949**	**19376**	**14053**	**6075**
10928	19498	7808	5780	23575	10412	7476	3453
18652	24346	11526	12434	20374	8964	6577	2622
13405	**15955**	**6596**	**9008**	**20565**	**7372**	**7575**	**3429**
		13					
7660	10376	4138	5807	15936	4345	5718	2341
						43	1
329	228	256	200	655	102	148	137
	3			138			
145	330	537	178	256	197	294	72
3600	1803	674	1395	2186	1362	782	557
1671	3215	978	1428	1394	1366	590	321
4263	**7347**	**4042**	**5778**	**10431**	**2791**	**1914**	**1911**
2504	3889	2631	2147	2718	665	972	1393
1759	3458	1411	3631	7713	2126	942	518
4594	**7472**	**3081**	**4064**	**5269**	**3036**	**2079**	**1071**
3155	4308	2155	2740	3315	2152	1314	888
494	355	319	173	627	299	282	65
945	2809	607	1151	1327	585	483	118

2-5 续表2

行业大类	从业人员数（人）	呼和浩特市	包头市	呼伦贝尔市	兴安盟
金融业	**382385**	**846**	**598**	**631**	**253**
货币金融服务	103172	586	282	446	194
资本市场服务	4205	14	160	1	
保险业	274068	2	4	10	
其他金融业	940	244	152	174	59
房地产业	**162477**	**41471**	**26333**	**12506**	**5231**
房地产业	162477	41471	26333	12506	5231
租赁和商务服务业	**226060**	**37196**	**65835**	**13653**	**4269**
租赁业	16968	2845	2699	1500	543
商务服务业	209092	34351	63136	12153	3726
科学研究和技术服务业	**92687**	**34567**	**12046**	**6376**	**2030**
研究和试验发展	6600	4193	957	180	29
专业技术服务业	73496	25553	8734	5650	1803
科技推广和应用服务业	12591	4821	2355	546	198
水利、环境和公共设施管理业	**36728**	**6919**	**4897**	**1836**	**2304**
水利管理业	1090	580	33	36	9
生态保护和环境治理业	3009	508	356	176	25
公共设施管理业	32191	5721	4444	1619	2268
土地管理业	438	110	64	5	2
居民服务、修理和其他服务业	**45191**	**7583**	**12653**	**5101**	**800**
居民服务业	16715	3376	3627	2319	453
机动车、电子产品和日用产品修理业	11301	2092	1543	830	322
其他服务业	17175	2115	7483	1952	25
教育	**15033**	**2694**	**2234**	**1040**	**262**
教育	15033	2694	2234	1040	262
卫生和社会工作	**15514**	**3737**	**2665**	**1329**	**273**
卫生	14816	3586	2486	1290	247
社会工作	698	151	179	39	26
文化、体育和娱乐业	**23177**	**6130**	**2868**	**2034**	**580**
新闻和出版业	838	489	17	40	2
广播、电视、电影和录音制作业	4828	1710	644	264	121
文化艺术业	5357	1605	529	710	57
体育	2677	688	346	283	84
娱乐业	9477	1638	1332	737	316

通辽市	赤峰市	锡林郭勒盟	乌兰察布市	鄂尔多斯市	巴彦淖尔市	乌海市	阿拉善盟
431	**419**	**188**	**249**	**442**	**155**	**173**	**179**
310	375	160	206	371	72	142	161
51	1	7	13		14	15	1
3	5			18			
67	38	21	30	53	69	16	17
12096	**17385**	**7891**	**6396**	**16941**	**7422**	**7159**	**1646**
12096	17385	7891	6396	16941	7422	7159	1646
13198	**19892**	**13745**	**8315**	**28902**	**12357**	**4926**	**3772**
986	1937	1149	1072	2441	1113	344	339
12212	17955	12596	7243	26461	11244	4582	3433
4366	**10102**	**3757**	**2649**	**10450**	**2789**	**1991**	**1564**
146	322	79	130	369	73	85	37
3642	8311	3313	2012	8982	2375	1748	1373
578	1469	365	507	1099	341	158	154
3087	**4632**	**1832**	**1098**	**4259**	**2957**	**1815**	**1092**
68	122	27	48	14	127	7	19
281	129	101	11	799	141	166	316
2653	4324	1698	1031	3404	2672	1620	737
85	57	6	8	42	17	22	20
3574	**4674**	**1674**	**2546**	**2900**	**1184**	**1912**	**590**
1752	1296	688	979	999	554	417	255
1176	1823	604	572	1325	475	313	226
646	1555	382	995	576	155	1182	109
1601	**1630**	**829**	**1320**	**1923**	**787**	**439**	**274**
1601	1630	829	1320	1923	787	439	274
1676	**1377**	**747**	**1363**	**982**	**420**	**644**	**301**
1648	1321	728	1327	912	370	637	264
28	56	19	36	70	50	7	37
1587	**3045**	**951**	**1615**	**2874**	**766**	**452**	**275**
3	69	6		208	4		
255	681	158	158	480	202	108	47
294	481	364	459	558	159	65	76
130	287	103	315	197	116	23	105
905	1527	320	683	1431	285	256	47

2-6 按地区、登记注册

地区	法人单位数（个）	内资企业	国有企业	集体企业	股份合作企业	联营企业	国有联营企业
总计	**232077**	**231670**	**1090**	**630**	**89**	**64**	**10**
呼和浩特市	36132	36041	117	59	7	2	
包头市	35390	35332	96	90	10	7	3
呼伦贝尔市	21138	21083	232	110	24	19	2
兴安盟	7641	7628	69	29	2	2	
通辽市	18264	18240	87	54	13	3	
赤峰市	31493	31457	127	106	5	9	1
锡林郭勒盟	13696	13669	105	36	5	3	
乌兰察布市	13790	13763	69	89	5	6	2
鄂尔多斯市	28833	28800	53	21	9	8	1
巴彦淖尔市	11934	11910	73	19	4	4	1
乌海市	8188	8182	30	5	1		
阿拉善盟	5578	5565	32	12	4	1	

2-6 续表

地区	私营合伙企业	私营有限责任公司	私营股份有限公司	其他企业	港、澳、台商投资企业	合资经营企业（港或澳、台资）	合作经营企业（港或澳、台资）
总计	**977**	**147548**	**4768**	**4**	**141**	**52**	
呼和浩特市	143	27054	672	1	34	13	
包头市	172	21212	466	1	20	9	
呼伦贝尔市	76	14117	218		14	3	
兴安盟	38	4923	234				
通辽市	97	8679	1105	1	9	2	
赤峰市	122	23853	380		7	3	
锡林郭勒盟	28	8897	157		11	5	
乌兰察布市	73	9276	279	1	12	2	
鄂尔多斯市	116	15629	891		15	9	
巴彦淖尔市	47	5444	164		12	5	
乌海市	30	5545	109		2		
阿拉善盟	35	2919	93		5	1	

类型分组的企业法人单位数

集体联营企业	国有与集体联营企业	其他联营企业	有限责任公司	国有独资公司	其他有限责任公司	股份有限公司	私营企业	私营独资企业
29	**7**	**18**	**65523**	**1457**	**64066**	**4238**	**160032**	**6739**
		2	6878	193	6685	863	28114	245
3		1	12410	173	12237	450	22268	418
11	2	4	5262	171	5091	345	15091	680
	1	1	1802	58	1744	235	5489	294
	1	2	6818	86	6732	225	11039	1158
3	1	4	4818	129	4689	419	25973	1618
1	1	1	3808	110	3698	194	9518	436
4			2968	106	2862	258	10367	739
5		2	10574	219	10355	745	17390	754
2		1	5627	80	5547	251	5932	277
			2282	34	2248	144	5720	36
	1		2276	98	2178	109	3131	84

港、澳、台商独资经营企业	港、澳、台商投资股份有限公司	其他港、澳、台商投资企业	外商投资企业	中外合资经营企业	中外合作经营企业	外资企业	外商投资股份有限公司	其他外商投资
73	**13**	**3**	**266**	**117**	**10**	**82**	**7**	**50**
18	3		57	21	5	23		8
11			38	16	1	11		10
10		1	41	11		15	1	14
			13	7		2	3	1
4	2	1	15	9		6		
2	2		29	16		3		10
3	2	1	16	8	2	5		1
9	1		15	9		5		1
6			18	8	1	5	1	3
6	1		12	7	1	3	1	
1	1		4	1			1	2
3	1		8	4		4		

2-7 按地区、登记注册类型

地区	从业人员数（人）	内资企业	国有企业	集体企业	股份合作企业	联营企业	国有联营企业
总计	**3284645**	**2701107**	**95444**	**7901**	**2098**	**489**	**186**
呼和浩特市	477339	459076	17836	569	56	19	
包头市	481561	452413	12410	2297	123	65	29
呼伦贝尔市	216520	213604	8380	1021	1449	98	31
兴安盟	74300	71908	5142	415		21	
通辽市	193037	184248	7094	687	194	9	
赤峰市	355864	352168	7629	1313		38	13
锡林郭勒盟	129883	128462	3261	226	29	4	
乌兰察布市	147681	144174	3866	432	86	84	63
鄂尔多斯市	409844	388796	23483	582	118	91	
巴彦淖尔市	140820	131615	4278	228	17	57	50
乌海市	115625	114950	976	20			
阿拉善盟	60339	59693	1089	111	26	3	
不分地区	481832						

注：表中“不分地区”是指从事金融、铁路部门的从业人员。

2-7 续表

地区	私营合伙企业	私营有限责任公司	私营股份有限公司	其他企业	港、澳、台商投资企业	合资经营企业（港或澳、台资）	合作经营企业（港或澳、台资）
总计	**8269**	**1026607**	**50212**	**156**	**38561**	**12177**	
呼和浩特市	1195	185774	8932		12472	3992	
包头市	2213	163268	6963		1643	1115	
呼伦贝尔市	585	70740	1756		1397	749	
兴安盟	206	28019	1741				
通辽市	611	53084	6064	51	3721	40	
赤峰市	1304	180954	5243		2249	205	
锡林郭勒盟	184	44917	2181		445	423	
乌兰察布市	592	67896	2973	105	2758	730	
鄂尔多斯市	780	125357	9269		5082	3979	
巴彦淖尔市	255	34957	2484		7735	884	
乌海市	265	54907	1692		588		
阿拉善盟	79	16734	914		471	60	
不分地区							

分组的企业法人单位从业人员数

集体联营企　业	国有与集体联营企业	其他联营企　业	有限责任公　司	国有独资公　司	其他有限责任公司	股份有限公　司	私营企业	私营独资企　业
160	**56**	**87**	**1277585**	**222637**	**1054948**	**199576**	**1117858**	**32770**
		19	191806	46992	144814	51563	197227	1326
35		1	216574	23553	193021	46524	174420	1976
32	30	5	120937	41256	79681	6348	75371	2290
	13	8	31275	5585	25690	3827	31228	1262
		9	98442	8046	90396	12105	65666	5907
11	9	5	131010	10807	120203	17981	194197	6696
3	1		60138	9986	50152	15011	49793	2511
21			56101	10110	45991	8248	75252	3791
51		40	203695	38684	165011	20587	140240	4834
7			81779	10353	71426	6368	38888	1192
			49904	13714	36190	6985	57065	201
	3		35924	3551	32373	4029	18511	784

港、澳、台商独资经营企　业	港、澳、台商投资股份有限公司	其他港、澳、台商投资企业	外商投资企　业	中外合资经营企业	中外合作经营企业	外资企业	外商投资股份有限公　司	其他外商投　资
16368	**10013**	**3**	**36306**	**24598**	**1120**	**4734**	**4382**	**1472**
5401	3079		3982	1806	314	1577		285
528			2613	1101	8	1144		360
648			1519	181		188	414	736
			2392	879		295	1208	10
2047	1631	3	4930	4421		509		
58	1986		1447	1313		100		34
17	5		976	639	204	112		21
509	1519		749	285		458		6
1103			15966	13547	20	85	2296	18
5996	855		1470	302	574	171	423	
37	551		87	44			41	2
24	387		175	80		95		

2-8 按行业(大类)、登记注册

行业大类	法人单位数(个)					
		内资企业				
			国有企业	集体企业	股份合作企业	联营企业
总计	**232077**	**231670**	**1090**	**630**	**89**	**64**
农、林、牧、渔业	**1579**	**1577**	**55**	**18**		**1**
农业	30	30	21			
林业	14	14	5			
畜牧业	13	13	1			
渔业						
农、林、牧、渔专业及辅助性活动	1522	1520	28	18		1
采矿业	**3880**	**3858**	**20**	**16**	**1**	**1**
煤炭开采和洗选业	968	960	13	5	1	
石油和天然气开采业	65	65	1			
黑色金属矿采选业	604	602	1			
有色金属矿采选业	414	406	1			
非金属矿采选业	1613	1611	4	11		1
开采专业及辅助性活动	101	100				
其他采矿业	115	115				
制造业	**21831**	**21676**	**58**	**140**	**15**	**10**
农副食品加工业	3274	3255	2	12		6
食品制造业	1116	1098	2	2		
酒、饮料和精制茶制造业	832	825		2	1	
烟草制品业	NA	2	1			
纺织业	546	542	3	2		
纺织服装、服饰业	543	537		5	1	
皮革、毛皮、羽毛及其制品和制鞋业	163	160		1		
木材加工和木、竹、藤、棕、草制品业	687	680	2	6		
家具制造业	212	212				
造纸和纸制品业	219	214		2		
印刷和记录媒介复制业	564	564	15	13	1	1
文教、工美、体育和娱乐用品制造业	340	340		3		1
石油、煤炭及其他燃料加工业	403	402	1		1	
化学原料和化学制品制造业	1579	1557	2	8	2	
医药制造业	232	226			1	
化学纤维制造业	29	28				
橡胶和塑料制品业	800	799	1	4		
非金属矿物制品业	3986	3978	9	35	6	1
黑色金属冶炼和压延加工业	395	390	1	1		
有色金属冶炼和压延加工业	398	385	2	2		

类型分组的企业法人单位数

国有联营企业	集体联营企业	国有与集体联营企业	其他联营企业	有限责任公司	国有独资公司	其他有限责任公司	股份有限公司	私营企业	私营独资企业	私营合伙企业
10	**29**	**7**	**18**	**65523**	**1457**	**64066**	**4238**	**160032**	**6739**	**977**
		1		**519**	**22**	**497**	**35**	**949**	**91**	**17**
				5	2	3		4		
				9	8	1				
				2		2		10		
		1		503	12	491	35	935	91	17
	1			**1465**	**28**	**1437**	**85**	**2271**	**252**	**41**
				460	17	443	20	461	26	7
				25		25	6	33		
				248	4	244	15	338	18	7
				168	4	164	11	226	7	
	1			484	2	482	28	1083	197	25
				41		41	2	57	1	
				39	1	38	3	73	3	2
	6	**2**	**2**	**6875**	**59**	**6816**	**479**	**14098**	**934**	**82**
	4	1	1	1008	4	1004	71	2156	139	9
				338	3	335	31	725	79	2
				255	2	253	31	536	38	2
				1		1				
				173		173	6	358	23	1
				121		121	13	397	19	1
				38		38	3	118	7	
				147	1	146	11	514	49	2
				55		55	3	154	7	
				74	1	73	5	133	9	
	1			132	2	130	12	390	48	5
			1	93	1	92	3	240	19	1
				150	2	148	15	235	1	
				592	8	584	48	905	38	5
				88		88	16	121		1
				8		8	2	18		
				248	2	246	14	532	29	1
		1		1256	10	1246	83	2588	305	32
				130	4	126	5	253	1	
				201	4	197	15	165	6	

2-8 续表1

行业大类	法人单位数（个）	内资企业	国有企业	集体企业	股份合作企业	联营企业
金属制品业	1600	1593	3	9	2	1
通用设备制造业	1054	1050	1	10		
专用设备制造业	798	792	2	2		
汽车制造业	183	181	1	1		
铁路、船舶、航空航天和其他运输设备制造业	35	35	2	3		
电气机械和器材制造业	467	463	2	6		
计算机、通信和其他电子设备制造业	201	198				
仪器仪表制造业	70	68				
其他制造业	137	137				
废弃资源综合利用业	263	262		1		
金属制品、机械和设备修理业	703	703	6	10		
电力、热力、燃气及水生产和供应业	**2881**	**2838**	**127**	**22**	**1**	**3**
电力、热力生产和供应业	2108	2077	30	13	1	1
燃气生产和供应业	227	221	1			
水的生产和供应业	546	540	96	9		2
建筑业	**21994**	**21991**	**18**	**11**	**7**	
房屋建筑业	3678	3678	1	2	4	
土木工程建筑业	6486	6485	15	5		
建筑安装业	3204	3203	1	3	2	
建筑装饰、装修和其他建筑业	8626	8625	1	1	1	
批发和零售业	**82809**	**82747**	**147**	**189**	**11**	**19**
批发业	39157	39122	87	91	6	8
零售业	43652	43625	60	98	5	11
交通运输、仓储和邮政业	**10742**	**10735**	**152**	**27**	**7**	**7**
铁路运输业	34	34				
道路运输业	7839	7837	25	10	5	3
水上运输业	11	11				
航空运输业	87	87				
管道运输业	5	5				
多式联运和运输代理业	676	673	3			
装卸搬运和仓储业	1693	1691	103	17	2	3
邮政业	397	397	21			1
住宿和餐饮业	**4311**	**4299**	**64**	**22**	**2**	**5**
住宿业	1910	1903	49	17	1	4
餐饮业	2401	2396	15	5	1	1
信息传输、软件和信息技术服务业	**8121**	**8100**	**19**	**1**		**1**
电信、广播电视和卫星传输服务	782	769	17	1		1
互联网和相关服务	1581	1579	1			
软件和信息技术服务业	5758	5752	1			

国有联营企业	集体联营企业	国有与集体联营企业	其他联营企业	有限责任公司	国有独资公司	其他有限责任公司	股份有限公司	私营企业	私营独资企业	私营合伙企业
	1			474	1	474	25	1077	51	7
				340	1	339	16	683	30	10
				252	1	251	12	524	10	1
				72		72	4	103	1	
				15		16	1	13		
				157	5	153	14	283	4	1
				78	2	76	6	114	1	
				32		32	2	34	1	
				36		36	2	99	3	
				90	1	89	6	165	3	
				218	4	214	4	465	13	1
	3			**1387**	**190**	**1197**	**76**	**1222**	**20**	**4**
	1			1031	150	881	53	948	9	3
				109	2	107	9	102	3	
	2			247	38	209	14	172	8	1
				5914	**90**	**5824**	**322**	**15719**	**211**	**6**
				1112	15	1097	64	2495	96	1
				1770	56	1714	104	4591	54	2
				873	13	860	43	2281	12	1
				2159	6	2153	111	6352	49	2
1	**10**	**1**	**7**	**21394**	**102**	**21292**	**1090**	**59896**	**2421**	**103**
	6	1	1	10345	74	10271	492	28093	505	26
1	4		6	11049	28	11021	598	31803	1916	77
5	**1**	**1**		**3387**	**107**	**3280**	**205**	**6950**	**91**	**6**
				32		32	1	1		
2		1		2482	44	2438	144	5168	51	4
				4		4		7	2	
				52	24	28	2	33	2	
				1		1	1	3		
				148	7	141	11	511	5	1
2	1			551	28	523	34	981	29	1
1				117	4	113	12	246	2	
1	**4**			**1240**	**19**	**1221**	**101**	**2865**	**298**	**26**
1	3			588	11	577	48	1196	173	11
	1			652	8	644	53	1669	125	15
			1	**2201**	**33**	**2168**	**137**	**5740**	**48**	**9**
			1	225	16	209	31	493	15	
				468	6	462	27	1083	16	4
				1508	11	1497	79	4164	17	5

2-8 续表2

行业大类	法人单位数（个）	内资企业	国有企业	集体企业	股份合作企业	联营企业
金融业	**1689**	**1656**	**89**	**33**	**35**	
货币金融服务	985	980	47	33	34	
资本市场服务	120	120	1		1	
保险业	444	416	40			
其他金融业	140	140	1			
房地产业	**11552**	**11544**	**32**	**30**	**1**	**1**
房地产业	11552	11544	32	30	1	1
租赁和商务服务业	**30842**	**30825**	**101**	**39**	**6**	**5**
租赁业	4510	4509	2	5	1	
商务服务业	26332	26316	99	34	5	5
科学研究和技术服务业	**10894**	**10884**	**94**	**32**	**2**	**4**
研究和试验发展	656	655	5	1		
专业技术服务业	6715	6710	83	24	2	4
科技推广和应用服务业	3523	3519	6	7		
水利、环境和公共设施管理业	**2936**	**2930**	**27**	**9**		
水利管理业	135	134	2	1		
生态保护和环境治理业	377	376	4			
公共设施管理业	2344	2340	19	8		
土地管理业	80	80	2			
居民服务、修理和其他服务业	**6644**	**6641**	**15**	**19**		**1**
居民服务业	2857	2855	10	10		
机动车、电子产品和日用产品修理业	2948	2947	4	5		1
其他服务业	839	839	1	4		
教育	**2926**	**2926**	**22**	**11**		**2**
教育	2926	2926	22	11		2
卫生和社会工作	**844**	**843**	**19**	**8**		**1**
卫生	643	642	18	8		1
社会工作	201	201	1			
文化、体育和娱乐业	**5602**	**5599**	**31**	**3**	**1**	**3**
新闻和出版业	46	46	5	1		
广播、电视、电影和录音制作业	806	805	19			
文化艺术业	1173	1172	5	1		1
体育	538	537		1		
娱乐业	3039	3039	2		1	2

国有联营企业	集体联营企业	国有与集体联营企业	其他联营企业	有限责任公司	国有独资公司	其他有限责任公司	股份有限公司	私营企业	私营独资企业	私营合伙企业
				496	**28**	**468**	**504**	**498**	**3**	**19**
				322	9	313	212	332		
				42	1	41	5	71		16
				65	5	60	281	29	3	
				67	13	54	6	66		3
	1			**3801**	**94**	**3707**	**230**	**7449**	**36**	**36**
	1			3801	94	3707	230	7449	36	36
1	**1**	**1**	**2**	**8745**	**434**	**8311**	**469**	**21460**	**250**	**461**
				1179	23	1156	67	3255	38	2
1	1	1	2	7566	411	7155	402	18205	212	459
2		**1**	**1**	**3205**	**114**	**3091**	**213**	**7334**	**85**	**48**
				210	2	208	12	427	19	5
2		1	1	2048	86	1962	132	4417	48	19
				947	26	921	69	2490	18	24
				1037	**87**	**950**	**45**	**1812**	**18**	**5**
				47	9	38	2	82	3	
				138	4	134	6	228	3	
				819	65	754	37	1457	11	2
				33	9	24		45	1	3
	1			**1776**	**9**	**1767**	**99**	**4731**	**180**	**8**
				720	5	715	42	2073	86	3
	1			804	1	803	43	2090	81	5
				252	3	249	14	568	13	
			2	**755**	**10**	**745**	**61**	**2075**	**208**	**32**
			2	755	10	745	61	2075	208	32
			1	**162**	**1**	**161**	**17**	**636**	**214**	**44**
			1	105	1	104	12	498	203	41
				57		57	5	138	11	3
	1		**2**	**1164**	**30**	**1134**	**70**	**4327**	**1379**	**30**
				20	5	15	1	19	1	
				278	7	271	18	490	22	1
			1	265	6	259	19	881	26	5
				145	6	139	6	385	15	1
	1		1	456	6	450	26	2552	1315	23

2-8 续表3

行业大类	私营有限责任公司	私营股份有限公司	其他企业	港、澳、台商投资企业	合资经营企业(港或澳、台资)
总　计	**147548**	**4768**	**4**	**141**	**52**
农、林、牧、渔业	**760**	**81**			
农业	4				
林业					
畜牧业	9	1			
渔业					
农、林、牧、渔专业及辅助性活动	747	80			
采矿业	**1872**	**106**		**11**	**6**
煤炭开采和洗选业	408	20		6	4
石油和天然气开采业	33				
黑色金属矿采选业	296	17			
有色金属矿采选业	214	5		3	1
非金属矿采选业	805	56		1	1
开采专业及辅助性活动	51	5		1	
其他采矿业	65	3			
制造业	**12552**	**530**	**1**	**51**	**21**
农副食品加工业	1914	94		5	2
食品制造业	614	30		2	1
酒、饮料和精制茶制造业	463	33		4	2
烟草制品业					
纺织业	321	13		2	1
纺织服装、服饰业	360	17		2	2
皮革、毛皮、羽毛及其制品和制鞋业	110	1		1	1
木材加工和木、竹、藤、棕、草制品业	450	13		2	
家具制造业	142	5			
造纸和纸制品业	118	6		1	
印刷和记录媒介复制业	325	12			
文教、工美、体育和娱乐用品制造业	209	11			
石油、煤炭及其他燃料加工业	224	10			
化学原料和化学制品制造业	827	35		9	4
医药制造业	107	13		5	
化学纤维制造业	14	4			
橡胶和塑料制品业	483	19			
非金属矿物制品业	2153	98		2	1
黑色金属冶炼和压延加工业	246	6		2	1
有色金属冶炼和压延加工业	154	5		4	2

合作经营企业(港或澳、台资)	港、澳、台商独资经营企业	港、澳、台商投资股份有限公司	其他港、澳、台商投资企业	外商投资企业	中外合资经营企业	中外合作经营企业	外资企业	外商投资股份有限公司	其他外商投资
	73	**13**	**3**	**266**	**117**	**10**	**82**	**7**	**50**
				2	**1**				**1**
				2	1				1
	4	**1**		**10**	**2**		**2**	**1**	**5**
	2			2	1			1	
				2					2
	1	1		5	1		2		2
				1					1
	1								
	27	**2**	**1**	**104**	**54**	**5**	**32**	**3**	**10**
	3			14	5	2	6		1
	1			16	9		4	2	1
	2			3	1		1	1	
	1			2	2				
				4	2		2		
				2	1		1		
	2			5			4		1
	1			4	1		2		1
				1	1				
	4	1		13	6		6		1
	5			1	1				
				1	1				
				1	1				
	1			6	2		1		3
	1			3	3				
	2			9	6	2	1		

2-8 续表4

行业大类	私营有限责任公司	私营股份有限公司	其他企业	港、澳、台商投资企业	合资经营企业(港或澳、台资)
金属制品业	981	38	1	3	
通用设备制造业	631	12			
专用设备制造业	495	18		2	1
汽车制造业	97	5		1	1
铁路、船舶、航空航天和其他运输设备制造业	13				
电气机械和器材制造业	265	13		1	
计算机、通信和其他电子设备制造业	109	4		2	2
仪器仪表制造业	32	1			
其他制造业	95	1			
废弃资源综合利用业	158	4		1	
金属制品、机械和设备修理业	442	9			
电力、热力、燃气及水生产和供应业	**1126**	**72**		**22**	**9**
电力、热力生产和供应业	880	56		15	6
燃气生产和供应业	90	9		4	2
水的生产和供应业	156	7		3	1
建筑业	**14989**	**513**		**1**	**1**
房屋建筑业	2323	75			
土木工程建筑业	4347	188			
建筑安装业	2201	67		1	1
建筑装饰、装修和其他建筑业	6118	183			
批发和零售业	**55809**	**1563**	**1**	**21**	**5**
批发业	26780	782		9	2
零售业	29029	781	1	12	3
交通运输、仓储和邮政业	**6656**	**197**		**3**	**1**
铁路运输业		1			
道路运输业	4973	140		1	1
水上运输业	5				
航空运输业	30	1			
管道运输业	3				
多式联运和运输代理业	497	8		2	
装卸搬运和仓储业	912	39			
邮政业	236	8			
住宿和餐饮业	**2452**	**89**		**6**	
住宿业	979	33		5	
餐饮业	1473	56		1	
信息传输、软件和信息技术服务业	**5542**	**141**	**1**	**9**	**1**
电信、广播电视和卫星传输服务	469	9	1	9	1
互联网和相关服务	1022	41			
软件和信息技术服务业	4051	91			

合作经营企业(港或澳、台资)	港、澳、台商独资经营企业	港、澳、台商投资股份有限公司	其他港、澳、台商投资企业	外商投资企业	中外合资经营企业	中外合作经营企业	外资企业	外商投资股份有限公司	其他外商投资
	3			4	2				2
				4	3	1			
		1		4	2		2		
				1	1				
	1			3	2		1		
				1			1		
				2	2				
			1						
	12		**1**	**21**	**16**	**1**	**4**		
	8		1	16	13		3		
	2			2	2				
	2			3	1	1	1		
				2					**2**
				1					1
				1					1
	14	**1**	**1**	**41**	**3**	**2**	**24**		**12**
	6	1		26	3		18		5
	8		1	15		2	6		7
	1	**1**		**4**	**1**	**1**			**2**
				1					1
	1	1		1	1				
				2		1			1
	6			**6**	**1**		**5**		
	5			2			2		
	1			4	1		3		
		8		**12**	**2**		**4**	**3**	**3**
		8		4				3	1
				2			1		1
				6	2		3		1

2-8 续表5

行业大类	私营有限责任公司	私营股份有限公司	其他企业	港、澳、台商投资企业	合资经营企业(港或澳、台资)
金融业	**438**	**38**	**1**	**2**	**2**
货币金融服务	302	30		2	2
资本市场服务	53	2			
保险业	24	2	1		
其他金融业	59	4			
房地产业	**7117**	**260**		**5**	**3**
房地产业	7117	260		5	3
租赁和商务服务业	**20165**	**584**		**3**	
租赁业	3129	86			
商务服务业	17036	498		3	
科学研究和技术服务业	**6966**	**235**		**3**	**2**
研究和试验发展	390	13			
专业技术服务业	4209	141		2	1
科技推广和应用服务业	2367	81		1	1
水利、环境和公共设施管理业	**1705**	**84**		**2**	**1**
水利管理业	77	2			
生态保护和环境治理业	213	12			
公共设施管理业	1375	69		2	1
土地管理业	40	1			
居民服务、修理和其他服务业	**4412**	**131**			
居民服务业	1931	53			
机动车、电子产品和日用产品修理业	1943	61			
其他服务业	538	17			
教育	**1784**	**51**			
教育	1784	51			
卫生和社会工作	**363**	**15**			
卫生	242	12			
社会工作	121	3			
文化、体育和娱乐业	**2840**	**78**		**2**	
新闻和出版业	17	1			
广播、电视、电影和录音制作业	454	13		1	
文化艺术业	832	18			
体育	355	14		1	
娱乐业	1182	32			

合作经营企业(港或澳、台资)	港、澳、台商独资经营企　业	港、澳、台商投资股份有限公司	其他港、澳、台商投资企业	外商投资企　业	中外合资经营企业	中外合作经营企业	外资企业	外商投资股份有限公司	其他外商投　资
				31	**29**		**2**		
				3	1		2		
				28	28				
	2			**3**	**1**		**1**		**1**
	2			3	1		1		1
	3			**14**	**1**	**1**	**4**		**8**
				1					1
	3			13	1	1	4		7
	1			**7**	**4**		**1**		**2**
				1	1				
	1			3	2		1		
				3	1				2
	1			**4**	**1**		**1**		**2**
				1					1
				1					1
	1			2	1		1		
				3			**1**		**2**
				2			1		1
				1					1
				1	**1**				
				1	1				
	2			**1**			**1**		
	1								
				1			1		
	1								

2-9 按行业(大类)、登记注册类型

行业大类	从 业 人员数 (人)	内资企业			
			国有企业	集体企业	股份合作 企　业
总　计	**3284645**	**2727946**	**99809**	**7901**	**2098**
农、林、牧、渔业	**20516**	**20515**	**4980**	**23**	
农业					
林业					
畜牧业					
渔业					
农、林、牧、渔专业及辅助性活动	20516	20515	4980	23	
采矿业	**257305**	**251811**	**21213**	**456**	**1**
煤炭开采和洗选业	193852	188940	20727	223	1
石油和天然气开采业	3836	3836			
黑色金属矿采选业	18323	18323			
有色金属矿采选业	21603	21071	198		
非金属矿采选业	16112	16062	288	233	
开采专业及辅助性活动	3248	3248			
其他采矿业	331	331			
制造业	**643521**	**597503**	**5698**	**2520**	**317**
农副食品加工业	52617	48773	3	11	
食品制造业	55486	50442	270	7	
酒、饮料和精制茶制造业	21296	19506		1	8
烟草制品业	2656	2656	1778		
纺织业	8891	8712	106	14	
纺织服装、服饰业	15541	14719		84	
皮革、毛皮、羽毛及其制品和制鞋业	3136	2587			
木材加工和木、竹、藤、棕、草制品业	7986	7847	14	6	
家具制造业	1973	1973			
造纸和纸制品业	5443	4287		164	
印刷和记录媒介复制业	4712	4712	689	76	5
文教、工美、体育和娱乐用品制造业	2067	2067		18	
石油、煤炭及其他燃料加工业	28013	28006	2025		40
化学原料和化学制品制造业	97614	93619	20	201	12
医药制造业	24663	17230			35
化学纤维制造业	141	141			
橡胶和塑料制品业	10083	10082		158	
非金属矿物制品业	63181	62108	193	445	192
黑色金属冶炼和压延加工业	91678	79602	4	8	
有色金属冶炼和压延加工业	60408	53958	425	30	

分组的企业法人单位从业人员数

联营企业	国有联营企业	集体联营企业	国有与集体联营企业	其他联营企业	有限责任公司	国有独资公司	其他有限责任公司	股份有限公司	私营企业	私营独资企业
489	**186**	**160**	**56**	**87**	**1291315**	**225678**	**1065637**	**199576**	**1117858**	**32770**
9			**9**		**12019**	**4782**	**7237**	**244**	**3240**	**216**
9			9		12019	4782	7237	244	3240	216
25		**25**			**160231**	**41703**	**118528**	**24535**	**45350**	**2974**
					121186	39852	81334	18898	27905	1684
					562		562	3040	234	
					12793	824	11969	1481	4049	154
					17347	1025	16322	811	2715	18
25		25			5622		5622	268	9626	1111
					2549		2549	3	696	1
					172	2	170	34	125	6
22		**15**	**6**	**1**	**286394**	**14663**	**271731**	**92621**	**209931**	**6167**
19		12	6	1	19084	363	18721	5649	24007	739
					18726	848	17878	20701	10738	606
					8230	185	8045	4196	7071	283
					878		878			
					3884		3884	23	4685	81
					4637		4637	4471	5527	139
					1667		1667	67	853	35
					2870	1	2869	144	4813	215
					453		453	18	1502	30
					2721	957	1764	15	1387	61
1		1			1550	407	1143	68	2323	178
					584	15	569	88	1377	80
					13673	1734	11939	4234	8034	
					62279	6148	56131	6894	24213	166
					8233		8233	3773	5189	
					8		8	17	116	
					4213	121	4092	572	5139	147
					25710	839	24871	3465	32103	2925
					22122	829	21293	27771	29697	10
					39069	1537	37532	6046	8388	9

2-9 续表 1

行业大类	从业人员数（人）	内资企业	国有企业	集体企业	股份合作企业
金属制品业	16996	16810		61	25
通用设备制造业	12496	12438	17	64	
专用设备制造业	10592	10316	5	12	
汽车制造业	7683	7642		193	
铁路、船舶、航空航天和其他运输设备制造业	1821	1821		449	
电气机械和器材制造业	7869	7527	35	398	
计算机、通信和其他电子设备制造业	15429	14896			
仪器仪表制造业	467	443			
其他制造业	878	878			
废弃资源综合利用业	4160	4160		2	
金属制品、机械和设备修理业	7545	7545	114	118	
电力、热力、燃气及水生产和供应业	**186101**	**181910**	**13227**	**152**	**3**
电力、热力生产和供应业	151803	150318	5375	28	3
燃气生产和供应业	12212	9968	21		
水的生产和供应业	22086	21624	7831	124	
建筑业	**346616**	**346559**	**2308**	**43**	**1360**
房屋建筑业	169365	169365	385	7	1274
土木工程建筑业	97279	97258	1898	28	
建筑安装业	27298	27263	7	6	83
建筑装饰、装修和其他建筑业	52674	52673	18	2	3
批发和零售业	**378978**	**376437**	**7574**	**770**	**73**
批发业	173648	173156	6920	303	22
零售业	205330	203281	654	467	51
交通运输、仓储和邮政业	**273959**	**169401**	**22406**	**1244**	**155**
铁路运输业	104024	13			
道路运输业	116129	115641	9818	635	150
水上运输业	125	125			
航空运输业	6005	6005			
管道运输业	145	145			
多式联运和运输代理业	4101	4083	82		
装卸搬运和仓储业	21989	21948	2524	609	5
邮政业	21441	21441	9982		
住宿和餐饮业	**77878**	**76102**	**3503**	**259**	**111**
住宿业	35876	34996	2269	118	53
餐饮业	42002	41106	1234	141	58
信息传输、软件和信息技术服务业	**73680**	**61555**	**693**	**5**	
电信、广播电视和卫星传输服务	41307	29321	686	5	
互联网和相关服务	5481	5475	4		
软件和信息技术服务业	26892	26759	3		

联营企业	国有联营企业	集体联营企业	国有与集体联营企业	其他联营企业	有限责任公司	国有独资公司	其他有限责任公司	股份有限公司	私营企业	私营独资企业
2		2			8227		8227	181	8314	197
					5754	38	5716	400	6203	113
					4735	31	4704	675	4889	38
					2731		2731	1957	2761	1
					916		916	64	392	
					4277	483	3794	356	2461	21
					11723	7	11716	547	2626	2
					157		157	94	192	3
					463		463		415	19
					2553	1	2552	115	1490	38
					4267	119	4148	20	3026	31
19		**19**			**141099**	**76878**	**64221**	**7174**	**20236**	**86**
					122614	71911	50703	6342	15956	17
					7289	213	7076	225	2433	31
19		19			11196	4754	6442	607	1847	38
					143748	**15287**	**128461**	**21605**	**177495**	**706**
					70116	5732	64384	13553	84030	258
					48795	9387	39408	7089	39448	204
					10944	141	10803	620	15603	69
					13893	27	13866	343	38414	175
38	**3**	**19**	**1**	**15**	**132223**	**9581**	**122642**	**19052**	**216602**	**8102**
17		14	1	2	61044	7820	53224	5145	99705	1372
21	3	5		13	71179	1761	69418	13907	116897	6730
156	**122**	**10**	**24**		**84387**	**30107**	**54280**	**4371**	**56682**	**475**
					13		13			
115	91		24		61675	22265	39410	2555	40693	282
					68		68		57	6
					5796	4471	1325	80	129	16
					20		20	84	41	
					1620	46	1574	270	2111	9
41	31	10			9346	999	8347	390	9033	153
					5849	2326	3523	992	4618	9
59	**13**	**46**			**30183**	**2278**	**27905**	**3520**	**38467**	**3739**
59	13	46			15432	1760	13672	786	16279	1583
					14751	518	14233	2734	22188	2156
					32487	**4598**	**27889**	**8154**	**20165**	**95**
					19434	2871	16563	7045	2100	41
					1839	188	1651	356	3276	26
					11214	1539	9675	753	14789	28

2-9 续表2

行业大类	从业人员数（人）	内资企业	国有企业	集体企业	股份合作企业
金融业	**382385**	**4458**	**19**		**1**
货币金融服务	103172	3199	1		
资本市场服务	4205	277	5		1
保险业	274068	42			
其他金融业	940	940	13		
房地产业	**162477**	**162304**	**820**	**377**	**29**
房地产业	162477	162304	820	377	29
租赁和商务服务业	**226060**	**225920**	**7366**	**837**	**36**
租赁业	16968	16952	1	11	5
商务服务业	209092	208968	7365	826	31
科学研究和技术服务业	**92687**	**92666**	**2558**	**372**	**10**
研究和试验发展	6600	6594	189	4	
专业技术服务业	73496	73486	2352	363	10
科技推广和应用服务业	12591	12586	17	5	
水利、环境和公共设施管理业	**36728**	**35183**	**1624**	**187**	
水利管理业	1090	1085	14		
生态保护和环境治理业	3009	3009	87		
公共设施管理业	32191	30651	1522	187	
土地管理业	438	438	1		
居民服务、修理和其他服务业	**45191**	**45184**	**190**	**448**	
居民服务业	16715	16708	125	228	
机动车、电子产品和日用产品修理业	11301	11301	60	29	
其他服务业	17175	17175	5	191	
教育	**15033**	**15033**	**264**	**62**	
教育	15033	15033	264	62	
卫生和社会工作	**15514**	**15421**	**399**	**109**	
卫生	14816	14723	397	109	
社会工作	698	698	2		
文化、体育和娱乐业	**23177**	**23145**	**602**	**37**	**2**
新闻和出版业	838	838	235	34	
广播、电视、电影和录音制作业	4828	4806	299		
文化艺术业	5357	5350	7		
体育	2677	2674		3	
娱乐业	9477	9477	61		2

联营企业	国有联营企业	集体联营企业	国有与集体联营企业	其他联营企业	有限责任公司	国有独资公司	其他有限责任公司	股份有限公司	私营企业	私营独资企业
					2009	**271**	**1738**	**191**	**2238**	**1**
					1351	123	1228	176	1671	
					58		58	6	207	
					23		23	6	13	1
					577	148	429	3	347	
1		**1**			**74020**	**3216**	**70804**	**4924**	**82133**	**186**
1		1			74020	3216	70804	4924	82133	186
29		**7**	**3**	**19**	**85943**	**6844**	**79099**	**5981**	**125728**	**885**
					4928	243	4685	158	11849	109
29		7	3	19	81015	6601	74414	5823	113879	776
61	**48**		**13**		**44480**	**5360**	**39120**	**4334**	**40851**	**278**
					2020	23	1997	2628	1753	22
61	48		13		38205	5022	33183	1368	31127	226
					4255	315	3940	338	7971	30
					20411	**5435**	**14976**	**506**	**12455**	**59**
					546	118	428	10	515	11
					1849	70	1779	74	999	9
					17742	5122	12620	422	10778	38
					274	125	149		163	1
					13044	**438**	**12606**	**448**	**31054**	**725**
					4196	262	3934	218	11941	407
					3709		3709	161	7342	260
					5139	176	4963	69	11771	58
1				**1**	**4305**	**80**	**4225**	**444**	**9957**	**1399**
1				1	4305	80	4225	444	9957	1399
8				**8**	**3453**	**207**	**3246**	**790**	**10662**	**3140**
8				8	3160	207	2953	781	10268	3098
					293		293	9	394	42
61		**18**		**43**	**7149**	**909**	**6240**	**682**	**14612**	**3537**
					427	137	290	17	125	3
					1637	87	1550	485	2385	103
40				40	1794	504	1290	65	3444	273
					1280	60	1220	7	1384	26
21		18		3	2011	121	1890	108	7274	3132

2-9 续表3

行业大类	私营合伙企业	私营有限责任公司	私营股份有限公司	其他企业	港、澳、台商投资企业	合资经营企业（港或澳、台资）
总　计	**8269**	**1026607**	**50212**	**8900**	**38561**	**12177**
农、林、牧、渔业	**36**	**2560**	**428**			
农业						
林业						
畜牧业						
渔业						
农、林、牧、渔专业及辅助性活动	36	2560	428			
采矿业	**1088**	**39439**	**1849**		**2419**	**1624**
煤炭开采和洗选业	926	25007	288		2321	1574
石油和天然气开采业		234				
黑色金属矿采选业	54	2753	1088			
有色金属矿采选业		2643	54		48	
非金属矿采选业	94	8018	403		50	50
开采专业及辅助性活动		679	16			
其他采矿业	14	105				
制造业	**1048**	**189821**	**12895**		**17428**	**5028**
农副食品加工业	10	20403	2855		1999	181
食品制造业	25	9516	591		1785	1
酒、饮料和精制茶制造业	27	6475	286		887	483
烟草制品业						
纺织业	75	4256	273		87	1
纺织服装、服饰业	50	5112	226		327	327
皮革、毛皮、羽毛及其制品和制鞋业		816	2		5	5
木材加工和木、竹、藤、棕、草制品业		4408	190		16	
家具制造业		1420	52			
造纸和纸制品业		944	382		342	
印刷和记录媒介复制业	20	2060	65			
文教、工美、体育和娱乐用品制造业	5	1264	28			
石油、煤炭及其他燃料加工业		7518	516			
化学原料和化学制品制造业	29	22879	1139		2096	1965
医药制造业	6	4348	835		7433	
化学纤维制造业		116				
橡胶和塑料制品业	1	4621	370			
非金属矿物制品业	448	26700	2030		47	20
黑色金属冶炼和压延加工业		29475	212		109	60
有色金属冶炼和压延加工业		7868	511		1525	1502

合作经营企业（港或澳、台资）	港、澳、台商独资经营企业	港、澳、台商投资股份有限公司	其他港、澳、台商投资企业	外商投资企业	中外合资经营企业	中外合作经营企业	外资企业	外商投资股份有限公司	其他外商投资
	16368	**10013**	**3**	**36306**	**24598**	**1120**	**4734**	**4382**	**1472**
				1					1
				1					1
	789	**6**		**3075**	**732**		**15**	**2296**	**32**
	747			2591	295			2296	
	42	6		484	437		15		32
	12366	**34**		**28590**	**22249**	**1048**	**2896**	**1181**	**1216**
	1818			1845	542	310	993		
	1784			3259	1933		286	767	273
	404			903	196		293	414	
	86			92	92				
				495	333		162		
				544	498		46		
	16			123			123		
	342			814	299		315		200
				7	7				
	107	24		1899	1740		153		6
	7433								
				1	1				
	27			1026	272		21		733
	49			11967	11967				
	23			4925	4165	737	23		

2-9 续表4

行业大类	私营合伙企业	私营有限责任公司	私营股份有限公司	其他企业	港、澳、台商投资企业	合资经营企业（港或澳、台资）
金属制品业	98	7159	860		168	
通用设备制造业	242	5261	587			
专用设备制造业	1	4503	347		28	
汽车制造业		2589	171		6	
铁路、船舶、航空航天和其他运输设备制造业		392				
电气机械和器材制造业	11	2396	33		109	
计算机、通信和其他电子设备制造业		2417	207		459	
仪器仪表制造业		135	54			
其他制造业		359	37			
废弃资源综合利用业		1449	3			
金属制品、机械和设备修理业		2962	33			
电力、热力、燃气及水生产和供应业	**2**	**17032**	**3116**		**2854**	
电力、热力生产和供应业		13191	2748		629	
燃气生产和供应业		2075	327		2133	
水的生产和供应业	2	1766	41		92	
建筑业	**40**	**170007**	**6742**		**35**	
房屋建筑业		81749	2023			
土木工程建筑业	20	36413	2811			
建筑安装业	18	15031	485		35	
建筑装饰、装修和其他建筑业	2	36814	1423			
批发和零售业	**555**	**198836**	**9109**	**105**	**1715**	
批发业	92	94936	3305		337	
零售业	463	103900	5804	105	1378	
交通运输、仓储和邮政业	**27**	**54131**	**2049**		**486**	
铁路运输业						
道路运输业	23	38781	1607		485	
水上运输业		51				
航空运输业		108	5			
管道运输业		41				
多式联运和运输代理业	3	2052	47		1	
装卸搬运和仓储业	1	8547	332			
邮政业		4551	58			
住宿和餐饮业	**376**	**32798**	**1554**		**1000**	
住宿业	137	14139	420		831	
餐饮业	239	18659	1134		169	
信息传输、软件和信息技术服务业	**8**	**19475**	**587**	**51**	**11077**	
电信、广播电视和卫星传输服务		2015	44	51	11077	
互联网和相关服务	5	3059	186			
软件和信息技术服务业	3	14401	357			

合作经营企业（港或澳、台资）	港、澳、台商独资经营企业	港、澳、台商投资股份有限公司	其他港、澳、台商投资企业	外商投资企业	中外合资经营企业	中外合作经营企业	外资企业	外商投资股份有限公司	其他外商投资
	168			18	14				4
				58	57	1			
		10		248	21		227		
				35	35				
	109			233	53		180		
				74			74		
				24	24				
	173		**3**	**1337**	**1239**	**9**	**89**		
	91		3	856	774		82		
	58			111	111				
	24			370	354	9	7		
				22					**22**
				21					21
				1					1
	1440	**4**		**826**	**18**	**20**	**703**		**85**
	320	4		155	18		112		25
	1120			671		20	591		60
		1		**61**	**17**	**41**			**3**
				3					3
		1		17	17				
				41		41			
	1000			**776**	**7**		**769**		
	831			49			49		
	169			727	7		720		
		9968		**1048**	**14**		**120**	**905**	**9**
		9968		909				905	4
				6			1		5
				133	14		119		

2-9 续表5

行业大类	私营合伙企业	私营有限责任公司	私营股份有限公司	其他企业	港、澳、台商投资企业	合资经营企业(港或澳、台资)
金融业	**229**	**1808**	**200**		**17**	
货币金融服务		1529	142		17	
资本市场服务	157	50				
保险业		12				
其他金融业	72	217	58			
房地产业	**321**	**78505**	**3121**		**54**	
房地产业	321	78505	3121		54	
租赁和商务服务业	**2657**	**117892**	**4294**		**55**	
租赁业	5	11068	667			
商务服务业	2652	106824	3627		55	
科学研究和技术服务业	**199**	**39116**	**1258**		**3**	
研究和试验发展	26	1685	20			
专业技术服务业	118	29842	941			
科技推广和应用服务业	55	7589	297		3	
水利、环境和公共设施管理业	**55**	**11791**	**550**		**1393**	
水利管理业		494	10			
生态保护和环境治理业		872	118			
公共设施管理业	22	10296	422		1393	
土地管理业	33	129				
居民服务、修理和其他服务业	**35**	**28793**	**1501**			
居民服务业	12	11226	296			
机动车、电子产品和日用产品修理业	23	6833	226			
其他服务业		10734	979			
教育	**203**	**8066**	**289**			
教育	203	8066	289			
卫生和社会工作	**1271**	**5942**	**309**			
卫生	1260	5616	294			
社会工作	11	326	15			
文化、体育和娱乐业	**119**	**10595**	**361**		**25**	
新闻和出版业		120	2			
广播、电视、电影和录音制作业		2183	99		22	
文化艺术业	61	3020	90			
体育	1	1292	65		3	
娱乐业	57	3980	105			

合作经营企业（港或澳、台资）	港、澳、台商独资经营企业	港、澳、台商投资股份有限公司	其他港、澳、台商投资企业	外商投资企业	中外合资经营企业	中外合作经营企业	外资企业	外商投资股份有限公司	其他外商投资
				89	**4**		**85**		
				89	4		85		
	13			**119**	**56**		**20**		**43**
	13			119	56		20		43
	55			**85**	**13**	**2**	**17**		**53**
				16					16
	55			69	13	2	17		37
				18	**9**		**9**		
				6	6				
				10	1		9		
				2	2				
	507			**152**	**147**				**5**
				5					5
	507			147	147				
				7			**4**		**3**
				7			4		3
				93	**93**				
				93	93				
	25			**7**			**7**		
	22								
				7			7		
	3								

2-10 按地区、控股情况分组的企业法人单位数

地区	法人单位数（个）	国有控股	集体控股	私人控股	港澳台商控股	外商控股	其他
总计	**232077**	**4759**	**1511**	**211794**	**221**	**151**	**13641**
呼和浩特市	36132	682	164	33632	40	37	1577
包头市	35390	574	242	31989	54	24	2507
呼伦贝尔市	21138	632	246	19203	16	22	1019
兴安盟	7641	200	44	6940	1	9	447
通辽市	18264	354	148	16470	13	10	1269
赤峰市	31493	414	169	30033	18	13	846
锡林郭勒盟	13696	386	92	12362	10	7	839
乌兰察布市	13790	311	147	12844	16	7	465
鄂尔多斯市	28833	589	142	25342	24	7	2729
巴彦淖尔市	11934	278	62	10405	15	6	1168
乌海市	8188	128	28	7545	6	4	477
阿拉善盟	5578	211	27	5029	8	5	298

2-11　按地区、控股情况分组的企业法人单位从业人员数

地　区	从业人员数（人）	国有控股	集体控股	私人控股	港澳台商控股	外商控股	其他
总　计	**3284645**	**705552**	**57064**	**1788056**	**36556**	**23675**	**191910**
呼和浩特市	477339	119090	6763	282545	12235	12859	43847
包 头 市	481561	146765	17749	280716	2359	2180	31792
呼伦贝尔市	216520	73984	4671	123036	729	668	13432
兴 安 盟	74300	15590	963	49933	1	2054	5759
通 辽 市	193037	36851	4821	132823	4124	961	13457
赤 峰 市	355864	68517	5564	261115	2328	406	17934
锡林郭勒盟	129883	41775	4936	74189	801	314	7868
乌兰察布市	147681	28612	1451	110078	2765	462	4313
鄂尔多斯市	409844	110934	7329	252993	3216	2600	32772
巴彦淖尔市	140820	27068	608	93329	6974	594	12247
乌 海 市	115629	23536	1950	85105	594	467	3973
阿 拉 善 盟	60339	12830	259	42194	430	110	4516
不 分 地 区	481832						

注：表中"不分地区"是指从事金融、铁路部门的从业人员。

2-12 按行业(大类)、控股情况分组的企业法人单位数

行业大类	法人单位数(个)	国有控股	集体控股	私人控股	港澳台商控股	外商控股	其他
总　计	**232077**	**4759**	**1511**	**211794**	**221**	**151**	**13641**
农、林、牧、渔业	1579	84	24	1334	1	1	135
农业	30	23		6			1
林业	14	13					1
畜牧业	13	1		11			1
渔业							
农、林、牧、渔专业及辅助性活动	1522	47	24	1317	1	1	132
采矿业	**3880**	**153**	**37**	**3414**	**10**	**6**	**260**
煤炭开采和洗选业	968	92	18	785	6	1	66
石油和天然气开采业	65	3	1	56			5
黑色金属矿采选业	604	12	2	549			41
有色金属矿采选业	414	31		346	3	4	30
非金属矿采选业	1613	13	16	1491		1	92
开采专业及辅助性活动	101	1		84	1		15
其他采矿业	115	1		103			11
制造业	**21831**	**373**	**284**	**19686**	**48**	**61**	**1379**
农副食品加工业	3274	13	25	3005	6	11	214
食品制造业	1116	18	8	1004	4	10	72
酒、饮料和精制茶制造业	832	16	8	756	3	3	46
烟草制品业	NA	2					
纺织业	546	4	2	508	2	1	29
纺织服装、服饰业	543	7	7	507		2	20
皮革、毛皮、羽毛及其制品和制鞋业	163		3	152	1	1	6
木材加工和木、竹、藤、棕、草制品业	687	8	15	614	2	4	44
家具制造业	212		2	201			9
造纸和纸制品业	219	4	2	200	1	3	9
印刷和记录媒介复制业	564	19	18	496			31
文教、工美、体育和娱乐用品制造业	340	4	3	312			21
石油、煤炭及其他燃料加工业	403	15	5	343			40
化学原料和化学制品制造业	1579	35	20	1374	8	7	135
医药制造业	232	7	2	200	5		18
化学纤维制造业	29		1	27			1
橡胶和塑料制品业	800	6	9	734		1	50
非金属矿物制品业	3986	54	65	3614	2	3	248
黑色金属冶炼和压延加工业	395	12	2	369	1	1	10
有色金属冶炼和压延加工业	398	41	4	320	2	5	26

2-12　续表 1

行业大类	法人单位数（个）	国有控股	集体控股	私人控股	港澳台商控股	外商控股	其他
金属制品业	1600	12	20	1481	3	1	83
通用设备制造业	1054	15	23	949	2		65
专用设备制造业	798	15	8	712	1	3	59
汽车制造业	183	13	1	154	1	1	13
铁路、船舶、航空航天和其他运输设备制造业	35	9	2	23			1
电气机械和器材制造业	467	12	8	413	1	2	31
计算机、通信和其他电子设备制造业	201	8		174	2	1	16
仪器仪表制造业	70			59	1	1	9
其他制造业	137		1	129			7
废弃资源综合利用业	263	7	3	235			18
金属制品、机械和设备修理业	703	17	17	621			48
电力、热力、燃气及水生产和供应业	**2881**	**656**	**54**	**1925**	**19**	**9**	**218**
电力、热力生产和供应业	2108	458	35	1444	9	3	159
燃气生产和供应业	227	15	2	182	4	2	22
水的生产和供应业	546	183	17	299	6	4	37
建筑业	**21994**	**225**	**129**	**20374**	**16**	**2**	**1248**
房屋建筑业	3678	41	47	3382	3		205
土木工程建筑业	6486	135	45	5913	4		389
建筑安装业	3204	27	21	2967	1	2	186
建筑装饰、装修和其他建筑业	8626	22	16	8112	8		468
批发和零售业	**82809**	**500**	**363**	**77601**	**58**	**27**	**4260**
批发业	39157	298	180	36635	25	18	2001
零售业	43652	202	183	40966	33	9	2259
交通运输、仓储和邮政业	**10742**	**404**	**92**	**9515**	**12**	**1**	**718**
铁路运输业	34	31		3			
道路运输业	7839	113	52	7119	9		546
水上运输业	11			10			1
航空运输业	87	31	1	50			5
管道运输业	5	1		4			
多式联运和运输代理业	676	27	3	618	2		26
装卸搬运和仓储业	1693	171	34	1364	1	1	122
邮政业	397	30	2	347			18
住宿和餐饮业	**4311**	**119**	**47**	**3835**	**7**	**7**	**296**
住宿业	1910	86	33	1642	5	3	141
餐饮业	2401	33	14	2193	2	4	155
信息传输、软件和信息技术服务业	**8121**	**122**	**18**	**7530**	**10**	**8**	**433**
电信、广播电视和卫星传输服务	782	81	4	634	9	3	51
互联网和相关服务	1581	15	4	1470		1	91
软件和信息技术服务业	5758	26	10	5426	1	4	291

2-12 续表2

行业大类	法人单位数（个）	国有控股	集体控股	私人控股	港澳台商控股	外商控股	其他
金融业	**1689**	**409**	**63**	**858**	**1**	**5**	**353**
货币金融服务	985	159	60	593	1	3	169
资本市场服务	120	14	1	94			11
保险业	444	207	1	75		2	159
其他金融业	140	29	1	96			14
房地产业	**11552**	**236**	**113**	**10397**	**8**	**7**	**791**
房地产业	11552	236	113	10397	8	7	791
租赁和商务服务业	**30842**	**753**	**126**	**28130**	**14**	**9**	**1810**
租赁业	4510	37	11	4202	2		258
商务服务业	26332	716	115	23928	12	9	1552
科学研究和技术服务业	**10894**	**345**	**73**	**9830**	**6**	**5**	**635**
研究和试验发展	656	14	1	597		2	42
专业技术服务业	6715	276	51	5984	4	1	399
科技推广和应用服务业	3523	55	21	3249	2	2	194
水利、环境和公共设施管理业	**2936**	**181**	**19**	**2514**	**4**	**1**	**217**
水利管理业	135	18	2	110			5
生态保护和环境治理业	377	22	1	322			32
公共设施管理业	2344	126	14	2024	4	1	175
土地管理业	80	15	2	58			5
居民服务、修理和其他服务业	**6644**	**39**	**33**	**6174**	**1**	**1**	**396**
居民服务业	2857	24	15	2646	1	1	170
机动车、电子产品和日用产品修理业	2948	8	11	2767			162
其他服务业	839	7	7	761			64
教育	**2926**	**41**	**14**	**2719**	**1**		**151**
教育	2926	41	14	2719	1		151
卫生和社会工作	**844**	**21**	**9**	**771**	**2**		**41**
卫生	643	20	9	585	2		27
社会工作	201	1		186			14
文化、体育和娱乐业	**5602**	**98**	**13**	**5187**	**3**	**1**	**300**
新闻和出版业	46	15	1	29			1
广播、电视、电影和录音制作业	806	32	2	674	1		97
文化艺术业	1173	21	3	1084		1	64
体育	538	14	3	498	1		22
娱乐业	3039	16	4	2902	1		116

2-13　按行业(大类)、控股情况分组的企业法人单位从业人员数

行业大类	从业人员数(人)	国有控股	集体控股	私人控股	港澳台商控股	外商控股	其他
总　计	**3284645**	**705552**	**57064**	**1788056**	**36556**	**23675**	**191910**
农、林、牧、渔业	**20516**	**12433**	**55**	**5103**	**128**		**2797**
农业							
林业							
畜牧业							
渔业							
农、林、牧、渔专业及辅助性活动	20516	12433	55	5103	128		2797
采矿业	**257443**	**136083**	**2321**	**102887**	**3176**	**2325**	**10651**
煤炭开采和洗选业	193852	112989	1456	69809	3127	2296	4175
石油和天然气开采业	3974	3167		722			85
黑色金属矿采选业	18323	9874	102	7653			694
有色金属矿采选业	21603	8529		9791	49	29	3205
非金属矿采选业	16112	767	763	13774			808
开采专业及辅助性活动	3248	755		908			1585
其他采矿业	331	2		230			99
制造业	**670222**	**172972**	**16386**	**393398**	**13910**	**17754**	**55802**
农副食品加工业	52617	743	2093	38151	1838	2276	7516
食品制造业	55486	5253	255	25644	2025	11606	10703
酒、饮料和精制茶制造业	21296	5501	60	13128	405	903	1299
烟草制品业	2656	2656					
纺织业	8891	113	14	7562	100		1102
纺织服装、服饰业	15541	1758	3877	9375		162	369
皮革、毛皮、羽毛及其制品和制鞋业	3136		43	2920	5	46	122
木材加工和木、竹、藤、棕、草制品业	7986	126	111	6576	16	123	1034
家具制造业	1973		9	1940			24
造纸和纸制品业	5443	1710	164	2316	342	614	297
印刷和记录媒介复制业	4712	1126	339	3078			169
文教、工美、体育和娱乐用品制造业	2067	36	18	1967			46
石油、煤炭及其他燃料加工业	28013	10565	137	15731			1580
化学原料和化学制品制造业	97614	24794	1996	60116	848	197	9663
医药制造业	24663	1886	964	12437	7433		1943
化学纤维制造业	141		3	129			9
橡胶和塑料制品业	10083	526	334	8849		1	373
非金属矿物制品业	63181	7001	1909	47496	60	621	6094
黑色金属冶炼和压延加工业	91678	31445	29	59355	49	90	710
有色金属冶炼和压延加工业	60408	30920	214	22286	23	535	6430

2-13 续表1

行业大类	从业人员数（人）	国有控股	集体控股	私人控股	港澳台商控股	外商控股	其他
金属制品业	28781	12898	872	14248	168	10	585
通用设备制造业	12496	1259	678	9721	11		827
专用设备制造业	10592	1962	186	7638	10	230	566
汽车制造业	10101	5861	193	3884	6	35	122
铁路、船舶、航空航天和其他运输设备制造业	14064	12964	449	651			
电气机械和器材制造业	8124	1387	751	4587	109	221	1069
计算机、通信和其他电子设备制造业	15429	7686		5778	459	74	1432
仪器仪表制造业	467			411	3	10	43
其他制造业	878			718			160
废弃资源综合利用业	4160	540	50	2675			895
金属制品、机械和设备修理业	7545	2256	638	4031			620
电力、热力、燃气及水生产和供应业	**186101**	**141492**	**1307**	**34900**	**2356**	**582**	**5464**
电力、热力生产和供应业	151803	122195	887	25857	94	82	2688
燃气生产和供应业	12212	2849	169	5231	2133	111	1719
水的生产和供应业	22086	16448	251	3812	129	389	1057
建筑业	**346616**	**36727**	**13478**	**277058**	**103**	**35**	**19215**
房屋建筑业	169365	12218	7669	140993	15		8470
土木工程建筑业	97279	22303	4766	64602	68		5540
建筑安装业	27298	1676	923	22887		35	1777
建筑装饰、装修和其他建筑业	52674	530	120	48576	20		3428
批发和零售业	**378978**	**35948**	**3732**	**312920**	**1905**	**708**	**23765**
批发业	173648	18352	1369	143161	448	109	10209
零售业	205330	17596	2363	169759	1457	599	13556
交通运输、仓储和邮政业	**273959**	**64168**	**7861**	**87830**	**525**	**41**	**9523**
铁路运输业	104024	13					
道路运输业	116129	38414	6896	63677	521		6621
水上运输业	125			121			4
航空运输业	6005	5582	11	239			173
管道运输业	145	84		61			
多式联运和运输代理业	4101	1074	3	2706	4		314
装卸搬运和仓储业	21989	5701	947	13128		41	2172
邮政业	21441	13300	4	7898			239
住宿和餐饮业	**77878**	**8180**	**851**	**59040**	**1000**	**797**	**8010**
住宿业	35876	5639	397	25275	831	57	3677
餐饮业	42002	2541	454	33765	169	740	4333
信息传输、软件和信息技术服务业	**73680**	**28002**	**93**	**29606**	**11420**	**1027**	**3532**
电信、广播电视和卫星传输服务	41307	25464	14	2886	11419	905	619
互联网和相关服务	5481	239	52	4773		1	416
软件和信息技术服务业	26892	2299	27	21947	1	121	2497

2-13　续表2

行业大类	从业人员数（人）	国有控股	集体控股	私人控股	港澳台商控股	外商控股	其他
金融业	**382385**	**452**	**25**	**3633**	**16**	**89**	**349**
货币金融服务	103172	132	16	2815	16	89	237
资本市场服务	4205	26	1	237			13
保险业	274068	18	6	17			1
其他金融业	940	276	2	564			98
房地产业	**162477**	**10561**	**2043**	**128772**	**92**	**238**	**20771**
房地产业	162477	10561	2043	128772	92	238	20771
租赁和商务服务业	**226060**	**23061**	**6415**	**178182**	**85**	**49**	**18268**
租赁业	16968	342	36	15514	2		1074
商务服务业	209092	22719	6379	162668	83	49	17194
科学研究和技术服务业	**92687**	**19955**	**1112**	**65919**	**34**	**19**	**5648**
研究和试验发展	6600	750	4	5563		7	276
专业技术服务业	73496	18635	1019	49273	28	9	4532
科技推广和应用服务业	12591	570	89	11083	6	3	840
水利、环境和公共设施管理业	**36728**	**10671**	**274**	**21507**	**1769**		**2507**
水利管理业	1090	357	8	707			18
生态保护和环境治理业	3009	686	3	2008			312
公共设施管理业	32191	9468	256	18541	1769		2157
土地管理业	438	160	7	251			20
居民服务、修理和其他服务业	**45191**	**858**	**681**	**41693**		**4**	**1955**
居民服务业	16715	534	251	15270		4	656
机动车、电子产品和日用产品修理业	11301	73	109	10440			679
其他服务业	17175	251	321	15983			620
教育	**15033**	**793**	**81**	**13038**	**4**		**1117**
教育	15033	793	81	13038	4		1117
卫生和社会工作	**15514**	**607**	**220**	**13462**	**7**		**1218**
卫生	14816	605	220	12838	7		1146
社会工作	698	2		624			72
文化、体育和娱乐业	**23177**	**2589**	**129**	**19108**	**26**	**7**	**1318**
新闻和出版业	838	616	34	183			5
广播、电视、电影和录音制作业	4828	614	26	3899	22		267
文化艺术业	5357	790	8	4242		7	310
体育	2677	89	25	2309	3		251
娱乐业	9477	480	36	8475	1		485

2-14 按地区、开业(成立)时间

地　　区	法人单位数（个）	1949年以前	1950－1977年	1978－1991年	1992－2000年	2001年	2002年	2003年	2004年	2005年	2006年
总　　计	**232077**	**13**	**269**	**755**	**4688**	**1490**	**1901**	**2285**	**2612**	**3088**	**3723**
呼和浩特市	36132	2	40	100	811	249	324	333	392	486	586
包 头 市	35390	1	37	115	864	286	381	461	516	543	635
呼伦贝尔市	21138	2	67	158	501	128	219	257	233	234	354
兴 安 盟	7641		16	26	128	43	53	69	63	84	112
通 辽 市	18264	3	15	48	312	111	109	115	177	278	306
赤 峰 市	31493	1	34	128	596	203	227	262	341	425	435
锡林郭勒盟	13696	1	14	36	220	67	93	112	132	178	226
乌兰察布市	13790	2	10	46	246	65	125	104	133	153	181
鄂尔多斯市	28833	1	7	39	471	136	169	249	286	373	482
巴彦淖尔市	11934		18	37	283	90	82	122	134	143	181
乌 海 市	8188		7	15	173	69	76	126	132	121	140
阿拉善盟	5578		4	7	83	43	43	75	73	70	85

分组的企业法人单位数

2007年	2008年	2009年	2010年	2011年	2012年	2013年	2014年	2015年	2016年	2017年	2018年	无开业年份
4208	**4849**	**5851**	**8147**	**8597**	**8657**	**10158**	**18153**	**24137**	**32962**	**41065**	**43780**	**689**
578	617	772	1071	1167	1244	1474	2832	3876	5449	6655	7070	4
786	858	1069	1325	1389	1330	1587	2781	3792	4891	5732	6001	10
390	480	457	650	723	893	1051	1820	2180	2973	3492	3873	3
136	106	157	229	252	281	364	596	815	1035	1318	1756	2
290	342	362	480	504	574	825	1413	1972	2869	3314	3838	7
544	610	665	867	892	1182	1426	2518	3447	4756	5619	5692	623
298	346	426	562	512	603	688	1151	1383	1709	2149	2769	21
226	278	281	439	586	639	779	1171	1497	1734	2416	2676	3
514	729	984	1549	1559	974	837	1850	2702	4210	5672	5037	3
221	236	285	457	487	441	493	934	1164	1606	2153	2359	8
137	151	246	312	310	281	380	628	765	1051	1502	1563	3
88	96	147	206	216	215	254	459	544	679	1043	1146	2

2-15 按地区、开业(成立)时间分组的

地区	从业人员数(个)	1949年以前	1950－1977年	1978－1991年	1992－2000年
总计	**3284645**	**1107**	**114601**	**61720**	**427135**
呼和浩特市	477339	228	24279	12088	65712
包头市	481561	66	39093	13101	91240
呼伦贝尔市	216520	210	9626	6120	46238
兴安盟	74300		3653	2291	9304
通辽市	193037	232	1940	4425	11882
赤峰市	355864	38	25352	9245	64976
锡林郭勒盟	129883	259	1158	1897	15031
乌兰察布市	147681	39	1608	3594	16089
鄂尔多斯市	409844	35	630	5140	68768
巴彦淖尔市	140820		5110	2921	19386
乌海市	115625		1744	344	11258
阿拉善盟	60339		408	554	7251
不分地区	481832				

注:表中"不分地区"是指从事金融、铁路部门的从业人员。

2-15 续表

地区	2008年	2009年	2010年	2011年	2012年
总计	**126335**	**119681**	**113958**	**116057**	**92018**
呼和浩特市	12177	20152	15081	18085	13996
包头市	21828	16532	14399	15431	10073
呼伦贝尔市	6821	10622	9386	6824	8083
兴安盟	4705	3810	3374	3356	2747
通辽市	5508	10615	9722	8067	6222
赤峰市	10980	15619	14367	14883	11517
锡林郭勒盟	12017	4520	5306	5427	3870
乌兰察布市	7748	3099	7070	9196	8153
鄂尔多斯市	24471	14640	22194	22809	16688
巴彦淖尔市	4012	8726	4427	6404	4503
乌海市	14343	9230	6564	3079	2421
阿拉善盟	1725	2116	2068	2496	3745
不分地区					

企业法人单位从业人员数

2001 年	2002 年	2003 年	2004 年	2005 年	2006 年	2007 年
88256	**84871**	**93990**	**106812**	**96399**	**111929**	**120061**
17303	13580	13143	26284	18822	22051	13756
22721	19971	14933	9007	13337	12870	25587
6611	8819	5207	9682	4050	4761	7111
1734	862	2781	2550	2439	2072	1762
10254	4104	8499	8355	6568	7658	9370
11894	13317	6921	9566	10663	13323	14214
1636	2744	5614	4210	4036	4800	9154
2009	3785	7252	5522	3236	4884	3662
5351	8217	20618	16068	21421	25953	18558
4007	2190	2619	6520	5805	4626	9766
3078	4052	4853	5366	4122	5526	3663
1658	3230	1550	3682	1900	3405	3458

2013 年	2014 年	2015 年	2016 年	2017 年	2018 年	无开业年份
116188	**128557**	**145164**	**179961**	**208100**	**149209**	**704**
20899	24283	27795	32083	41664	24130	3
20321	18449	25617	27083	29614	20158	13
8424	9319	9570	15746	12403	10885	2
2816	4302	3995	5419	5860	4467	1
9885	11775	11812	18476	14384	13134	12
11316	15635	15594	20726	26250	18843	625
8080	7677	7702	8042	8926	7752	25
9437	8666	8415	10190	13817	10210	
12746	15179	16623	24406	30845	18483	1
6429	5624	10299	8338	11153	7936	19
3480	4232	5014	5605	8370	9280	1
2355	3416	2728	3847	4814	3931	2

2-16 按行业(大类)、运营状态

行业大类	法人单位数（个）	正常运营	停业(歇业)
总 计	**232077**	**163004**	**44506**
农、林、牧、渔业	**1579**	**1000**	**376**
农业	30	29	1
林业	14	13	
畜牧业	13	10	1
渔业			
农、林、牧、渔专业及辅助性活动	1522	948	374
采矿业	**3880**	**1823**	**1529**
煤炭开采和洗选业	968	611	252
石油和天然气开采业	65	40	11
黑色金属矿采选业	604	173	336
有色金属矿采选业	414	151	197
非金属矿采选业	1613	745	657
开采专业及辅助性活动	101	67	22
其他采矿业	115	36	54
制造业	**21831**	**14410**	**4804**
农副食品加工业	3274	2086	711
食品制造业	1116	777	205
酒、饮料和精制茶制造业	832	537	192
烟草制品业	NA	2	
纺织业	546	365	143
纺织服装、服饰业	543	419	82
皮革、毛皮、羽毛及其制品和制鞋业	163	83	59
木材加工和木、竹、藤、棕、草制品业	687	437	175
家具制造业	212	148	37
造纸和纸制品业	219	134	55
印刷和记录媒介复制业	564	485	53
文教、工美、体育和娱乐用品制造业	340	223	76
石油、煤炭及其他燃料加工业	403	212	125
化学原料和化学制品制造业	1579	921	338
医药制造业	232	150	39
化学纤维制造业	29	8	13
橡胶和塑料制品业	800	521	171
非金属矿物制品业	3986	2461	1108
黑色金属冶炼和压延加工业	395	268	99
有色金属冶炼和压延加工业	398	239	100

分组的企业法人单位数

筹建	当年关闭	当年破产	当年注销	当年吊销	其他
15746	**2127**	**165**	**4148**	**454**	**1927**
128	**23**	**4**	**20**	**2**	**26**
	1				
1					1
127	22	4	20	2	25
298	**110**	**13**	**56**	**17**	**34**
76	8	3	11	2	5
11			2	1	
31	39	3	11	8	3
47	10	3	1	1	4
112	50	2	25	4	18
10	1	1			
11	2	1	6	1	4
1904	**219**	**36**	**263**	**40**	**155**
367	41	3	39	5	22
106	9	2	13	1	3
79	7	2	12		3
19	9	1	6	1	2
21	3	3	7	3	5
12	1		2	3	3
40	6	1	16	2	10
21	1	1	3		1
23	2		1	4	
9	4		13		
32	4		5		
50	4	1	2		9
256	19	3	21	4	17
38	3		1		1
7			1		
86	7		8	2	5
263	58	7	43	5	41
16	4	2	4	1	1
50	1	1	4	1	2

2-16 续表 1

行业大类	法人单位数（个）	正常运营	停业(歇业)
金属制品业	1600	1114	341
通用设备制造业	1054	810	173
专用设备制造业	798	559	154
汽车制造业	183	131	32
铁路、船舶、航空航天和其他运输设备制造业	35	23	7
电气机械和器材制造业	467	329	83
计算机、通信和其他电子设备制造业	201	145	30
仪器仪表制造业	70	52	12
其他制造业	137	81	23
废弃资源综合利用业	263	127	76
金属制品、机械和设备修理业	703	563	92
电力、热力、燃气及水生产和供应业	**2881**	**1912**	**386**
电力、热力生产和供应业	2108	1307	301
燃气生产和供应业	227	157	33
水的生产和供应业	546	448	52
建筑业	**21994**	**16948**	**3083**
房屋建筑业	3678	2817	491
土木工程建筑业	6486	4933	910
建筑安装业	3204	2560	392
建筑装饰、装修和其他建筑业	8626	6638	1290
批发和零售业	**82809**	**54827**	**19077**
批发业	39157	25216	9911
零售业	43652	29611	9166
交通运输、仓储和邮政业	**10742**	**7745**	**1953**
铁路运输业	34	32	
道路运输业	7839	5518	1544
水上运输业	11	7	3
航空运输业	87	57	13
管道运输业	5	5	
多式联运和运输代理业	676	537	87
装卸搬运和仓储业	1693	1246	273
邮政业	397	343	33
住宿和餐饮业	**4311**	**2975**	**785**
住宿业	1910	1467	252
餐饮业	2401	1508	533
信息传输、软件和信息技术服务业	**8121**	**6001**	**1251**
电信、广播电视和卫星传输服务	782	641	69
互联网和相关服务	1581	1080	307
软件和信息技术服务业	5758	4280	875

筹建	当年关闭	当年破产	当年注销	当年吊销	其他
91	15	4	24	3	8
50	5	3	7	1	5
70	3	1	7	1	3
18	1		1		
4					1
41	3	1	5	1	4
21	2		1		2
5			1		
27	1		3	1	1
50	6		2	1	1
32			11		5
462	**27**	**2**	**54**	**2**	**36**
397	24	1	47	2	29
32	3		1		1
33		1	6		6
1405	**118**	**6**	**270**	**17**	**147**
269	19	1	56	1	24
490	36	2	61	5	49
159	17	1	49	1	25
487	46	2	104	10	49
5296	**803**	**48**	**1762**	**250**	**746**
2366	328	23	803	156	354
2930	475	25	959	94	392
623	**97**	**4**	**179**	**32**	**109**
2					
470	75		124	23	85
1					
13			3		1
33	3		11	2	3
99	17	3	34	5	16
5	2	1	7	2	4
298	**97**	**10**	**103**	**2**	**41**
113	27	5	33	1	12
185	70	5	70	1	29
602	**58**	**5**	**145**	**3**	**56**
45	8		14		5
131	12	1	31	1	18
426	38	4	100	2	33

2-16 续表 2

行业大类	法人单位数（个）	正常运营	停业(歇业)
金融业	**1689**	**1430**	**204**
货币金融服务	985	818	134
资本市场服务	120	79	28
保险业	444	434	9
其他金融业	140	99	33
房地产业	**11552**	**8770**	**1663**
房地产业	11552	8770	1663
租赁和商务服务业	**30842**	**22768**	**5109**
租赁业	4510	3405	735
商务服务业	26332	19363	4374
科学研究和技术服务业	**10894**	**8065**	**1549**
研究和试验发展	656	432	125
专业技术服务业	6715	5477	725
科技推广和应用服务业	3523	2156	699
水利、环境和公共设施管理业	**2936**	**2124**	**500**
水利管理业	135	108	21
生态保护和环境治理业	377	219	85
公共设施管理业	2344	1741	378
土地管理业	80	56	16
居民服务、修理和其他服务业	**6644**	**5093**	**978**
居民服务业	2857	2091	467
机动车、电子产品和日用产品修理业	2948	2362	393
其他服务业	839	640	118
教育	**2926**	**2314**	**343**
教育	2926	2314	343
卫生和社会工作	**844**	**607**	**94**
卫生	643	530	39
社会工作	201	77	55
文化、体育和娱乐业	**5602**	**4192**	**822**
新闻和出版业	46	41	4
广播、电视、电影和录音制作业	806	655	86
文化艺术业	1173	800	199
体育	538	385	95
娱乐业	3039	2311	438

筹建	当年关闭	当年破产	当年注销	当年吊销	其他
20	**7**	**1**	**10**	**1**	**16**
6	7	1	7		12
9			2		2
1					
4			1	1	2
764	**80**	**9**	**143**	**8**	**115**
764	80	9	143	8	115
1837	**238**	**14**	**601**	**46**	**229**
202	36	3	84	11	34
1635	202	11	517	35	195
931	**79**	**4**	**172**	**12**	**82**
72	3	1	12	1	10
343	38	1	85	7	39
516	38	2	75	4	33
210	**21**	**2**	**45**	**2**	**32**
3			2		1
61	5		3	1	3
140	16	2	38	1	28
6			2		
357	**58**	**3**	**109**	**13**	**33**
179	33	1	63	6	17
121	18	2	34	6	12
57	7		12	1	4
171	**18**		**59**	**2**	**19**
171	18		59	2	19
108	**9**		**18**	**1**	**7**
54	7		8	1	4
54	2		10		3
332	**65**	**4**	**139**	**4**	**44**
			1		
38	4	1	19		3
124	7		30	2	11
41	1	2	9		5
129	53	1	80	2	25

2-17 按行业(大类)、运营状态

行业大类	从业人员数(人)	正常运营	停业(歇业)
总　计	**3284645**	**2704285**	**53422**
农、林、牧、渔业	**20516**	**18487**	**215**
农业			
林业			
畜牧业			
渔业			
农、林、牧、渔专业及辅助性活动	20516	18487	215
采矿业	**257443**	**249539**	**4692**
煤炭开采和洗选业	193852	189689	1711
石油和天然气开采业	3974	3922	22
黑色金属矿采选业	18323	17478	770
有色金属矿采选业	21603	20731	641
非金属矿采选业	16112	14303	1411
开采专业及辅助性活动	3248	3186	56
其他采矿业	331	230	81
制造业	**643521**	**622283**	**9121**
农副食品加工业	52617	50611	1105
食品制造业	55486	55090	177
酒、饮料和精制茶制造业	21296	20756	260
烟草制品业	2656	2656	
纺织业	8891	8536	303
纺织服装、服饰业	15541	15396	106
皮革、毛皮、羽毛及其制品和制鞋业	3136	2993	77
木材加工和木、竹、藤、棕、草制品业	7986	7174	744
家具制造业	1973	1890	35
造纸和纸制品业	5443	5225	41
印刷和记录媒介复制业	4712	4632	51
文教、工美、体育和娱乐用品制造业	2067	1978	45
石油、煤炭及其他燃料加工业	28013	27449	244
化学原料和化学制品制造业	97614	92621	745
医药制造业	24663	23914	48
化学纤维制造业	141	104	10
橡胶和塑料制品业	10083	9586	194
非金属矿物制品业	63181	59390	2212
黑色金属冶炼和压延加工业	91678	91094	149
有色金属冶炼和压延加工业	60408	59324	742

分组的企业法人单位从业人员数

筹建	当年关闭	当年破产	当年注销	当年吊销	其他
34344	**1677**	**127**	**2911**	**144**	**5903**
290	**28**				**1496**
290	28				1496
3041	**27**	**41**	**26**	**38**	**39**
2365	5	38	9	31	4
30					
67	1	1		6	
220	10	1			
339	11	1	17		30
6					
14				1	5
10180	**301**	**13**	**151**	**5**	**1467**
820	53		17		11
208	2		9		
268	3		9		
34	1	1			16
30		1	1		7
66					
55	6		5	1	1
47					1
170	6			1	
22	1		6		
43	1				
310	1				9
3286	14		5		943
701					
27					
294	3				6
1356	69	1	82		71
213	30	1	1	1	189
342					

2-17 续表 1

行业大类	从业人员数（人）	正常运营	停业(歇业)
金属制品业	28781	28218	425
通用设备制造业	12496	11874	263
专用设备制造业	10592	10027	297
汽车制造业	10101	9819	98
铁路、船舶、航空航天和其他运输设备制造业	14064	14048	3
电气机械和器材制造业	8124	7824	217
计算机、通信和其他电子设备制造业	15429	14382	128
仪器仪表制造业	467	448	17
其他制造业	878	849	10
废弃资源综合利用业	4160	3763	205
金属制品、机械和设备修理业	7545	7313	170
电力、热力、燃气及水生产和供应业	**186101**	**182168**	**473**
电力、热力生产和供应业	151803	149379	252
燃气生产和供应业	12212	10936	146
水的生产和供应业	22086	21853	75
建筑业	**346616**	**340459**	**3341**
房屋建筑业	169365	168078	810
土木工程建筑业	97279	95299	870
建筑安装业	27298	26187	511
建筑装饰、装修和其他建筑业	52674	50895	1150
批发和零售业	**378978**	**352953**	**17802**
批发业	173648	159463	10083
零售业	205330	193490	7719
交通运输、仓储和邮政业	**273959**	**166005**	**2430**
铁路运输业	104024		
道路运输业	116129	113600	1593
水上运输业	125	79	44
航空运输业	6005	5966	11
管道运输业	145	145	
多式联运和运输代理业	4101	3959	98
装卸搬运和仓储业	21989	20844	667
邮政业	21441	21412	17
住宿和餐饮业	**77878**	**75145**	**1118**
住宿业	35876	35072	341
餐饮业	42002	40073	777
信息传输、软件和信息技术服务业	**73680**	**72009**	**945**
电信、广播电视和卫星传输服务	41307	41218	43
互联网和相关服务	5481	5082	223
软件和信息技术服务业	26892	25709	679

筹建	当年关闭	当年破产	当年注销	当年吊销	其他
116	3	1	4	1	13
129	102	8	2		118
265	1				2
183			1		
10					3
70	2		2		9
870			2		47
2					
18	1				
188	2			1	1
37			5		20
3381	**31**	**3**	**8**		**37**
2121	12	3	6		30
1110	19				1
150			2		6
1908	**128**	**2**	**422**	**5**	**351**
234	46	1	10	1	185
684	34	1	330	2	59
511	9		18		62
479	39		64	2	45
5826	**483**	**22**	**1059**	**39**	**794**
2947	216	13	417	26	483
2879	267	9	642	13	311
1034	**108**	**13**	**198**	**7**	**153**
13					
567	33		186	5	145
2					
27					1
42			2		
378	74	10	8	2	6
5	1	3	2		1
1048	**132**	**1**	**271**		**163**
280	43		59		81
768	89	1	212		82
566	**38**	**3**	**59**		**60**
30	12		4		
145	8		12		11
391	18	3	43		49

2-17 续表 2

行业大类	从业人员数（人）	正常运营	停业（歇业）
金融业	**382385**	**4210**	**323**
货币金融服务	103172	3167	120
资本市场服务	4205	107	164
保险业	274068	39	3
其他金融业	940	897	36
房地产业	**162477**	**157759**	**2898**
房地产业	162477	157759	2898
租赁和商务服务业	**226060**	**217508**	**5047**
租赁业	16968	16024	683
商务服务业	209092	201484	4364
科学研究和技术服务业	**92687**	**89292**	**1526**
研究和试验发展	6600	6181	96
专业技术服务业	73496	71937	790
科技推广和应用服务业	12591	11174	640
水利、环境和公共设施管理业	**36728**	**35716**	**614**
水利管理业	1090	1060	18
生态保护和环境治理业	3009	2812	120
公共设施管理业	32191	31437	452
土地管理业	438	407	24
居民服务、修理和其他服务业	**45191**	**42741**	**1796**
居民服务业	16715	15029	1375
机动车、电子产品和日用产品修理业	11301	10801	316
其他服务业	17175	16911	105
教育	**15033**	**14438**	**287**
教育	15033	14438	287
卫生和社会工作	**15514**	**15073**	**107**
卫生	14816	14492	61
社会工作	698	581	46
文化、体育和娱乐业	**23177**	**21799**	**687**
新闻和出版业	838	834	2
广播、电视、电影和录音制作业	4828	4627	117
文化艺术业	5357	5010	150
体育	2677	2506	81
娱乐业	9477	8822	337

筹建	当年关闭	当年破产	当年注销	当年吊销	其他
16			**2**		**13**
5			1		12
6					
5			1		1
805	**105**	**14**	**82**	**5**	**809**
805	105	14	82	5	809
2803	**142**	**11**	**320**	**20**	**209**
179	14	4	29	6	29
2624	128	7	291	14	180
1697	**29**	**2**	**63**	**1**	**77**
315		1			7
678	16		44	1	30
704	13	1	19		40
299	**14**		**53**	**1**	**31**
6			5		1
70	1		2	1	3
216	13		46		27
7					
484	**42**	**2**	**81**	**22**	**23**
236	37	1	25	4	8
100	4	1	46	18	15
148	1		10		
232	**8**		**53**		**15**
232	8		53		15
232	**28**		**1**		**73**
165	26				72
67	2		1		1
502	**33**		**62**	**1**	**93**
			2		
44			13		27
166	1		14		16
55			1		34
237	32		32	1	16

2-18 按地区、运营状态分组的企业法人单位数

地　　区	法人单位数（个）	正常运营	停业(歇业)	筹建	当年关闭	当年破产	当年注销	当年吊销	其他
总　　计	**232077**	**163004**	**44506**	**15746**	**2127**	**165**	**4148**	**454**	**1927**
呼和浩特市	36132	31458	2438	1416	234	12	356	31	187
包 头 市	35390	25560	6587	2045	319	27	393	175	284
呼伦贝尔市	21138	14182	4508	1134	184	17	802	54	257
兴 安 盟	7641	5220	1399	803	56	6	102	1	54
通 辽 市	18264	12648	3308	1214	351	18	451	12	262
赤 峰 市	31493	20075	7159	2938	310	20	743	60	188
锡林郭勒盟	13696	9276	2647	1221	81	5	300	11	155
乌兰察布市	13790	8173	3301	1587	226	7	227	78	191
鄂尔多斯市	28833	20832	5870	1471	169	18	258	18	197
巴彦淖尔市	11934	7952	2529	1023	125	28	188	7	82
乌 海 市	8188	4603	2899	424	26	4	170	5	57
阿拉善盟	5578	3025	1861	470	46	3	158	2	13

2-19 按地区、运营状态分组的企业法人单位从业人员数

地　　区	从业人员数（人）	正常运营	停业(歇业)	筹建	当年关闭	当年破产	当年注销	当年吊销	其他
总　　计	**3284645**	**2704285**	**53422**	**34344**	**1677**	**127**	**2911**	**144**	**5903**
呼和浩特市	477339	468703	4907	2875	155	15	137	11	536
包 头 市	481561	463594	10443	6275	252	28	259	37	673
呼伦贝尔市	216520	206557	5573	1757	296	10	489	20	1818
兴 安 盟	74300	70787	1921	1360	29	1	112		90
通 辽 市	193037	185745	3727	2414	212	3	716	5	215
赤 峰 市	355864	344803	6313	3664	211	3	606	24	240
锡林郭勒盟	129883	123985	2559	2902	73	1	76	6	281
乌兰察布市	147681	142749	1805	2807	93	1	49	1	176
鄂尔多斯市	409844	395650	6665	5774	120	44	217	6	1368
巴彦淖尔市	140820	135750	2838	1736	146	7	79		264
乌 海 市	115625	110347	3870	1056	38	9	61	32	212
阿拉善盟	60339	55615	2801	1724	52	5	110	2	30
不分地区	481832								

注：表中“不分地区”是指从事金融、铁路部门的从业人员。

2-20　按地区、单位规模分组的企业法人单位数

地　　区	法　人 单位数 （个）	大型	中型	小型	微型
总　　计	**227832**	**414**	**2978**	**19300**	**205140**
呼和浩特市	35435	100	520	3255	31560
包　头　市	34747	65	463	2819	31400
呼伦贝尔市	20768	29	242	1420	19077
兴　安　盟	7525	11	95	563	6856
通　辽　市	17745	24	212	1535	15974
赤　峰　市	30943	41	341	2518	28043
锡林郭勒盟	13518	17	123	999	12379
乌兰察布市	13452	15	167	1025	12245
鄂尔多斯市	28357	66	465	2801	25025
巴彦淖尔市	11743	16	163	1112	10452
乌　海　市	8095	20	120	759	7196
阿拉善盟	5504	10	67	494	4933

注：本表不含无单位规模标识的单位数据。

2-21　按地区、单位规模分组的企业法人单位从业人员数

地　　区	从　业 人员数 （人）	大型	中型	小型	微型
总　　计	**3284645**	**619826**	**639423**	**809232**	**702920**
呼和浩特市	477339	129642	106569	120463	114082
包　头　市	481561	122156	104427	142647	107080
呼伦贝尔市	216520	40296	53124	58102	62419
兴　安　盟	74300	7054	18863	22561	24763
通　辽　市	193037	36251	39075	60085	54551
赤　峰　市	355864	81852	76755	99350	95181
锡林郭勒盟	129883	21295	26269	40427	40093
乌兰察布市	147681	15550	36184	53461	39909
鄂尔多斯市	409844	115196	96095	109572	85778
巴彦淖尔市	140820	18089	32352	50132	39167
乌　海　市	115625	24992	33464	32287	23987
阿拉善盟	60339	7453	16246	20145	15910
不分地区	481832				

2-22 按行业(大类)、单位规模分组的企业法人单位数

行业大类	法人单位数(个)	大型	中型	小型	微型
总计	**227832**	**414**	**2978**	**19300**	**205140**
农、林、牧、渔业	**1579**	**1**	**84**	**265**	**1229**
农业	30				30
林业	14				14
畜牧业	13				13
渔业					
农、林、牧、渔专业及辅助性活动	1522	1	84	265	1172
采矿业	**3880**	**32**	**118**	**586**	**3144**
煤炭开采和洗选业	968	27	88	289	564
石油和天然气开采业	65	1		9	55
黑色金属矿采选业	604	3	8	57	536
有色金属矿采选业	414	1	18	65	330
非金属矿采选业	1613		2	156	1455
开采专业及辅助性活动	101		2	8	91
其他采矿业	115			2	113
制造业	**21831**	**83**	**279**	**2603**	**18866**
农副食品加工业	3274	4	18	375	2877
食品制造业	1116	6	26	123	961
酒、饮料和精制茶制造业	832	1	16	64	751
烟草制品业	NA	1	1		
纺织业	546		5	70	471
纺织服装、服饰业	543	2	5	67	469
皮革、毛皮、羽毛及其制品和制鞋业	163		2	11	150
木材加工和木、竹、藤、棕、草制品业	687			66	621
家具制造业	212		1	5	206
造纸和纸制品业	219		4	21	194
印刷和记录媒介复制业	564		1	36	527
文教、工美、体育和娱乐用品制造业	340			6	334
石油、煤炭及其他燃料加工业	403	6	25	34	338
化学原料和化学制品制造业	1579	24	54	236	1265
医药制造业	232	4	10	64	154
化学纤维制造业	29				29
橡胶和塑料制品业	800		4	77	719
非金属矿物制品业	3986		22	552	3412
黑色金属冶炼和压延加工业	395	10	26	156	203
有色金属冶炼和压延加工业	398	15	28	117	238

注:本表不含无单位规模标识的单位数据。

2-22　续表1

行业大类	法　人 单位数 （个）	大型	中型	小型	微型
金属制品业	1600	3	2	125	1470
通用设备制造业	1054		5	100	949
专用设备制造业	798		3	85	710
汽车制造业	183	3	2	28	150
铁路、船舶、航空航天和其他运输设备制造业	35	1	4	7	23
电气机械和器材制造业	467		4	54	409
计算机、通信和其他电子设备制造业	201	3	6	41	151
仪器仪表制造业	70			5	65
其他制造业	137			5	132
废弃资源综合利用业	263		2	32	229
金属制品、机械和设备修理业	703		3	41	659
电力、热力、燃气及水生产和供应业	**2881**	**21**	**63**	**638**	**2159**
电力、热力生产和供应业	2108	17	52	416	1623
燃气生产和供应业	227	2	2	68	155
水的生产和供应业	546	2	9	154	381
建筑业	**21994**	**19**	**410**	**2248**	**19317**
房屋建筑业	3678	9	186	603	2880
土木工程建筑业	6486	10	153	840	5483
建筑安装业	3204		29	334	2841
建筑装饰、装修和其他建筑业	8626		42	471	8113
批发和零售业	**82809**	**52**	**881**	**4604**	**77272**
批发业	39157	23	470	2732	35932
零售业	43652	29	411	1872	41340
交通运输、仓储和邮政业	**10708**	**7**	**63**	**944**	**9694**
道路运输业	7839	4	23	630	7182
水上运输业	11			2	9
航空运输业	87	1	4	17	65
管道运输业	5			3	2
多式联运和运输代理业	676			38	638
装卸搬运和仓储业	1693		22	189	1482
邮政业	397	2	14	65	316
住宿和餐饮业	**4311**	**6**	**78**	**971**	**3256**
住宿业	1910		40	508	1362
餐饮业	2401	6	38	463	1894
信息传输、软件和信息技术服务业	**8121**	**4**	**61**	**421**	**7635**
电信、广播电视和卫星传输服务	782	2	47	42	691
互联网和相关服务	1581		2	49	1530
软件和信息技术服务业	5758	2	12	330	5414

2-22 续表 2

行业大类	法人单位数(个)	大型	中型	小型	微型
金融业	**1681**	**120**	**26**	**77**	**1458**
货币金融服务	985	120	26	50	789
资本市场服务	118			5	113
保险业	438			19	419
其他金融业	140			3	137
房地产业	**10877**	**8**	**702**	**818**	**9349**
房地产业	10877	8	702	818	9349
租赁和商务服务业	**30842**	**4**	**29**	**1777**	**29032**
租赁业	4510		1	238	4271
商务服务业	26332	4	28	1539	24761
科学研究和技术服务业	**10894**	**19**	**95**	**1777**	**9003**
研究和试验发展	656	2	6	74	574
专业技术服务业	6715	16	80	1468	5151
科技推广和应用服务业	3523	1	9	235	3278
水利、环境和公共设施管理业	**2936**	**20**	**38**	**427**	**2451**
水利管理业	135		2	22	111
生态保护和环境治理业	377	1	4	59	313
公共设施管理业	2344	19	32	331	1962
土地管理业	80			15	65
居民服务、修理和其他服务业	**6644**	**13**	**23**	**695**	**5913**
居民服务业	2857	4	11	335	2507
机动车、电子产品和日用产品修理业	2948		1	228	2719
其他服务业	839	9	11	132	687
卫生和社会工作	**242**	**2**	**13**	**41**	**186**
卫生	41	2	13	23	3
社会工作	201			18	183
文化、体育和娱乐业	**5602**	**3**	**15**	**408**	**5176**
新闻和出版业	46		2	18	26
广播、电视、电影和录音制作业	806	1	4	114	687
文化艺术业	1173	1	5	97	1070
体育	538		2	64	472
娱乐业	3039	1	2	115	2921

2-23　按行业(大类)、单位规模分组的企业法人单位从业人员数

行业大类	从　业 人员数 (人)	大型	中型	小型	微型
总　计	**3284645**	**619826**	**639423**	**809232**	**702920**
农、林、牧、渔业	**20516**	**128**	**13790**	**3930**	**2668**
农业					
林业					
畜牧业					
渔业					
农、林、牧、渔专业及辅助性活动	20516	128	13790	3930	2668
采矿业	**257443**	**123718**	**68698**	**47295**	**17732**
煤炭开采和洗选业	193852	110909	51041	24702	7200
石油和天然气开采业	3974	2915		817	242
黑色金属矿采选业	18323	8365	4366	3928	1664
有色金属矿采选业	21603	1529	10567	7700	1807
非金属矿采选业	16112		666	9277	6169
开采专业及辅助性活动	3248		2058	796	394
其他采矿业	331			75	256
制造业	**669499**	**228637**	**149756**	**190828**	**100278**
农副食品加工业	52617	6802	8446	23453	13916
食品制造业	55486	27821	12623	10039	5003
酒、饮料和精制茶制造业	21296	1602	8556	6405	4733
烟草制品业	2656	1778	878		
纺织业	8891		2653	4055	2183
纺织服装、服饰业	15541	5459	2160	5453	2469
皮革、毛皮、羽毛及其制品和制鞋业	3136		1904	570	662
木材加工和木、竹、藤、棕、草制品业	7986			4722	3264
家具制造业	1973		400	637	936
造纸和纸制品业	5443		1996	2505	942
印刷和记录媒介复制业	4712		370	1976	2366
文教、工美、体育和娱乐用品制造业	2067			405	1662
石油、煤炭及其他燃料加工业	28013	10525	13375	2475	1638
化学原料和化学制品制造业	97614	39303	29928	18161	10222
医药制造业	24663	9593	6189	7676	1205
化学纤维制造业	141				141
橡胶和塑料制品业	10083		2298	4552	3233
非金属矿物制品业	63181		10139	32602	20440
黑色金属冶炼和压延加工业	91678	58165	15044	17616	853
有色金属冶炼和压延加工业	60408	30510	17260	11452	1186

2-23 续表 1

行业大类	从业人员数（人）	大型	中型	小型	微型
金属制品业	28781	14733	964	7287	5797
通用设备制造业	12496		2129	5426	4941
专用设备制造业	10592		1055	5914	3623
汽车制造业	10101	5004	1274	2965	858
铁路、船舶、航空航天和其他运输设备制造业	13341	10434	2011	822	74
电气机械和器材制造业	8124		1821	4077	2226
计算机、通信和其他电子设备制造业	15429	6908	3063	4644	814
仪器仪表制造业	467			213	254
其他制造业	878			350	528
废弃资源综合利用业	4160		1241	1972	947
金属制品、机械和设备修理业	7545		1979	2404	3162
电力、热力、燃气及水生产和供应业	**186101**	**85457**	**33778**	**49666**	**17200**
电力、热力生产和供应业	151803	77344	28540	33643	12276
燃气生产和供应业	12212	3333	1365	5465	2049
水的生产和供应业	22086	4780	3873	10558	2875
建筑业	**346616**	**49677**	**122023**	**91739**	**83177**
房屋建筑业	169365	37007	73110	41362	17886
土木工程建筑业	97279	12670	33213	29103	22293
建筑安装业	27298		5329	8464	13505
建筑装饰、装修和其他建筑业	52674		10371	12810	29493
批发和零售业	**378978**	**40717**	**75888**	**75349**	**187024**
批发业	173648	13299	29258	36834	94257
零售业	205330	27418	46630	38515	92767
交通运输、仓储和邮政业	**273959**	**24967**	**43983**	**59345**	**41640**
道路运输业	116129	19719	24617	42207	29586
水上运输业	125			67	58
航空运输业	6005	1805	2000	1859	341
管道运输业	145			138	7
多式联运和运输代理业	4101			1995	2106
装卸搬运和仓储业	21989		5107	8984	7898
邮政业	21441	3443	12259	4095	1644
住宿和餐饮业	**77878**	**4271**	**18037**	**40877**	**14693**
住宿业	35876		9513	19447	6916
餐饮业	42002	4271	8524	21430	7777
信息传输、软件和信息技术服务业	**73680**	**8013**	**33323**	**13047**	**19297**
电信、广播电视和卫星传输服务	41307	6082	29500	3202	2523
互联网和相关服务	5481		262	1414	3805
软件和信息技术服务业	26892	1931	3561	8431	12969

2-23　续表 2

行业大类	从　业 人员数 （人）	大型	中型	小型	微型
金融业	**382385**		**60**	**98**	**4406**
货币金融服务	103172		60		3245
资本市场服务	4205			35	242
保险业	274068				42
其他金融业	940			63	877
房地产业	**162477**	**8976**	**40544**	**27153**	**79748**
房地产业	162477	8976	40544	27153	79748
租赁和商务服务业	**226060**	**3627**	**8929**	**130355**	**83149**
租赁业	16968		156	5746	11066
商务服务业	209092	3627	8773	124609	72083
科学研究和技术服务业	**92687**	**13788**	**15763**	**42354**	**20782**
研究和试验发展	6600	2983	770	1721	1126
专业技术服务业	73496	10431	13629	35616	13820
科技推广和应用服务业	12591	374	1364	5017	5836
水利、环境和公共设施管理业	**36728**	**14508**	**5824**	**10950**	**5446**
水利管理业	1090		336	421	333
生态保护和环境治理业	3009	356	482	1612	559
公共设施管理业	32191	14152	5006	8644	4389
土地管理业	438			273	165
居民服务、修理和其他服务业	**45191**	**11543**	**3896**	**15645**	**14107**
居民服务业	16715	2077	1785	7511	5342
机动车、电子产品和日用产品修理业	11301		124	4118	7059
其他服务业	17175	9466	1987	4016	1706
卫生和社会工作	**15514**	**697**	**2277**	**1896**	**334**
卫生	14816	697	2277	1532	
社会工作	698			364	334
文化、体育和娱乐业	**23177**	**1102**	**2131**	**8705**	**11239**
新闻和出版业	838		322	443	73
广播、电视、电影和录音制作业	4828	400	488	2256	1684
文化艺术业	5357	361	584	2319	2093
体育	2677		378	1326	973
娱乐业	9477	341	359	2361	6416

2-24 按地区、营业收入组距分组的企业法人单位数

地区	法人单位数（个）	100万元及以下	100－200万元	200－500万元	500－1000万元	1000－2000万元	2000－5000万元	5000万元－1亿元	1亿元以上
总计	**232077**	**174046**	**15504**	**16931**	**7991**	**5798**	**5373**	**2590**	**3844**
呼和浩特市	36132	26253	2837	3003	1399	964	819	333	524
包头市	35390	25906	2441	2728	1357	1014	882	430	632
呼伦贝尔市	21138	16660	1201	1338	673	425	413	192	236
兴安盟	7641	6042	471	462	193	135	162	85	91
通辽市	18264	14327	1094	1176	509	353	375	185	245
赤峰市	31493	24062	2098	2344	1011	787	594	251	346
锡林郭勒盟	13696	10757	815	815	428	294	292	139	156
乌兰察布市	13790	10939	791	857	339	277	243	129	215
鄂尔多斯市	28833	20191	2122	2408	1150	836	859	440	827
巴彦淖尔市	11934	8845	725	827	421	331	351	190	244
乌海市	8188	5847	576	601	334	242	247	129	212
阿拉善盟	5578	4217	333	372	177	140	136	87	116

2-25 按地区、营业收入组距分组的企业法人单位从业人员数

地 区	从业人员数（人）	100万元及以下	100－200万元	200－500万元	500－1000万元	1000－2000万元	2000－5000万元	5000万元－1亿元	1亿元以上
总 计	**3284645**	**493413**	**129619**	**214139**	**163348**	**180629**	**247321**	**189330**	**1185014**
呼和浩特市	477339	83185	22766	36245	24796	27768	48879	34046	199654
包 头 市	481561	74605	21098	31856	31099	37077	39276	33387	213163
呼伦贝尔市	216520	45488	10801	18352	20033	13437	20506	10837	77066
兴 安 盟	74300	18551	4023	7171	4180	7770	7814	5763	19028
通 辽 市	193037	40522	10948	17050	12832	9121	17779	9816	74969
赤 峰 市	355864	59953	18207	31186	20160	27403	30334	25587	143034
锡林郭勒盟	129883	31768	6327	12592	7397	9463	10498	9424	42414
乌兰察布市	147681	30093	7692	11418	9266	9734	14533	8865	56080
鄂尔多斯市	409844	57972	13330	23622	16422	20841	31061	22394	224202
巴彦淖尔市	140820	25835	7715	12208	8494	9100	10195	14621	52652
乌 海 市	115625	14103	4003	8010	5622	5866	12518	7736	57767
阿 拉 善 盟	60339	11338	2709	4429	3047	3049	3928	6854	24985
不 分 地 区	481832								

注：表中“不分地区”是指从事金融、铁路部门的从业人员。

2-26 按行业(大类)、营业收入

行业大类	法人单位数（个）	100 万元及以下	100－200 万元
总 计	**232077**	**174046**	**15504**
农、林、牧、渔业	**1579**	**1347**	**78**
农业	30	30	
林业	14	14	
畜牧业	13	13	
渔业			
农、林、牧、渔专业及辅助性活动	1522	1290	78
采矿业	**3880**	**2511**	**155**
煤炭开采和洗选业	968	412	17
石油和天然气开采业	65	43	7
黑色金属矿采选业	604	454	20
有色金属矿采选业	414	308	7
非金属矿采选业	1613	1126	91
开采专业及辅助性活动	101	62	11
其他采矿业	115	106	2
制造业	**21831**	**14039**	**1536**
农副食品加工业	3274	2222	182
食品制造业	1116	794	66
酒、饮料和精制茶制造业	832	650	57
烟草制品业	NA		
纺织业	546	337	25
纺织服装、服饰业	543	384	37
皮革、毛皮、羽毛及其制品和制鞋业	163	121	8
木材加工和木、竹、藤、棕、草制品业	687	470	45
家具制造业	212	167	20
造纸和纸制品业	219	153	22
印刷和记录媒介复制业	564	366	77
文教、工美、体育和娱乐用品制造业	340	298	15
石油、煤炭及其他燃料加工业	403	253	15
化学原料和化学制品制造业	1579	994	75
医药制造业	232	119	12
化学纤维制造业	29	25	2
橡胶和塑料制品业	800	500	92
非金属矿物制品业	3986	2324	287
黑色金属冶炼和压延加工业	395	145	14
有色金属冶炼和压延加工业	398	182	13

组距分组的企业法人单位数

200－500 万元	500－1000 万元	1000－2000 万元	2000－5000 万元	5000 万元－1 亿元	1 亿元以上
16931	**7991**	**5798**	**5373**	**2590**	**3844**
70	**42**	**18**	**17**	**6**	**1**
70	42	18	17	6	1
220	**158**	**162**	**182**	**110**	**382**
31	29	39	65	69	306
3		3	3	3	3
24	15	24	34	10	23
10	10	12	19	11	37
141	98	75	56	16	10
8	5	7	4	1	3
3	1	2	1		
1907	**1159**	**984**	**939**	**441**	**826**
222	159	149	179	74	87
82	47	40	30	17	40
41	19	20	18	10	17
					2
50	37	32	41	13	11
45	30	17	16	8	6
20	7	1	3	2	1
70	47	22	26	7	
16	5	2	1		1
15	12	1	4	3	9
73	26	12	6	4	
13	7	3	3		1
28	14	16	20	9	48
110	77	56	75	54	138
11	11	21	13	13	32
2					
70	56	43	21	10	8
415	273	275	247	76	89
25	11	12	28	34	126
20	15	17	32	19	100

2-26 续表1

行业大类	法人单位数（个）	100万元及以下	100－200万元
金属制品业	1600	1090	138
通用设备制造业	1054	626	109
专用设备制造业	798	507	56
汽车制造业	183	106	8
铁路、船舶、航空航天和其他运输设备制造业	35	19	2
电气机械和器材制造业	467	268	38
计算机、通信和其他电子设备制造业	201	116	9
仪器仪表制造业	70	40	11
其他制造业	137	109	8
废弃资源综合利用业	263	196	6
金属制品、机械和设备修理业	703	458	87
电力、热力、燃气及水生产和供应业	**2881**	**1483**	**138**
电力、热力生产和供应业	2108	1110	88
燃气生产和供应业	227	91	16
水的生产和供应业	546	282	34
建筑业	**21994**	**15510**	**1921**
房屋建筑业	3678	2240	284
土木工程建筑业	6486	4293	580
建筑安装业	3204	2209	309
建筑装饰、装修和其他建筑业	8626	6768	748
批发和零售业	**82809**	**61391**	**5769**
批发业	39157	26547	2792
零售业	43652	34844	2977
交通运输、仓储和邮政业	**10742**	**7007**	**798**
铁路运输业	34	2	1
道路运输业	7839	5088	561
水上运输业	11	7	2
航空运输业	87	58	2
管道运输业	5	2	
多式联运和运输代理业	676	526	34
装卸搬运和仓储业	1693	1074	146
邮政业	397	250	52
住宿和餐饮业	**4311**	**3097**	**370**
住宿业	1910	1268	208
餐饮业	2401	1829	162
信息传输、软件和信息技术服务业	**8121**	**7032**	**412**
电信、广播电视和卫星传输服务	782	636	36
互联网和相关服务	1581	1455	52
软件和信息技术服务业	5758	4941	324

200－500 万元	500－1000 万元	1000－2000 万元	2000－5000 万元	5000 万元－1 亿元	1 亿元以上
144	87	60	47	19	15
140	64	58	36	12	9
95	46	40	27	16	11
21	8	8	4	7	21
	2		1	4	7
48	30	32	23	11	17
18	10	9	10	9	20
9	6	3	1		
12	1	3	2	1	1
15	12	8	14	6	6
77	40	24	11	3	3
163	**153**	**166**	**301**	**225**	**252**
95	80	102	247	181	205
17	17	16	23	14	33
51	56	48	31	30	14
2201	**664**	**489**	**551**	**311**	**347**
395	144	127	184	138	166
725	261	185	213	112	117
387	108	76	71	24	20
694	151	101	83	37	44
6063	**3292**	**2334**	**1972**	**888**	**1100**
3284	2053	1594	1420	642	825
2779	1239	740	552	246	275
1054	**621**	**464**	**447**	**168**	**183**
		4	1	2	24
770	477	358	353	133	99
	1	1			
6	4	4	5	3	5
		1			2
42	26	13	23	5	7
195	91	71	59	23	34
41	22	12	6	2	12
473	**171**	**104**	**74**	**14**	**8**
249	94	48	35	8	
224	77	56	39	6	8
328	**133**	**68**	**71**	**22**	**55**
17	10	14	20	7	42
37	13	6	11	3	4
274	110	48	40	12	9

2-26 续表 2

行业大类	法人单位数（个）		
		100 万元及以下	100－200 万元
金融业	**1689**	**766**	**84**
货币金融服务	985	514	57
资本市场服务	120	96	4
保险业	444	54	15
其他金融业	140	102	8
房地产业	**11552**	**8856**	**647**
房地产业	11552	8856	647
租赁和商务服务业	**30842**	**26210**	**1859**
租赁业	4510	3600	379
商务服务业	26332	22610	1480
科学研究和技术服务业	**10894**	**8345**	**805**
研究和试验发展	656	550	31
专业技术服务业	6715	4680	647
科技推广和应用服务业	3523	3115	127
水利、环境和公共设施管理业	**2936**	**2178**	**221**
水利管理业	135	85	15
生态保护和环境治理业	377	295	21
公共设施管理业	2344	1733	179
土地管理业	80	65	6
居民服务、修理和其他服务业	**6644**	**5832**	**353**
居民服务业	2857	2622	106
机动车、电子产品和日用产品修理业	2948	2527	184
其他服务业	839	683	63
教育	**2926**	**2705**	**116**
教育	2926	2705	116
卫生和社会工作	**844**	**568**	**55**
卫生	643	376	52
社会工作	201	192	3
文化、体育和娱乐业	**5602**	**5169**	**187**
新闻和出版业	46	29	5
广播、电视、电影和录音制作业	806	672	41
文化艺术业	1173	1075	51
体育	538	485	26
娱乐业	3039	2908	64

200－500 万元	500－1000 万元	1000－2000 万元	2000－5000 万元	5000 万元－1 亿元	1 亿元以上
98	**83**	**83**	**119**	**108**	**348**
64	19	28	56	43	204
8	4	2	1	1	4
19	51	48	58	62	137
7	9	5	4	2	3
712	**371**	**297**	**279**	**146**	**244**
712	371	297	279	146	244
1745	**452**	**253**	**185**	**80**	**58**
393	79	29	23	5	2
1352	373	224	162	75	56
951	**393**	**206**	**136**	**38**	**20**
33	19	9	10	3	1
760	315	161	109	28	15
158	59	36	17	7	4
299	**107**	**59**	**45**	**16**	**11**
27	4	2	2		
24	12	8	10	5	2
242	91	48	32	10	9
6		1	1	1	
306	**72**	**53**	**20**	**6**	**2**
77	23	19	6	3	1
174	30	21	10	2	
55	19	13	4	1	1
83	**9**	**11**	**2**		
83	9	11	2		
114	**56**	**27**	**18**	**4**	**2**
108	56	27	18	4	2
6					
144	**55**	**20**	**15**	**7**	**5**
5	2	1	2		2
44	21	12	7	6	3
29	12	3	3		
20	6		1		
46	14	4	2	1	

2-27 按行业(大类)、营业收入

行业大类	从业人员数（人）	100万元及以下	100－200万元
总　计	**3284645**	**493158**	**124769**
农、林、牧、渔业	**20516**	**3392**	**626**
农业			
林业			
畜牧业			
渔业			
农、林、牧、渔专业及辅助性活动	20516	3392	626
采矿业	**257443**	**11369**	**1614**
煤炭开采和洗选业	193852	5772	169
石油和天然气开采业	3974	119	58
黑色金属矿采选业	18323	767	368
有色金属矿采选业	21603	1568	90
非金属矿采选业	16112	2796	806
开采专业及辅助性活动	3248	162	88
其他采矿业	331	185	35
制造业	**670222**	**52478**	**19755**
农副食品加工业	52617	7122	1708
食品制造业	55486	2964	785
酒、饮料和精制茶制造业	21296	3025	995
烟草制品业	2656		
纺织业	8891	974	262
纺织服装、服饰业	15541	1465	464
皮革、毛皮、羽毛及其制品和制鞋业	3136	332	126
木材加工和木、竹、藤、棕、草制品业	7986	1557	616
家具制造业	1973	582	174
造纸和纸制品业	5443	455	310
印刷和记录媒介复制业	4712	1090	459
文教、工美、体育和娱乐用品制造业	2067	1250	126
石油、煤炭及其他燃料加工业	28013	1085	125
化学原料和化学制品制造业	97614	7259	916
医药制造业	24663	713	203
化学纤维制造业	141	71	12
橡胶和塑料制品业	10083	1340	687
非金属矿物制品业	63181	8480	3193
黑色金属冶炼和压延加工业	91678	461	102
有色金属冶炼和压延加工业	60408	612	148

组距分组的企业法人单位从业人员数

200－500 万元	500－1000 万元	1000－2000 万元	2000－5000 万元	5000 万元－1 亿元	1 亿元以上
211721	**154604**	**170195**	**247321**	**189330**	**1184876**
2589	**6831**	**4142**	**2325**	**483**	**128**
2589	6831	4142	2325	483	128
3078	**3034**	**6096**	**9254**	**9993**	**213005**
478	736	1113	2615	5526	177443
39		299	181	142	3136
401	249	587	1141	723	14087
147	307	534	2306	2147	14504
1948	1658	3309	2775	1175	1645
44	59	199	226	280	2190
21	25	55	10		
29165	**33513**	**41509**	**47002**	**40140**	**406660**
3332	2830	3791	7973	3776	22085
1871	1237	2854	1664	2608	41503
985	857	1569	2048	2111	9706
					2656
620	826	751	1436	1184	2838
795	1267	1393	1460	1416	7281
353	197	6	178	538	1406
940	1312	749	1863	949	
198	333	75	211		400
221	344	10	350	744	3009
957	461	430	470	845	
256	90	75	261		9
225	287	244	481	404	25162
1396	1843	1537	4080	4488	76095
170	226	1454	1163	1711	19023
58					
926	901	1057	1032	1228	2912
6201	4777	7343	9566	4845	18776
460	268	331	1414	3092	85550
396	286	610	2610	1808	53938

2-27 续表 1

行业大类	从业人员数（人）	100 万元及以下	100－200 万元
金属制品业	28781	2902	3901
通用设备制造业	12496	2244	814
专用设备制造业	10592	1684	619
汽车制造业	10101	525	43
铁路、船舶、航空航天和其他运输设备制造业	14064	48	1833
电气机械和器材制造业	8124	1231	320
计算机、通信和其他电子设备制造业	15429	538	59
仪器仪表制造业	467	80	59
其他制造业	878	342	37
废弃资源综合利用业	4160	598	72
金属制品、机械和设备修理业	7545	1449	587
电力、热力、燃气及水生产和供应业	**186101**	**9744**	**1980**
电力、热力生产和供应业	151803	6816	1340
燃气生产和供应业	12212	1424	159
水的生产和供应业	22086	1504	481
建筑业	**346616**	**43263**	**15076**
房屋建筑业	169365	7849	3030
土木工程建筑业	97279	11844	4010
建筑安装业	27298	6480	2530
建筑装饰、装修和其他建筑业	52674	17090	5506
批发和零售业	**378978**	**114764**	**25283**
批发业	173648	48168	11885
零售业	205330	66596	13398
交通运输、仓储和邮政业	**273959**	**20994**	**7281**
铁路运输业	104024	13	
道路运输业	116129	14332	4356
水上运输业	125	19	39
航空运输业	6005	276	17
管道运输业	145	7	
多式联运和运输代理业	4101	1234	261
装卸搬运和仓储业	21989	4005	1801
邮政业	21441	1108	807
住宿和餐饮业	**77878**	**13796**	**6225**
住宿业	35876	6359	3185
餐饮业	42002	7437	3040
信息传输、软件和信息技术服务业	**73680**	**17506**	**3215**
电信、广播电视和卫星传输服务	41307	2331	244
互联网和相关服务	5481	3536	480
软件和信息技术服务业	26892	11639	2491

200－500 万元	500－1000 万元	1000－2000 万元	2000－5000 万元	5000 万元－1 亿元	1 亿元以上
1455	9980	1472	2118	1587	5366
1358	1261	1579	1626	1360	2254
1007	807	1070	1688	1790	1927
2646	57	338	177	501	5814
	119	10434	1	388	1241
490	895	670	937	1152	2429
320	844	590	474	592	12012
67	73	134	54		
133	4	181	140	37	4
227	279	213	592	460	1719
1102	852	549	935	526	1545
3193	**5813**	**5812**	**11672**	**15119**	**132768**
1807	2817	3257	8108	9209	118449
167	417	492	720	1180	7653
1219	2579	2063	2844	4730	6666
26646	**12565**	**17574**	**32546**	**38129**	**160817**
6197	4126	7661	13528	20903	106071
7420	4528	5523	10841	13143	39970
5078	2030	1974	3178	1442	4586
7951	1881	2416	4999	2641	10190
34592	**26575**	**26544**	**34062**	**25663**	**91495**
17024	13926	15438	16618	11480	39109
17568	12649	11106	17444	14183	52386
13577	**12822**	**12389**	**24947**	**11970**	**65968**
8654	8397	8454	18263	9377	44296
	43	24			
215	237	290	609	556	3805
		20			118
466	339	248	748	173	632
3025	2778	2406	3484	1136	3354
1217	1028	947	1843	728	13763
14185	**10394**	**10206**	**13168**	**5239**	**4665**
6798	4941	4852	6539	3202	
7387	5453	5354	6629	2037	4665
4822	**2511**	**2566**	**3887**	**3201**	**35972**
1923	242	774	1912	683	33198
435	216	207	346	126	135
2464	2053	1585	1629	2392	2639

2-27 续表2

行业大类	从业人员数（人）	100万元及以下	100－200万元
金融业	**382385**	**2099**	**704**
货币金融服务	103172	1444	608
资本市场服务	4205	243	12
保险业	274068	24	
其他金融业	940	388	84
房地产业	**162477**	**51356**	**12818**
房地产业	162477	51356	12818
租赁和商务服务业	**226060**	**74287**	**17188**
租赁业	16968	8262	2458
商务服务业	209092	66025	14730
科学研究和技术服务业	**92687**	**24095**	**7310**
研究和试验发展	6600	1485	338
专业技术服务业	73496	16196	6051
科技推广和应用服务业	12591	6414	921
水利、环境和公共设施管理业	**36728**	**8300**	**2172**
水利管理业	1090	270	89
生态保护和环境治理业	3009	727	175
公共设施管理业	32191	7071	1861
土地管理业	438	232	47
居民服务、修理和其他服务业	**45191**	**18683**	**3515**
居民服务业	16715	8982	1297
机动车、电子产品和日用产品修理业	11301	7008	1167
其他服务业	17175	2693	1051
教育	**15033**	**9956**	**1860**
教育	15033	9956	1860
卫生和社会工作	**15514**	**2935**	**1092**
卫生	14816	2390	1046
社会工作	698	545	46
文化、体育和娱乐业	**23177**	**14396**	**1905**
新闻和出版业	838	117	78
广播、电视、电影和录音制作业	4828	2257	446
文化艺术业	5357	3125	555
体育	2677	1517	281
娱乐业	9477	7380	545

200－500万元	500－1000万元	1000－2000万元	2000－5000万元	5000万元－1亿元	1亿元以上
680	**217**	**402**	**273**	**86**	**103**
605	93	297	144	54	60
	15	2			5
				18	
75	109	103	129	14	38
21162	**15451**	**14467**	**20400**	**9005**	**17818**
21162	15451	14467	20400	9005	17818
27206	**12592**	**18105**	**22281**	**17646**	**36755**
3036	833	592	1387	50	350
24170	11759	17513	20894	17596	36405
13553	**10559**	**9301**	**14461**	**5426**	**7982**
342	390	235	3586	96	128
11570	9160	7803	10083	5171	7462
1641	1009	1263	792	159	392
5859	**3038**	**3602**	**3938**	**4306**	**5513**
478	28	202	23		
289	398	260	510	437	213
4998	2612	3128	3354	3867	5300
94		12	51	2	
5989	**2873**	**4561**	**3723**	**1511**	**4336**
1900	1095	1677	371	1383	10
1881	489	565	161	30	
2208	1289	2319	3191	98	4326
1856	**331**	**986**	**44**		
1856	331	986	44		
3563	**2611**	**1637**	**2115**	**1102**	**459**
3456	2611	1637	2115	1102	459
107					
2424	**1618**	**730**	**1223**	**311**	**570**
178	28	34	234		169
579	352	216	379	198	401
517	533	436	191		
528	299		52		
622	406	44	367	113	

2-28 按地区、资产总计组距分组的企业法人单位数

地 区	法人单位数（个）	50万元及以下	50－100万元	100－500万元	500－1000万元	1000－5000万元	5000万元－1亿元	1亿元以上
总 计	**232077**	**140479**	**18488**	**35684**	**11429**	**14537**	**3628**	**7832**
呼和浩特市	36132	21430	3046	6202	1778	2083	508	1085
包 头 市	35390	21016	2884	5869	1917	2172	494	1038
呼伦贝尔市	21138	13701	1574	2877	963	1175	292	556
兴 安 盟	7641	4605	643	1145	327	511	138	272
通 辽 市	18264	11694	1437	2544	748	1022	310	509
赤 峰 市	31493	19739	2576	4758	1495	1718	430	777
锡林郭勒盟	13696	8262	1098	1988	667	981	242	458
乌兰察布市	13790	8965	1030	1766	541	782	209	497
鄂尔多斯市	28833	15986	2361	4622	1654	2161	525	1524
巴彦淖尔市	11934	7278	854	1755	543	847	193	464
乌 海 市	8188	4715	632	1301	470	591	140	339
阿拉善盟	5578	3088	353	857	326	494	147	313

2-29 按地区、资产总计组距分组的企业法人单位从业人员数

地区	从业人员数（人）	50万元及以下	50－100万元	100－500万元	500－1000万元	1000－5000万元	5000万元－1亿元	1亿元以上
总计	**3284645**	**326815**	**102329**	**309823**	**175761**	**425565**	**163035**	**1299485**
呼和浩特市	477339	58836	16710	52457	27567	79537	30040	212192
包头市	481561	52371	15779	51412	43458	96180	21466	200895
呼伦贝尔市	216520	28763	8611	25418	12975	29881	11766	99106
兴安盟	74300	10969	3033	9790	3546	11948	5604	29410
通辽市	193037	27402	8160	26723	10206	24175	15334	81037
赤峰市	355864	41526	16008	44325	20045	45502	24342	164116
锡林郭勒盟	129883	17035	6143	14551	8115	22371	6254	55414
乌兰察布市	147681	18702	5854	15548	9895	22927	10921	63834
鄂尔多斯市	409844	36025	11314	36431	21175	46802	17391	240706
巴彦淖尔市	140820	17862	5723	17537	9146	23219	8789	58544
乌海市	115625	10541	3088	10347	6206	15416	7192	62835
阿拉善盟	60339	6783	1906	5284	3427	7607	3936	31396
不分地区	481832							

注：表中“不分地区”是指从事金融、铁路部门的从业人员。

2-30 按行业(大类)、资产总计组距

行业大类	法人单位数（个）	50万元及以下
总 计	**232077**	**140479**
农、林、牧、渔业	**1579**	**969**
农业	30	30
林业	14	14
畜牧业	13	13
渔业		
农、林、牧、渔专业及辅助性活动	1522	912
采矿业	**3880**	**1563**
煤炭开采和洗选业	968	266
石油和天然气开采业	65	19
黑色金属矿采选业	604	298
有色金属矿采选业	414	148
非金属矿采选业	1613	722
开采专业及辅助性活动	101	45
其他采矿业	115	65
制造业	**21831**	**9143**
农副食品加工业	3274	1435
食品制造业	1116	529
酒、饮料和精制茶制造业	832	370
烟草制品业	NA	
纺织业	546	225
纺织服装、服饰业	543	279
皮革、毛皮、羽毛及其制品和制鞋业	163	93
木材加工和木、竹、藤、棕、草制品业	687	317
家具制造业	212	121
造纸和纸制品业	219	104
印刷和记录媒介复制业	564	252
文教、工美、体育和娱乐用品制造业	340	225
石油、煤炭及其他燃料加工业	403	188
化学原料和化学制品制造业	1579	606
医药制造业	232	77
化学纤维制造业	29	13
橡胶和塑料制品业	800	316
非金属矿物制品业	3986	1460
黑色金属冶炼和压延加工业	395	97
有色金属冶炼和压延加工业	398	115

分组的企业法人单位数

50－100 万元	100－500 万元	500－1000 万元	1000－5000 万元	5000 万元－1 亿元	1 亿元以上
18488	**35684**	**11429**	**14537**	**3628**	**7832**
122	**269**	**81**	**89**	**21**	**28**
122	269	81	89	21	28
158	**523**	**311**	**549**	**186**	**590**
17	52	47	136	62	388
2	9	8	17	2	8
22	66	42	95	33	48
12	37	25	56	39	97
86	329	171	217	46	42
5	18	7	19	3	4
14	12	11	9	1	3
1591	**4302**	**1721**	**3045**	**751**	**1278**
234	618	272	474	111	130
76	193	87	126	31	74
61	150	67	97	29	58
					2
36	111	54	76	18	26
53	109	33	41	11	17
11	31	11	13	1	3
69	164	49	62	17	9
22	37	14	13	2	3
17	41	14	24	7	12
83	143	39	39	5	3
27	48	18	12	5	5
10	57	22	44	15	67
93	257	96	247	92	188
2	23	13	38	25	54
1	3	3	7	1	1
66	202	83	95	20	18
247	797	343	801	155	183
17	42	22	85	37	95
14	35	16	73	32	113

2-30 续表 1

行业大类	法人单位数（个）	50 万元及以下
金属制品业	1600	744
通用设备制造业	1054	348
专用设备制造业	798	313
汽车制造业	183	62
铁路、船舶、航空航天和其他运输设备制造业	35	12
电气机械和器材制造业	467	174
计算机、通信和其他电子设备制造业	201	75
仪器仪表制造业	70	27
其他制造业	137	88
废弃资源综合利用业	263	128
金属制品、机械和设备修理业	703	350
电力、热力、燃气及水生产和供应业	**2881**	**981**
电力、热力生产和供应业	2108	782
燃气生产和供应业	227	51
水的生产和供应业	546	148
建筑业	**21994**	**13130**
房屋建筑业	3678	1940
土木工程建筑业	6486	3595
建筑安装业	3204	1817
建筑装饰、装修和其他建筑业	8626	5778
批发和零售业	**82809**	**50443**
批发业	39157	21370
零售业	43652	29073
交通运输、仓储和邮政业	**10742**	**5720**
铁路运输业	34	
道路运输业	7839	4225
水上运输业	11	5
航空运输业	87	42
管道运输业	5	
多式联运和运输代理业	676	377
装卸搬运和仓储业	1693	823
邮政业	397	248
住宿和餐饮业	**4311**	**2509**
住宿业	1910	880
餐饮业	2401	1629
信息传输、软件和信息技术服务业	**8121**	**6288**
电信、广播电视和卫星传输服务	782	579
互联网和相关服务	1581	1289
软件和信息技术服务业	5758	4420

50－100万元	100－500万元	500－1000万元	1000－5000万元	5000万元－1亿元	1亿元以上
150	369	120	162	21	34
102	300	106	144	29	25
63	179	76	119	22	26
14	26	13	35	9	24
2	4	3	1	3	10
22	83	42	77	29	40
12	22	17	26	12	37
4	22	6	10	1	
11	23	4	8	2	1
9	43	20	44	4	15
63	170	58	52	5	5
84	**258**	**150**	**319**	**159**	**930**
46	166	101	186	87	740
6	26	18	43	20	63
32	66	31	90	52	127
1963	**3536**	**995**	**1456**	**388**	**526**
275	499	169	422	169	204
541	1056	360	544	143	247
317	617	185	205	35	28
830	1364	281	285	41	47
7446	**14477**	**4620**	**4265**	**764**	**794**
3339	7669	2873	2818	499	589
4107	6808	1747	1447	265	205
797	**2040**	**785**	**894**	**171**	**335**
	1		1		32
574	1530	618	638	88	166
	2	2	2		
3	6	4	7	4	21
			2	1	2
51	138	40	46	10	14
117	297	111	192	64	89
52	66	10	6	4	11
328	**697**	**285**	**366**	**66**	**60**
181	380	181	212	40	36
147	317	104	154	26	24
559	**772**	**186**	**194**	**33**	**89**
45	59	16	20	4	59
95	118	33	30	9	7
419	595	137	144	20	23

2-30 续表2

行业大类	法人单位数（个）	
		50万元及以下
金融业	**1689**	**344**
货币金融服务	985	172
资本市场服务	120	52
保险业	444	64
其他金融业	140	56
房地产业	**11552**	**6434**
房地产业	11552	6434
租赁和商务服务业	**30842**	**22356**
租赁业	4510	2956
商务服务业	26332	19400
科学研究和技术服务业	**10894**	**6787**
研究和试验发展	656	428
专业技术服务业	6715	3683
科技推广和应用服务业	3523	2676
水利、环境和公共设施管理业	**2936**	**1655**
水利管理业	135	66
生态保护和环境治理业	377	227
公共设施管理业	2344	1319
土地管理业	80	43
居民服务、修理和其他服务业	**6644**	**5019**
居民服务业	2857	2363
机动车、电子产品和日用产品修理业	2948	2057
其他服务业	839	599
教育	**2926**	**2318**
教育	2926	2318
卫生和社会工作	**844**	**447**
卫生	643	297
社会工作	201	150
文化、体育和娱乐业	**5602**	**4373**
新闻和出版业	46	20
广播、电视、电影和录音制作业	806	542
文化艺术业	1173	962
体育	538	418
娱乐业	3039	2431

50－100 万元	100－500 万元	500－1000 万元	1000－5000 万元	5000 万元－1 亿元	1 亿元以上
32	**136**	**101**	**370**	**149**	**557**
5	34	42	239	100	393
1	14	11	22	5	15
25	80	46	89	31	109
1	8	2	20	13	40
698	**1053**	**355**	**994**	**490**	**1528**
698	1053	355	994	490	1528
2235	**3668**	**756**	**880**	**204**	**743**
439	784	169	127	17	18
1796	2884	587	753	187	725
850	**1823**	**582**	**571**	**105**	**176**
38	98	26	36	12	18
631	1376	445	402	62	116
181	349	111	133	31	42
221	**485**	**159**	**215**	**69**	**132**
14	25	6	7	6	11
26	48	14	34	10	18
175	395	135	173	52	95
6	17	4	1	1	8
607	**722**	**140**	**132**	**17**	**7**
182	197	54	45	11	5
336	415	66	67	6	1
89	110	20	20		1
215	**303**	**47**	**36**	**3**	**4**
215	303	47	36	3	4
75	**169**	**60**	**62**	**18**	**13**
69	151	53	54	11	8
6	18	7	8	7	5
507	**451**	**95**	**100**	**34**	**42**
5	12	3	3	1	2
62	101	35	46	9	11
80	81	18	18	4	10
48	40	8	11	7	6
312	217	31	22	13	13

2-31 按行业(大类)、资产总计组距

行业大类	从业人员数（人）	50 万元及以下
总　计	**3284645**	**326815**
农、林、牧、渔业	**20516**	**1418**
农业		
林业		
畜牧业		
渔业		
农、林、牧、渔专业及辅助性活动	20516	1418
采矿业	**257443**	**3499**
煤炭开采和洗选业	193852	2007
石油和天然气开采业	3974	24
黑色金属矿采选业	18323	217
有色金属矿采选业	21603	128
非金属矿采选业	16112	1046
开采专业及辅助性活动	3248	44
其他采矿业	331	33
制造业	**670222**	**19118**
农副食品加工业	52617	2732
食品制造业	55486	1186
酒、饮料和精制茶制造业	21296	669
烟草制品业	2656	
纺织业	8891	455
纺织服装、服饰业	15541	872
皮革、毛皮、羽毛及其制品和制鞋业	3136	180
木材加工和木、竹、藤、棕、草制品业	7986	693
家具制造业	1973	691
造纸和纸制品业	5443	233
印刷和记录媒介复制业	4712	625
文教、工美、体育和娱乐用品制造业	2067	425
石油、煤炭及其他燃料加工业	28013	233
化学原料和化学制品制造业	97614	1206
医药制造业	24663	125
化学纤维制造业	141	25
橡胶和塑料制品业	10083	525
非金属矿物制品业	63181	2603
黑色金属冶炼和压延加工业	91678	125
有色金属冶炼和压延加工业	60408	117

分组的企业法人单位从业人员数

50－100万元	100－500万元	500－1000万元	1000－5000万元	5000万元－1亿元	1亿元以上
102329	**309823**	**175761**	**425565**	**163035**	**1299485**
446	**1413**	**747**	**2360**	**605**	**13527**
446	1413	747	2360	605	13527
751	**3726**	**4383**	**11799**	**8935**	**224350**
73	974	1385	3460	2596	183357
9	31	283	167	69	3391
66	316	365	1330	855	15174
59	174	111	1179	1918	18034
444	2042	2078	3904	3193	3405
51	108	115	1721	281	928
49	81	46	38	23	61
8377	**37730**	**28213**	**95101**	**39941**	**441742**
1136	4907	3460	11347	4190	24845
447	1830	1558	3121	2603	44741
445	1125	709	2622	2041	13685
					2656
172	942	586	2275	944	3517
339	1525	681	2137	1618	8369
112	249	213	261	115	2006
424	1822	817	1415	1509	1306
111	274	148	140	93	516
104	443	205	786	286	3386
338	1096	479	1190	320	664
123	414	549	181	98	277
62	258	263	634	460	26103
412	1730	1160	6177	5247	81682
5	218	202	1137	1370	21606
5	5	46	50	10	
274	1910	839	2304	1036	3195
1659	7968	4345	15722	5523	25361
57	558	466	4290	3704	82478
46	268	235	2969	2017	54756

2-31 续表 1

行业大类	从业人员数（人）	
		50 万元及以下
金属制品业	28781	1538
通用设备制造业	12496	866
专用设备制造业	10592	722
汽车制造业	10101	118
铁路、船舶、航空航天和其他运输设备制造业	14064	18
电气机械和器材制造业	8124	547
计算机、通信和其他电子设备制造业	15429	199
仪器仪表制造业	467	41
其他制造业	878	143
废弃资源综合利用业	4160	159
金属制品、机械和设备修理业	7545	1047
电力、热力、燃气及水生产和供应业	**186101**	**1849**
电力、热力生产和供应业	151803	1354
燃气生产和供应业	12212	69
水的生产和供应业	22086	426
建筑业	**346616**	**34763**
房屋建筑业	169365	5961
土木工程建筑业	97279	9265
建筑安装业	27298	5428
建筑装饰、装修和其他建筑业	52674	14109
批发和零售业	**378978**	**85146**
批发业	173648	33241
零售业	205330	51905
交通运输、仓储和邮政业	**273959**	**14263**
铁路运输业	104024	
道路运输业	116129	8829
水上运输业	125	30
航空运输业	6005	71
管道运输业	145	
多式联运和运输代理业	4101	772
装卸搬运和仓储业	21989	2741
邮政业	21441	1820
住宿和餐饮业	**77878**	**11287**
住宿业	35876	4292
餐饮业	42002	6995
信息传输、软件和信息技术服务业	**73680**	**14887**
电信、广播电视和卫星传输服务	41307	2129
互联网和相关服务	5481	2939
软件和信息技术服务业	26892	9819

50－100万元	100－500万元	500－1000万元	1000－5000万元	5000万元－1亿元	1亿元以上
608	2335	4300	12469	713	6818
434	2108	1129	3383	1450	3126
259	1134	759	3472	1227	3019
57	179	2585	901	794	5467
4	1825	37	10451	463	1266
84	455	349	1619	719	4351
92	125	391	836	171	13615
17	87	65	203	54	
58	190	51	395	41	
24	258	362	1063	152	2142
469	1492	1224	1551	973	789
397	**2525**	**2900**	**7967**	**5723**	**164740**
187	1355	2140	4736	2951	139080
18	250	130	947	643	10155
192	920	630	2284	2129	15505
13015	**28949**	**15383**	**56904**	**36294**	**161308**
2412	5571	4663	27210	23552	99996
3479	7655	4746	16681	8525	46928
2036	5102	2779	5135	2022	4796
5088	10621	3195	7878	2195	9588
25508	**69337**	**36435**	**63611**	**24033**	**74908**
11227	35085	18539	31038	9884	34634
14281	34252	17896	32573	14149	40274
6264	**21005**	**13973**	**28550**	**9346**	**76547**
					13
3188	13797	10123	22727	4778	52687
	5	28	62		
13	118	110	348	65	5280
			24	3	118
245	714	386	906	357	721
1810	4040	2466	3829	2068	5035
1008	2331	860	654	2075	12693
4378	**14370**	**8718**	**20296**	**5876**	**12953**
2121	6324	4749	9379	3264	5747
2257	8046	3969	10917	2612	7206
2791	**6168**	**3508**	**6349**	**2585**	**37392**
183	733	178	2193	375	35516
573	730	288	544	295	112
2035	4705	3042	3612	1915	1764

2-31 续表 2

行业大类	从业人员数（人）	
		50 万元及以下
金融业	**382385**	**528**
货币金融服务	103172	214
资本市场服务	4205	188
保险业	274068	20
其他金融业	940	106
房地产业	**162477**	**29849**
房地产业	162477	29849
租赁和商务服务业	**226060**	**54502**
租赁业	16968	6339
商务服务业	209092	48163
科学研究和技术服务业	**92687**	**15968**
研究和试验发展	6600	723
专业技术服务业	73496	10872
科技推广和应用服务业	12591	4373
水利、环境和公共设施管理业	**36728**	**5731**
水利管理业	1090	159
生态保护和环境治理业	3009	382
公共设施管理业	32191	5106
土地管理业	438	84
居民服务、修理和其他服务业	**45191**	**15243**
居民服务业	16715	7418
机动车、电子产品和日用产品修理业	11301	5153
其他服务业	17175	2672
教育	**15033**	**7138**
教育	15033	7138
卫生和社会工作	**15514**	**1679**
卫生	14816	1338
社会工作	698	341
文化、体育和娱乐业	**23177**	**9947**
新闻和出版业	838	68
广播、电视、电影和录音制作业	4828	1409
文化艺术业	5357	2290
体育	2677	1049
娱乐业	9477	5131

50－100 万元	100－500 万元	500－1000 万元	1000－5000 万元	5000 万元－1 亿元	1 亿元以上
72	**368**	**289**	**1420**	**650**	**1237**
69	235	242	1321	574	650
	11	6	5	8	59
	18		4		
3	104	41	90	68	528
10828	**29136**	**10954**	**36548**	**10035**	**35127**
10828	29136	10954	36548	10035	35127
14061	**50422**	**29563**	**50426**	**6304**	**20782**
1880	4271	1561	2372	218	327
12181	46151	28002	48054	6086	20455
4806	**17989**	**10809**	**17871**	**5209**	**20035**
183	626	251	873	576	3368
3890	15198	9345	14667	4160	15364
733	2165	1213	2331	473	1303
1412	**5062**	**1448**	**8176**	**4152**	**10747**
74	166	58	261	228	144
197	656	65	642	132	935
1111	4107	1268	7261	3790	9548
30	133	57	12	2	120
4100	**9912**	**4106**	**10334**	**378**	**1118**
1327	3197	2005	1899	336	533
1509	2794	739	1062	42	2
1264	3921	1362	7373		583
1576	**3597**	**967**	**1084**	**170**	**501**
1576	3597	967	1084	170	501
1055	**4073**	**2186**	**4120**	**1714**	**687**
1013	3987	2157	4029	1659	633
42	86	29	91	55	54
2492	**4041**	**1179**	**2649**	**1085**	**1784**
31	249	36	247	38	169
473	948	503	684	569	242
459	1284	240	818	61	205
310	364	100	238	204	412
1219	1196	300	662	213	756

2-32 按行业(大类)、地区分组的

行业大类	法人单位数(个)	呼和浩特市	包头市	呼伦贝尔市	兴安盟
总 计	**4759**	**682**	**574**	**632**	**200**
农、林、牧、渔业	**84**	**1**	**1**	**46**	**4**
农业	23			21	2
林业	13			13	
畜牧业	NA				
渔业					
农、林、牧、渔专业及辅助性活动	47	1	1	12	2
采矿业	**153**	**2**	**10**	**15**	
煤炭开采和洗选业	92	2	3	6	
石油和天然气开采业	NA				
黑色金属矿采选业	12		5	1	
有色金属矿采选业	31		1	6	
非金属矿采选业	13		1	2	
开采专业及辅助性活动	NA				
其他采矿业	NA				
制造业	**373**	**54**	**93**	**37**	**7**
农副食品加工业	13	2		4	2
食品制造业	18	2	1	1	
酒、饮料和精制茶制造业	16	2	2	2	1
烟草制品业	NA	1			1
纺织业	4	1		1	
纺织服装、服饰业	7	3	1	1	
皮革、毛皮、羽毛及其制品和制鞋业					
木材加工和木、竹、藤、棕、草制品业	8			5	
家具制造业					
造纸和纸制品业	4	1	1	1	
印刷和记录媒介复制业	19	6	2	4	
文教、工美、体育和娱乐用品制造业	4	1			
石油、煤炭及其他燃料加工业	15	1		1	
化学原料和化学制品制造业	35	1	6	3	
医药制造业	7	3		1	
化学纤维制造业					
橡胶和塑料制品业	6	3	2	1	
非金属矿物制品业	54	5	8	6	1
黑色金属冶炼和压延加工业	12		7	1	
有色金属冶炼和压延加工业	41	4	11	1	2

国有控股企业法人单位数

通辽市	赤峰市	锡林郭勒盟	乌兰察布市	鄂尔多斯市	巴彦淖尔市	乌海市	阿拉善盟
354	**414**	**386**	**311**	**589**	**278**	**128**	**211**
2	**15**	**4**	**1**	**5**	**4**	**1**	
		1					
2	15	3	1	5	4	1	
8	**14**	**32**	**1**	**53**	**6**	**5**	**7**
2	2	19		51	1	5	1
1		1			1		
	3	1			2		
	9	8	1		2		4
5		2		1			2
				1			
		1					
24	**29**	**22**	**19**	**43**	**22**	**11**	**12**
	1	2	1		1		
	3	3	1	2	3	1	1
	3	2	1	1	1		1
1	1						
1					1		
1	1				1		
					1		
		2	2	2	1		
1	1				1		
2		1		4	3	2	1
	2	2	3	10		2	6
	2			1			
9	6	4	2	5	2	4	2
			2			1	1
7	7	2		3	4		

2-32 续表1

行业大类	法人单位数（个）	呼和浩特市	包头市	呼伦贝尔市	兴安盟
金属制品业	12	1	9	1	
通用设备制造业	15	4	8		
专用设备制造业	15	1	8	1	
汽车制造业	13	1	6		
铁路、船舶、航空航天和其他运输设备制造业	9	2	6		
电气机械和器材制造业	12	3	5	1	
计算机、通信和其他电子设备制造业	8	4	2		
仪器仪表制造业					
其他制造业					
废弃资源综合利用业	7		3		
金属制品、机械和设备修理业	17	2	5	1	
电力、热力、燃气及水生产和供应业	**656**	**45**	**53**	**74**	**37**
电力、热力生产和供应业	458	33	40	47	27
燃气生产和供应业	15	2	2	1	
水的生产和供应业	183	10	11	26	10
建筑业	**225**	**35**	**31**	**27**	**7**
房屋建筑业	41	9	7	7	2
土木工程建筑业	135	16	19	13	5
建筑安装业	27	7	2	3	
建筑装饰、装修和其他建筑业	22	3	3	4	
批发和零售业	**500**	**70**	**67**	**81**	**28**
批发业	298	38	42	48	20
零售业	202	32	25	33	8
交通运输、仓储和邮政业	**404**	**57**	**30**	**71**	**19**
铁路运输业	31	14	1	2	
道路运输业	113	13	16	17	7
水上运输业					
航空运输业	31	4	2	4	1
管道运输业	NA				
多式联运和运输代理业	27	3	5	6	
装卸搬运和仓储业	171	16	5	40	10
邮政业	30	7	1	2	1
住宿和餐饮业	**119**	**19**	**9**	**34**	**4**
住宿业	86	16	5	27	4
餐饮业	33	3	4	7	
信息传输、软件和信息技术服务业	**122**	**33**	**11**	**14**	**5**
电信、广播电视和卫星传输服务	81	14	7	11	5
互联网和相关服务	15	5	1	2	
软件和信息技术服务业	26	14	3	1	

通辽市	赤峰市	锡林郭勒盟	乌兰察布市	鄂尔多斯市	巴彦淖尔市	乌海市	阿拉善盟
			1				
			3				
1				3	1		
				5		1	
			1				
	1	2					
		1		1			
1	1			1	1		
		1	2	5	1		
59	**62**	**89**	**80**	**64**	**56**	**17**	**20**
41	41	67	63	40	36	10	13
	2	1	1	3	2	1	
18	19	21	16	21	18	6	7
17	**13**	**12**	**15**	**41**	**15**	**2**	**10**
	1		2	7	4		2
14	8	9	6	27	10	1	7
2	2	3	1	4	1	1	1
1	2		6	3			
24	**34**	**38**	**27**	**66**	**27**	**19**	**19**
16	19	20	14	46	16	9	10
8	15	18	13	20	11	10	9
43	**40**	**24**	**33**	**50**	**17**	**9**	**11**
4		4		5	1		
7	12		9	19	5	2	6
4	1	5	4	3	1	1	1
				1			
	2	1	4	3		2	1
26	22	10	14	16	7	3	2
2	3	4	2	3	3	1	1
5	**12**	**9**	**8**	**9**	**3**		**7**
5	12	5	3	3	2		4
		4	5	6	1		3
9	**8**	**6**	**8**	**10**	**6**	**7**	**5**
5	7	5	6	6	5	6	4
3				3			1
1	1	1	2	1	1	1	

2-32 续表2

行业大类	法人单位数（个）	呼和浩特市	包头市	呼伦贝尔市	兴安盟
金融业	**409**	**86**	**45**	**38**	**23**
货币金融服务	159	35	21	15	6
资本市场服务	14	7	2	1	
保险业	207	39	20	18	15
其他金融业	29	5	2	4	2
房地产业	**236**	**46**	**51**	**27**	**12**
房地产业	236	46	51	27	12
租赁和商务服务业	**753**	**94**	**81**	**74**	**29**
租赁业	37	6	1	3	
商务服务业	716	88	80	71	29
科学研究和技术服务业	**345**	**82**	**41**	**37**	**13**
研究和试验发展	14	3	5		
专业技术服务业	276	63	30	34	13
科技推广和应用服务业	55	16	6	3	
水利、环境和公共设施管理业	**181**	**23**	**21**	**21**	**8**
水利管理业	18	3	1		1
生态保护和环境治理业	22	3	3	3	
公共设施管理业	126	13	14	18	7
土地管理业	15	4	3		
居民服务、修理和其他服务业	**39**	**3**	**9**	**6**	
居民服务业	24	3	4	5	
机动车、电子产品和日用产品修理业	8		2	1	
其他服务业	7		3		
教育	**41**	**9**	**4**	**9**	
教育	41	9	4	9	
卫生和社会工作	**21**		**2**	**11**	**3**
卫生	20		2	11	3
社会工作	NA				
文化、体育和娱乐业	**98**	**23**	**15**	**10**	**1**
新闻和出版业	15	9	1	2	
广播、电视、电影和录音制作业	32	6	2	4	1
文化艺术业	21	6	3	1	
体育	14	1	4	3	
娱乐业	16	1	5		

通辽市	赤峰市	锡林郭勒盟	乌兰察布市	鄂尔多斯市	巴彦淖尔市	乌海市	阿拉善盟
27	**35**	**22**	**28**	**43**	**28**	**18**	**16**
7	10	9	10	22	7	8	9
2					2		
17	21	10	14	20	17	10	6
1	4	3	4	1	2		1
16	**15**	**11**	**12**	**25**	**9**	**5**	**7**
16	15	11	12	25	9	5	7
65	**75**	**64**	**47**	**114**	**48**	**11**	**51**
6	3	1	2	9	2	1	3
59	72	63	45	105	46	10	48
28	**32**	**25**	**12**	**31**	**16**	**8**	**20**
3		1				2	
18	28	21	11	24	13	5	16
7	4	3	1	7	3	1	4
9	**20**	**13**	**11**	**14**	**16**	**12**	**13**
1	2	1	1		2	3	3
		2	2	6	1	2	
8	16	9	6	8	12	6	9
	2	1	2		1	1	1
8	**1**		**1**	**5**	**2**	**1**	**3**
6	1			3	1		1
1			1	1			2
1				1	1	1	
2	**1**	**7**	**1**	**4**	**1**		**3**
2	1	7	1	4	1		3
		2	**1**				**2**
		2	1				1
							1
8	**8**	**6**	**6**	**12**	**2**	**2**	**5**
	1			2			
1	6	5	1	4	1	1	
3			3	1	1		3
3				1			2
1	1	1	2	4		1	

2-33 按行业(大类)、地区分组的国有

行业大类	从业人员数(人)	呼和浩特市	包头市	呼伦贝尔市	兴安盟
总 计	**705552**	**119090**	**146765**	**73984**	**15590**
农、林、牧、渔业	**12433**		**6**	**9221**	**1571**
农业					
林业					
畜牧业					
渔业					
农、林、牧、渔专业及辅助性活动	12433		6	9221	1571
采矿业	**136083**	**1**	**10831**	**21353**	
煤炭开采和洗选业	112989	1	1875	19179	
石油和天然气开采业	3167				
黑色金属矿采选业	9874		8086	11	
有色金属矿采选业	8529		870	2138	
非金属矿采选业	767			25	
开采专业及辅助性活动	755				
其他采矿业	2				
制造业	**172972**	**19160**	**77068**	**5071**	**1629**
农副食品加工业	743	47		288	153
食品制造业	5253	1102	5	114	
酒、饮料和精制茶制造业	5501	365	1224	263	231
烟草制品业	2656	1778			878
纺织业	113	68		11	
纺织服装、服饰业	1758	573	325	359	
皮革、毛皮、羽毛及其制品和制鞋业					
木材加工和木、竹、藤、棕、草制品业	126			29	
家具制造业					
造纸和纸制品业	1710	397	250	957	
印刷和记录媒介复制业	1126	720	6	116	
文教、工美、体育和娱乐用品制造业	36	2			
石油、煤炭及其他燃料加工业	10565	1905		21	
化学原料和化学制品制造业	24794	884	3630	1255	
医药制造业	1886	924		117	
化学纤维制造业					
橡胶和塑料制品业	526	166	353	7	
非金属矿物制品业	7001	634	1060	64	352
黑色金属冶炼和压延加工业	31445		29401	96	
有色金属冶炼和压延加工业	30920	1575	8952	867	15

注:表中不包含从事金融、铁路部门的从业人员。

控股企业法人单位从业人员数

通辽市	赤峰市	锡林郭勒盟	乌兰察布市	鄂尔多斯市	巴彦淖尔市	乌海市	阿拉善盟
36851	**68517**	**41775**	**28612**	**110934**	**27068**	**23536**	**12830**
87	**547**	**70**	**3**	**13**	**908**	**7**	
87	547	70	3	13	908	7	
5179	**21575**	**15915**	**57**	**53066**	**934**	**6884**	**288**
4638	16882	11188		52307	5	6884	30
138		2915			114		
	1216	2			559		
	3477	1712	57		256		19
403		96		4			239
				755			
		2					
7202	**16416**	**5827**	**6025**	**16268**	**4777**	**7666**	**5863**
	18	27	210				
	1211	457	442	16	598	1	1307
	1559	1016	303	30	495		15
27	7						
7					494		
20	1				76		
					106		
		10	145	60	69		
17	15				2		
55		9		4504	1725	2340	6
	1335	1450	2367	7073		2667	4133
	842			3			
1744	383	241	710	225	202	1124	262
			508			1300	140
5326	10440	2330		438	977		

2-33 续表 1

行业大类	从业人员数（人）	呼和浩特市	包头市	呼伦贝尔市	兴安盟
金属制品业	12898		12735	163	
通用设备制造业	1259	293	896		
专用设备制造业	1962	30	1343	336	
汽车制造业	5861		4173		
铁路、船舶、航空航天和其他运输设备制造业	12964	1809	11148		
电气机械和器材制造业	1387	373	140	1	
计算机、通信和其他电子设备制造业	7686	5462	131		
仪器仪表制造业					
其他制造业					
废弃资源综合利用业	540		520		
金属制品、机械和设备修理业	2256	53	776	7	
电力、热力、燃气及水生产和供应业	**141492**	**20513**	**16628**	**18584**	**4225**
电力、热力生产和供应业	122195	16644	13317	17269	3646
燃气生产和供应业	2849	155	501	21	
水的生产和供应业	16448	3714	2810	1294	579
建筑业	**36727**	**11463**	**11361**	**2465**	**1166**
房屋建筑业	12218	4134	5387	1737	584
土木工程建筑业	22303	6953	5958	691	582
建筑安装业	1676	339	10	16	
建筑装饰、装修和其他建筑业	530	37	6	21	
批发和零售业	**35948**	**8782**	**3658**	**3945**	**1634**
批发业	18352	6437	1228	2025	875
零售业	17596	2345	2430	1920	759
交通运输、仓储和邮政业	**64168**	**30541**	**9430**	**3682**	**1659**
铁路运输业	13				
道路运输业	38414	24774	6807	406	829
水上运输业					
航空运输业	5582	2753	415	466	2
管道运输业	84				
多式联运和运输代理业	1074	269	108	246	
装卸搬运和仓储业	5701	424	926	987	103
邮政业	13300	2321	1174	1577	725
住宿和餐饮业	**8180**	**1985**	**1566**	**1266**	**254**
住宿业	5639	1858	535	1077	254
餐饮业	2541	127	1031	189	
信息传输、软件和信息技术服务业	**28002**	**9717**	**2129**	**3828**	**718**
电信、广播电视和卫星传输服务	25464	7465	2068	3807	718
互联网和相关服务	239	52	1	7	
软件和信息技术服务业	2299	2200	60	14	

通辽市	赤峰市	锡林郭勒盟	乌兰察布市	鄂尔多斯市	巴彦淖尔市	乌海市	阿拉善盟
			70				
5				245	3		
				1454		234	
			7				
	605	268					
		7		2086			
1				18	1		
		12	1263	116	29		
11610	**13311**	**10667**	**13321**	**16768**	**7929**	**5804**	**2132**
10269	10141	9657	12204	15250	7101	4906	1791
	1526	10	100	78	187	271	
1341	1644	1000	1017	1440	641	627	341
1952	**451**	**156**	**792**	**5482**	**810**	**17**	**612**
			16	314	29		17
934	143	96	638	5126	580	7	595
720	296	60		24	201	10	
298	12		138	18			
2574	**3302**	**2047**	**2045**	**3811**	**2366**	**808**	**976**
751	1278	565	686	2434	1615	219	239
1823	2024	1482	1359	1377	751	589	737
4079	**4674**	**1298**	**2994**	**3046**	**1537**	**763**	**465**
		13					
1508	1889		1108	698	273	11	111
299	204	255	190	642	91	147	118
				84			
	72	97	146	33		99	4
1121	640	165	370	535	319	83	28
1151	1869	768	1180	1054	854	423	204
325	**951**	**425**	**213**	**455**	**304**		**436**
325	951	185	20	24	63		347
		240	193	431	241		89
1262	**1762**	**1944**	**1075**	**3407**	**1060**	**651**	**449**
1244	1762	1942	1059	3243	1060	647	449
18				161			
		2	16	3		4	

2-33 续表 2

行业大类	从业人员数（人）				
		呼和浩特市	包头市	呼伦贝尔市	兴安盟
金融业	**452**	**123**	**20**	**27**	**33**
货币金融服务	132	11	11	5	
资本市场服务	26				
保险业	18				
其他金融业	276	112	9	22	33
房地产业	**10561**	**2379**	**3478**	**941**	**334**
房地产业	10561	2379	3478	941	334
租赁和商务服务业	**23061**	**4190**	**4619**	**1754**	**218**
租赁业	342	85	29	18	
商务服务业	22719	4105	4590	1736	218
科学研究和技术服务业	**19955**	**7838**	**2901**	**775**	**466**
研究和试验发展	750	146	583		
专业技术服务业	18635	7386	2293	763	466
科技推广和应用服务业	570	306	25	12	
水利、环境和公共设施管理业	**10671**	**906**	**2265**	**515**	**1612**
水利管理业	357	193	1		7
生态保护和环境治理业	686	101	10	40	
公共设施管理业	9468	511	2230	475	1605
土地管理业	160	101	24		
居民服务、修理和其他服务业	**858**	**157**	**393**	**37**	
居民服务业	534	157	164	37	
机动车、电子产品和日用产品修理业	73		12		
其他服务业	251		217		
教育	**793**	**333**	**18**	**97**	
教育	793	333	18	97	
卫生和社会工作	**607**		**139**	**326**	**60**
卫生	605		139	326	60
社会工作	2				
文化、体育和娱乐业	**2589**	**1002**	**255**	**97**	**11**
新闻和出版业	616	356	17	37	
广播、电视、电影和录音制作业	614	136	42	30	11
文化艺术业	790	497	103	10	
体育	89	13	36	20	
娱乐业	480		57		

通辽市	赤峰市	锡林郭勒盟	乌兰察布市	鄂尔多斯市	巴彦淖尔市	乌海市	阿拉善盟
18	**20**	**13**	**14**	**114**	**47**		**23**
				93			12
15					11		
				18			
3	20	13	14	3	36		11
197	**1133**	**281**	**211**	**1369**	**79**	**64**	**95**
197	1133	281	211	1369	79	64	95
1420	**1054**	**1615**	**1116**	**2223**	**3942**	**237**	**673**
18	3	6	18	51	18	6	90
1402	1051	1609	1098	2172	3924	231	583
628	**1156**	**874**	**363**	**3694**	**419**	**411**	**430**
12		8				1	
608	1130	857	360	3570	383	409	410
8	26	9	3	124	36	1	20
172	**1818**	**314**	**55**	**631**	**1914**	**200**	**269**
10	21	14	8		86	3	14
		30		445	31	29	
162	1796	270	39	186	1785	156	253
	1		8		12	12	2
110	**13**		**3**	**76**		**14**	**55**
104	13			58			1
1			3	3			54
5				15		14	
1	**2**	**203**		**97**			**42**
1	2	203		97			42
		74	**5**				**3**
		74	5				1
							2
35	**332**	**52**	**320**	**414**	**42**	**10**	**19**
	10			196			
8	272	49		48	9	9	
14			6	115	33		12
12				1			7
1	50	3	314	54		1	

2-34 按行业(大类)、地区分组的

行业大类	法人单位数(个)	呼和浩特市	包头市	呼伦贝尔市	兴安盟
总　计	**224440**	**34815**	**34219**	**20497**	**7419**
农、林、牧、渔业	**1494**	**100**	**115**	**156**	**54**
农业	30			23	3
林业	14			14	
畜牧业	13	2		6	
渔业					
农、林、牧、渔专业及辅助性活动	1437	98	115	113	51
采矿业	**3730**	**86**	**347**	**223**	**101**
煤炭开采和洗选业	853	14	99	18	3
石油和天然气开采业	64			1	1
黑色金属矿采选业	593	6	133	16	8
有色金属矿采选业	395	6	9	32	8
非金属矿采选业	1611	54	96	139	77
开采专业及辅助性活动	99	2	1	1	1
其他采矿业	115	4	9	16	3
制造业	**21469**	**2137**	**3385**	**1757**	**739**
农副食品加工业	3252	295	199	382	186
食品制造业	1084	167	101	103	31
酒、饮料和精制茶制造业	815	79	49	148	48
烟草制品业					
纺织业	541	76	41	11	9
纺织服装、服饰业	536	88	39	31	12
皮革、毛皮、羽毛及其制品和制鞋业	161	10	12	6	2
木材加工和木、竹、藤、棕、草制品业	687	35	30	261	17
家具制造业	211	24	45	22	9
造纸和纸制品业	215	41	29	12	3
印刷和记录媒介复制业	563	94	97	25	21
文教、工美、体育和娱乐用品制造业	340	34	34	31	21
石油、煤炭及其他燃料加工业	372	12	50	20	9
化学原料和化学制品制造业	1501	96	168	97	61
医药制造业	218	36	18	6	11
化学纤维制造业	29	2	4	3	1
橡胶和塑料制品业	796	70	97	69	33
非金属矿物制品业	3964	315	415	251	114
黑色金属冶炼和压延加工业	359	11	116	7	2
有色金属冶炼和压延加工业	355	22	153	4	6

小微企业法人单位数

通辽市	赤峰市	锡林郭勒盟	乌兰察布市	鄂尔多斯市	巴彦淖尔市	乌海市	阿拉善盟
17509	**30561**	**13378**	**13270**	**27826**	**11564**	**7955**	**5427**
261	**313**	**51**	**67**	**255**	**104**	**9**	**9**
			1	1		2	
1	1	2		1			
260	312	49	66	253	104	7	9
210	**782**	**389**	**259**	**639**	**162**	**122**	**410**
22	19	48	8	391	39	96	96
2	3	41		11	2	1	2
11	151	56	77	6	55	2	72
5	215	42	22	2	18		36
165	371	157	135	162	43	21	191
2	5	18		61	3	1	4
3	18	27	17	6	2	1	9
1831	**3398**	**1623**	**1868**	**2132**	**1529**	**467**	**603**
327	568	357	320	150	423	13	32
91	169	85	98	104	108	12	15
74	166	45	45	84	37	23	17
14	57	92	46	110	69	4	12
43	75	63	71	86	14	7	7
10	18	18	48	16	18		3
55	119	65	21	38	41	4	1
19	27	14	20	12	11	8	
19	41	17	16	13	18	6	
58	127	17	31	50	28	8	7
35	57	35	20	29	20	4	20
38	22	24	35	91	14	17	40
118	221	105	107	195	126	85	122
26	51	8	14	18	15	4	11
2	10		1	1	2		3
74	156	47	88	65	69	18	10
348	725	291	504	471	211	107	212
13	13	13	96	16	50	13	9
51	43	13	14	20	20	2	7

2-34 续表1

行业大类	法人单位数（个）	呼和浩特市	包头市	呼伦贝尔市	兴安盟
金属制品业	1595	184	342	114	49
通用设备制造业	1049	109	536	38	17
专用设备制造业	795	73	190	38	25
汽车制造业	178	17	70	4	4
铁路、船舶、航空航天和其他运输设备制造业	30		14	2	1
电气机械和器材制造业	463	91	144	13	19
计算机、通信和其他电子设备制造业	192	38	73	3	4
仪器仪表制造业	70	15	31	1	3
其他制造业	137	17	21	15	2
废弃资源综合利用业	261	17	34	13	5
金属制品、机械和设备修理业	700	69	233	27	14
电力、热力、燃气及水生产和供应业	**2797**	**194**	**300**	**220**	**131**
电力、热力生产和供应业	2039	146	204	161	96
燃气生产和供应业	223	13	37	5	10
水的生产和供应业	535	35	59	54	25
建筑业	**21565**	**3082**	**2145**	**1880**	**859**
房屋建筑业	3483	504	241	309	130
土木工程建筑业	6323	638	435	407	211
建筑安装业	3175	589	341	274	130
建筑装饰、装修和其他建筑业	8584	1351	1128	890	388
批发和零售业	**81876**	**11667**	**14884**	**7594**	**2363**
批发业	38664	4232	8579	4510	1010
零售业	43212	7435	6305	3084	1353
交通运输、仓储和邮政业	**10638**	**1233**	**1498**	**1149**	**342**
道路运输业					
水上运输业	7812	917	1203	667	251
航空运输业	11		2	2	4
管道运输业	82	12	6	16	2
多式联运和运输代理业	5		1		
装卸搬运和仓储业	676	63	82	144	3
邮政业	1671	162	181	277	59
住宿和餐饮业	**381**	**79**	**23**	**43**	**23**
住宿业	4227	643	567	539	185
餐饮业	1870	213	185	315	71
信息传输、软件和信息技术服务业	**2357**	**430**	**382**	**224**	**114**
电信、广播电视和卫星传输服务	8056	2199	1267	700	194
互联网和相关服务	733	94	66	122	41
软件和信息技术服务业	1579	275	200	200	36

通辽市	赤峰市	锡林郭勒盟	乌兰察布市	鄂尔多斯市	巴彦淖尔市	乌海市	阿拉善盟
173	250	129	102	110	84	34	24
53	99	31	31	65	28	34	8
55	148	40	30	115	50	20	11
9	16	3	8	35	6	4	2
1	3		3	3	1		2
44	48	22	22	26	15	13	6
5	28	11	6	16	3	1	4
3	7	3		2	3		2
6	28	16	10	15	5	2	
25	56	7	39	31	20	6	8
42	50	52	22	145	20	18	8
313	**401**	**239**	**278**	**354**	**213**	**40**	**114**
239	322	194	236	178	160	21	82
21	21	11	8	67	14	6	10
53	58	34	34	109	39	13	22
1856	**3435**	**908**	**1179**	**3770**	**1143**	**683**	**625**
265	804	190	158	558	163	68	93
525	1156	237	329	1629	350	149	257
302	343	137	194	478	180	115	92
764	1132	344	498	1105	450	351	183
6106	**10319**	**5123**	**4557**	**9612**	**4374**	**3700**	**1577**
2261	4348	2351	1613	4835	2042	1951	932
3845	5971	2772	2944	4777	2332	1749	645
803	**1207**	**676**	**690**	**1523**	**553**	**570**	**394**
554	961	407	490	1201	431	442	288
						2	1
7	9	7	9	6	2	2	4
	1			3			
25	50	165	29	47	20	22	26
191	141	70	134	225	78	90	63
26	**45**	**27**	**28**	**41**	**22**	**12**	**12**
258	511	304	419	438	144	115	104
112	236	179	210	179	55	55	60
146	**275**	**125**	**209**	**259**	**89**	**60**	**44**
606	1187	352	316	534	339	255	107
74	131	60	32	27	58	15	13
164	161	91	90	144	101	79	38

2-34 续表 2

行业大类	法人单位数（个）	呼和浩特市	包头市	呼伦贝尔市	兴安盟
金融业	**1535**	**256**	**164**	**141**	**74**
货币金融服务	839	111	78	81	38
资本市场服务	118	34	19	2	
保险业	438	89	47	36	28
其他金融业	140	22	20	22	8
房地产业	**10167**	**1745**	**1285**	**993**	**468**
房地产业	10167	1745	1285	993	468
租赁和商务服务业	**30809**	**5887**	**4739**	**2849**	**1024**
租赁业	4509	760	582	452	200
商务服务业	26300	5127	4157	2397	824
科学研究和技术服务业	**10780**	**2831**	**1440**	**846**	**333**
研究和试验发展	648	154	108	37	13
专业技术服务业	6619	1680	842	564	243
科技推广和应用服务业	3513	997	490	245	77
水利、环境和公共设施管理业	**2878**	**424**	**289**	**262**	**120**
水利管理业	133	37	10	12	2
生态保护和环境治理业	372	44	47	52	6
公共设施管理业	2293	334	224	194	109
土地管理业	80	9	8	4	3
居民服务、修理和其他服务业	**6608**	**1153**	**1090**	**538**	**206**
居民服务业	2842	468	494	266	81
机动车、电子产品和日用产品修理业	2947	487	423	220	113
其他服务业	819	198	173	52	12
卫生和社会工作	**227**	**37**	**34**	**17**	**16**
卫生	26	8	6		
社会工作	201	29	28	17	16
文化、体育和娱乐业	**5584**	**1141**	**670**	**633**	**210**
新闻和出版业	44	25	2	4	2
广播、电视、电影和录音制作业	801	219	89	57	19
文化艺术业	1167	297	129	102	16
体育	536	109	74	102	27
娱乐业	3036	491	376	368	146

通辽市	赤峰市	锡林郭勒盟	乌兰察布市	鄂尔多斯市	巴彦淖尔市	乌海市	阿拉善盟
152	**133**	**105**	**132**	**161**	**86**	**70**	**61**
75	75	74	75	111	38	41	42
27	8	2	13	4	4	3	2
36	42	23	28	38	36	21	14
14	8	6	16	8	8	5	3
858	**1423**	**751**	**619**	**1040**	**496**	**309**	**180**
858	1423	751	619	1040	496	309	180
2045	**4088**	**1460**	**1637**	**4184**	**1305**	**921**	**670**
291	663	307	298	514	276	86	80
1754	3425	1153	1339	3670	1029	835	590
769	**1342**	**587**	**464**	**1202**	**442**	**246**	**278**
54	110	15	20	79	23	19	16
413	742	415	275	839	273	152	181
302	490	157	169	284	146	75	81
208	**283**	**213**	**126**	**554**	**178**	**120**	**101**
13	19	10	7	5	9	5	4
27	29	22	17	50	17	23	38
155	218	178	98	493	150	88	52
13	17	3	4	6	2	4	7
646	**830**	**377**	**404**	**742**	**294**	**205**	**123**
306	369	156	169	279	114	93	47
267	403	187	182	385	132	91	57
73	58	34	53	78	48	21	19
13	**30**	**6**	**17**	**24**	**15**	**6**	**12**
3	3		3	1	1	1	
10	27	6	14	23	14	5	12
574	**879**	**214**	**238**	**662**	**187**	**117**	**59**
2	3	1		3	2		
49	85	30	31	160	35	16	11
90	144	73	82	135	48	42	9
31	56	18	16	50	18	8	27
402	591	92	109	314	84	51	12

2-35 按行业(大类)、地区分组的

行业大类	从业人员数(人)	呼和浩特市	包头市	呼伦贝尔市	兴安盟
总　计	**1512152**	**234545**	**249727**	**120521**	**47324**
农、林、牧、渔业	**6598**	**306**	**340**	**1435**	**139**
农业					
林业					
畜牧业					
渔业					
农、林、牧、渔专业及辅助性活动	6598	306	340	1435	139
采矿业	**65027**	**1291**	**4205**	**3200**	**931**
煤炭开采和洗选业	31902	350	1680	420	3
石油和天然气开采业	1059			254	
黑色金属矿采选业	5592	55	1857	306	16
有色金属矿采选业	9507	95	313	1464	435
非金属矿采选业	15446	772	242	732	475
开采专业及辅助性活动	1190	7	29	1	1
其他采矿业	331	12	84	23	1
制造业	**291106**	**32117**	**50102**	**20600**	**11329**
农副食品加工业	37369	4190	2432	3771	3644
食品制造业	15042	3510	1262	2463	222
酒、饮料和精制茶制造业	11138	1146	436	1564	1572
烟草制品业					
纺织业	6238	591	322	42	146
纺织服装、服饰业	7922	2650	723	483	77
皮革、毛皮、羽毛及其制品和制鞋业	1232	44	215	12	
木材加工和木、竹、藤、棕、草制品业	7986	128	407	4631	95
家具制造业	1573	111	238	263	52
造纸和纸制品业	3447	1749	367	78	164
印刷和记录媒介复制业	4342	913	691	220	426
文教、工美、体育和娱乐用品制造业	2067	87	101	138	160
石油、煤炭及其他燃料加工业	4113	14	265	84	20
化学原料和化学制品制造业	28383	1428	2970	875	915
医药制造业	8881	1750	484	456	558
化学纤维制造业	141	15	12	47	
橡胶和塑料制品业	7785	998	802	599	243
非金属矿物制品业	53042	3451	5436	2657	1582
黑色金属冶炼和压延加工业	18469	383	4016	121	100
有色金属冶炼和压延加工业	12638	1125	4626	1	87

注:表中不包含从事金融、铁路部门的从业人员。

小微企业法人单位从业人员数

通辽市	赤峰市	锡林郭勒盟	乌兰察布市	鄂尔多斯市	巴彦淖尔市	乌海市	阿拉善盟
114636	**194531**	**80520**	**93370**	**195350**	**89299**	**56274**	**36055**
695	**1373**	**107**	**193**	**888**	**1096**	**13**	**13**
695	1373	107	193	888	1096	13	13
3198	**9611**	**4584**	**2196**	**23640**	**3120**	**4612**	**4439**
517	75	1202	38	20636	782	4177	2022
138	21	401		117	114	6	8
51	782	537	286	97	957	28	620
70	3788	1378	606	20	979		359
2401	4877	888	1230	1737	280	395	1417
7	14	98		1024	4	1	4
14	54	80	36	9	4	5	9
21688	**44855**	**14578**	**31862**	**25452**	**22001**	**7864**	**8658**
3632	6083	3613	3318	614	5926	62	84
788	1793	1338	903	838	1755	30	140
622	2535	384	692	1439	515	105	128
154	1508	738	229	955	1441	10	102
365	715	266	1670	794	94	43	42
133	167	40	432	39	139		11
888	956	290	30	131	389	39	2
368	105	10	296	28	53	49	
81	430	102	109	30	315	22	
446	716	56	245	316	226	40	47
92	607	455	157	150	49	8	63
251	484	185	188	1469	255	473	425
1979	3184	1031	2165	5062	2585	2052	4137
778	2763	41	630	500	513	53	355
8	16		21		5		17
820	1433	238	948	967	601	87	49
5754	11965	2960	7915	4750	2021	2602	1949
89	100	481	9134	361	2620	362	702
1959	1851	472	407	1023	927	1	159

2-35 续表1

行业大类	从业人员数（人）	呼和浩特市	包头市	呼伦贝尔市	兴安盟
金属制品业	13084	1778	3898	757	439
通用设备制造业	10367	936	5575	309	49
专用设备制造业	9537	1096	3491	592	324
汽车制造业	3823	158	1634	4	243
铁路、船舶、航空航天和其他运输设备制造业	896		626	1	
电气机械和器材制造业	6303	1447	2945	80	56
计算机、通信和其他电子设备制造业	5458	1430	2824	18	9
仪器仪表制造业	467	93	321	1	7
其他制造业	878	234	93	117	8
废弃资源综合利用业	2919	234	576	99	45
金属制品、机械和设备修理业	5566	428	2314	117	86
电力、热力、燃气及水生产和供应业	**66866**	**5438**	**6316**	**9278**	**2819**
电力、热力生产和供应业	45919	3753	2988	7432	2001
燃气生产和供应业	7514	480	1891	170	88
水的生产和供应业	13433	1205	1437	1676	730
建筑业	**174916**	**28129**	**16999**	**12750**	**4924**
房屋建筑业	59248	10537	4517	4981	1288
土木工程建筑业	51396	5509	4958	2928	1095
建筑安装业	21969	4378	2420	1664	1100
建筑装饰、装修和其他建筑业	42303	7705	5104	3177	1441
批发和零售业	**262373**	**42525**	**48738**	**20961**	**8644**
批发业	131091	17100	28164	12241	4301
零售业	131282	25425	20574	8720	4343
交通运输、仓储和邮政业	**100985**	**11599**	**13775**	**9367**	**3800**
道路运输业	71793	7852	11180	4737	2876
水上运输业	125		63	6	12
航空运输业	2200	326	36	341	3
管道运输业	145		4		
多式联运和运输代理业	4101	676	596	800	20
装卸搬运和仓储业	16882	1568	1463	2779	708
邮政业	5739	1177	433	704	181
住宿和餐饮业	**55570**	**9070**	**7181**	**6156**	**2061**
住宿业	26363	4404	2597	3935	1117
餐饮业	29207	4666	4584	2221	944
信息传输、软件和信息技术服务业	**32344**	**12182**	**4733**	**2381**	**929**
电信、广播电视和卫星传输服务	5725	2275	226	816	403
互联网和相关服务	5219	1258	831	563	95
软件和信息技术服务业	21400	8649	3676	1002	431

通辽市	赤峰市	锡林郭勒盟	乌兰察布市	鄂尔多斯市	巴彦淖尔市	乌海市	阿拉善盟
922	2501	439	739	798	466	273	74
225	1285	302	317	539	132	667	31
249	1419	240	256	1182	413	225	50
129	142	2	113	954	38	397	9
17	11		7	231	1		2
357	443	396	227	229	23	75	25
39	427	72	281	253	69	30	6
3	14	3		16	7		2
144	85	58	6	121	6	6	
201	835	23	294	278	269	41	24
195	282	343	133	1385	148	112	23
4965	**8672**	**6094**	**5499**	**10005**	**4680**	**1785**	**1315**
3870	7029	4873	4544	5315	3208	426	480
371	562	98	298	2087	475	647	347
724	1081	1123	657	2603	997	712	488
14733	**29625**	**5638**	**8328**	**27042**	**13089**	**9303**	**4356**
4939	13197	1833	2803	6696	4470	2707	1280
3421	8182	1810	2951	11007	5105	2329	2101
2306	2817	637	1066	2663	1168	1301	449
4067	5429	1358	1508	6676	2346	2966	526
21252	**31771**	**14892**	**13440**	**29992**	**14226**	**11358**	**4574**
9102	15774	6897	4760	16177	7548	6301	2726
12150	15997	7995	8680	13815	6678	5057	1848
9572	**10806**	**5026**	**6557**	**15700**	**5224**	**6130**	**3429**
5591	8158	3289	4652	12973	3448	4696	2341
						43	1
329	228	256	200	94	102	148	137
	3			138			
145	330	537	178	256	197	294	72
2987	1252	674	1276	1875	961	782	557
520	835	270	251	364	516	167	321
3554	**6530**	**3783**	**5088**	**7076**	**2229**	**1361**	**1481**
1992	3072	2372	1977	2578	665	691	963
1562	3458	1411	3111	4498	1564	670	518
1776	**3585**	**1157**	**1103**	**1943**	**1152**	**1088**	**315**
337	421	231	162	131	268	323	132
494	355	319	173	485	299	282	65
945	2809	607	768	1327	585	483	118

2-35 续表2

行业大类	从业人员数（人）	呼和浩特市	包头市	呼伦贝尔市	兴安盟
金融业	**4504**	**846**	**598**	**631**	**253**
货币金融服务	3245	586	282	446	194
资本市场服务	277	14	160	1	
保险业	42	2	4	10	
其他金融业	940	244	152	174	59
房地产业	**106901**	**22998**	**14010**	**9803**	**3602**
房地产业	106901	22998	14010	9803	3602
租赁和商务服务业	**213504**	**34147**	**64191**	**13653**	**4269**
租赁业	16812	2845	2699	1500	543
商务服务业	196692	31302	61492	12153	3726
科学研究和技术服务业	**63136**	**20036**	**8006**	**4598**	**1813**
研究和试验发展	2847	878	519	180	29
专业技术服务业	49436	15082	5576	3872	1586
科技推广和应用服务业	10853	4076	1911	546	198
水利、环境和公共设施管理业	**16396**	**2614**	**2154**	**1414**	**562**
水利管理业	754	244	33	36	9
生态保护和环境治理业	2171	392	356	176	25
公共设施管理业	13033	1868	1701	1197	526
土地管理业	438	110	64	5	2
居民服务、修理和其他服务业	**29752**	**5494**	**5202**	**2705**	**643**
居民服务业	12853	2092	2387	1450	296
机动车、电子产品和日用产品修理业	11177	1968	1543	830	322
其他服务业	5722	1434	1272	425	25
卫生和社会工作	**2230**	**639**	**520**	**39**	**26**
卫生	1532	488	341		
社会工作	698	151	179	39	26
文化、体育和娱乐业	**19944**	**5114**	**2657**	**1550**	**580**
新闻和出版业	516	363	17	40	2
广播、电视、电影和录音制作业	3940	1198	536	264	121
文化艺术业	4412	1362	426	226	57
体育	2299	553	346	283	84
娱乐业	8777	1638	1332	737	316

通辽市	赤峰市	锡林郭勒盟	乌兰察布市	鄂尔多斯市	巴彦淖尔市	乌海市	阿拉善盟
431	**419**	**188**	**249**	**382**	**155**	**173**	**179**
310	375	160	206	311	72	142	161
51	1	7	13		14	15	1
3	5			18			
67	38	21	30	53	69	16	17
9452	**12104**	**6248**	**5207**	**11571**	**6229**	**4211**	**1466**
9452	12104	6248	5207	11571	6229	4211	1466
12878	**19603**	**11588**	**7850**	**27525**	**10493**	**4601**	**2706**
986	1937	1149	1072	2285	1113	344	339
11892	17666	10439	6778	25240	9380	4257	2367
3919	**7566**	**3159**	**2201**	**6407**	**2408**	**1598**	**1425**
146	322	79	130	369	73	85	37
3195	5967	2715	1760	5100	1994	1355	1234
578	1277	365	311	938	341	158	154
1195	**1530**	**834**	**596**	**2770**	**1147**	**783**	**797**
68	122	27	48	14	127	7	19
180	129	101	11	328	141	166	166
862	1222	700	529	2386	862	588	592
85	57	6	8	42	17	22	20
3574	**3443**	**1674**	**1655**	**2723**	**1184**	**865**	**590**
1752	1296	688	667	999	554	417	255
1176	1823	604	572	1325	475	313	226
646	324	382	416	399	155	135	109
167	**261**	**19**	**220**	**125**	**100**	**77**	**37**
139	205		184	55	50	70	
28	56	19	36	70	50	7	37
1587	**2777**	**951**	**1126**	**2109**	**766**	**452**	**275**
3	69	6		12	4		
255	413	158	158	480	202	108	47
294	481	364	459	443	159	65	76
130	287	103	72	197	116	23	105
905	1527	320	437	977	285	256	47

第三篇

文化及相关产业篇

A. 概况

3-A-1　文化及相关产业基本情况

分　　组	法人单位		个体户	
	法　人 单位数 （个）	从业人员 期末人数 （人）	户数 （户）	从业人员 期末人数 （人）
总　计	**22885**	**127114**	**49838**	**103188**
按单位性质分组				
经营性	19131	87621	49838	103188
公益性	3754	39493		
按产业类型分组				
文化制造业	951	8288		
文化批发和零售业	2721	10382		
文化服务业	19213	108444		
按领域分组				
文化核心领域	15288	96424		
文化相关领域	7597	30690		

3-A-2 分地区文化及相关产业基本情况

地区	法人单位	
	法人单位数（个）	从业人员期末人数（人）
总计	**22885**	**127114**
呼和浩特市	4218	33434
包头市	3145	17332
呼伦贝尔市	2316	10581
兴安盟	787	4150
通辽市	1845	9338
赤峰市	3046	14033
锡林郭勒盟	1208	5624
乌兰察布市	1234	6485
鄂尔多斯市	2879	15280
巴彦淖尔市	986	5051
乌海市	766	3070
阿拉善盟	455	2736

注:个体户数据根据四经普《个体经营户抽样调查表》中标识为文化产业的单位进行汇总。

3-A-3 分地区文化及相关产业法人单位分布情况

地区	法人单位数（个）	文化服务业	#规模以上	文化制造业	文化批发和零售业
总计	**22885**	**19213**	**126**	**951**	**2721**
呼和浩特市	4218	3509	30	133	576
包头市	3145	2506	29	132	507
呼伦贝尔市	2316	2031	6	61	224
兴安盟	787	691	NA	44	52
通辽市	1845	1573	8	95	177
赤峰市	3046	2547	13	205	294
锡林郭勒盟	1208	1017	4	63	128
乌兰察布市	1234	1015	NA	51	168
鄂尔多斯市	2879	2473	19	79	327
巴彦淖尔市	986	817	NA	48	121
乌海市	766	662	6	12	92
阿拉善盟	455	372	4	28	55

注:“NA”表示单位数小于或等于3,下同。

3-A-4　按类别分文化及相关产业法人单位基本情况

分　组	法人单位数（个）	从业人员期末人数（人）	资产总计（万元）
总　计	**22885**	**127114**	**13630282.2**
文化核心领域	**15288**	**96424**	**11880422.5**
新闻信息服务	941	12694	465051.6
新闻服务	45	985	20748.9
报纸信息服务	43	3164	110149.1
广播电视信息服务	102	6593	288719.8
互联网信息服务	751	1952	45433.7
内容创作生产	3512	26426	3144020.4
出版服务	55	806	316442.8
广播影视节目制作	586	2089	364886.9
创作表演服务	1679	13883	1206653.9
数字内容服务	366	1553	128484.6
内容保存服务	521	6190	919957.7
工艺美术品制造	303	1897	207437.9
艺术陶瓷制造	NA	8	156.6
创意设计服务	6846	25125	809732.9
广告服务	5297	17463	458706.5
设计服务	1549	7662	351026.4
文化传播渠道	1280	15267	1589335.6
出版物发行	228	1966	439985.9
广播电视节目传输	143	7060	714105.6
广播影视发行放映	226	2823	119734.3
艺术表演	17	519	97487.8
互联网文化娱乐平台	NA	1	5.0
艺术品拍卖及代理	18	87	6517.9
工艺美术品销售	647	2811	211499.1
文化投资运营	104	2306	3069721.4
投资与资产管理	94	2232	2978450.6
运营管理	10	74	91270.7
文化娱乐休闲服务	2605	14606	2802560.6
娱乐服务	2052	6747	325466.6
景区游览服务	378	7196	2279839.1
休闲观光游览服务	175	663	197254.9
文化相关领域	**7597**	**30690**	**1749859.7**
文化辅助生产和中介服务	5691	23674	1271478.6
文化服务用品制造	10	190	34247.5
印刷复制服务	739	5300	230908.7
版权服务	72	203	1313.8
会议展览服务	824	2574	670332.6
文化经纪代理服务	1123	3335	236124.8
文化设备(用品)出租服务	40	135	3803.9
文化科研培训服务	2883	11937	94747.4
文化装备生产	140	636	49503.8
印刷设备制造	NA	30	24.6
广播电视电影设备制造及销售	15	192	25635.7
摄录设备制造及销售	12	33	1551.0
演艺设备制造及销售	NA	25	770.7
游乐游艺设备制造	NA	5	702.8
乐器制造及销售	107	351	20819.1
文化消费终端生产	1766	6380	428877.3
文具制造及销售	1375	3855	251531.1
笔墨制造	NA	16	7190.0
玩具制造	7	7	83.9
节庆用品制造	18	32	9619.2
信息服务终端制造及销售	364	2470	160453.1

3-A-5 分地区文化及相关产业企业基本情况

地区	法人单位数（个）	从业人员期末人数（人）	资产总计（万元）	营业收入（万元）
总计	**19131**	**87621**	**11663978.8**	**2224755.2**
呼和浩特市	3891	26097	2629539.9	1055743.8
包头市	2822	13048	1300416.4	319101.5
呼伦贝尔市	1752	5979	459118.0	88965.4
兴安盟	587	2705	232890.2	44667.4
通辽市	1513	5522	1187797.5	85674.1
赤峰市	2644	10562	1251860.6	178421.6
锡林郭勒盟	834	3329	192714.7	32554.6
乌兰察布市	1025	4202	337118.9	52964.3
鄂尔多斯市	2381	9954	3047150.2	246968.2
巴彦淖尔市	800	2976	181562.5	60466.9
乌海市	581	1842	184988.3	29129.8
阿拉善盟	301	1405	658821.6	30097.5

3-A-6 分地区文化及相关产业事业（社团）单位基本情况

地区	法人单位数（个）	从业人员期末人数（人）	资产总计（万元）	本年支出（费用）合计（万元）
总计	**3754**	**39493**	**1966303.2**	**728342.9**
呼和浩特市	327	7337	561931.5	222050.6
包头市	323	4284	291650.4	76177.5
呼伦贝尔市	564	4602	249721.4	83372.3
兴安盟	200	1445	16351.7	20414.3
通辽市	332	3816	50008.0	42223.8
赤峰市	402	3471	82245.9	51530.4
锡林郭勒盟	374	2295	65320.7	28976.3
乌兰察布市	209	2283	37586.8	33316.4
鄂尔多斯市	498	5326	295569.3	64934.8
巴彦淖尔市	186	2075	136822.1	38429.7
乌海市	185	1228	124700.7	43197.7
阿拉善盟	154	1331	54394.7	23719.1

B. 文化制造业

3-B-1　分地区文化制造业法人单位主要指标

地　　区	法　人 单位数 （个）	从业人员期末人数 （人）
总　　计	**951**	**8288**
呼和浩特市	133	2617
包　头　市	132	798
呼伦贝尔市	61	374
兴　安　盟	44	591
通　辽　市	95	637
赤　峰　市	205	1440
锡林郭勒盟	63	538
乌兰察布市	51	343
鄂尔多斯市	79	468
巴彦淖尔市	48	285
乌　海　市	12	48
阿 拉 善 盟	28	149

3-B-2 按注册类型和控股情况分

分 组	法 人 单位数 (个)	从业人员 期末人数 (人)	#女性	资产总计 (万元)	营业收入 (万元)
总 计	**951**	**8288**	**3735**	**607419.6**	**380254.0**
按注册类型分组					
内资企业	950	8214	3721	585438.5	372929.8
#国有企业	15	689	330	20391.3	12131.3
私营企业	636	3779	1832	182543.3	82650.6
港、澳、台商投资企业	1	74	14	21981.1	7324.2
外商投资企业					
按控股情况分组					
国有控股	21	1143	477	52638.3	24617.4
集体控股	23	366	208	12147.4	14048.5
私人控股	810	5174	2408	292406.9	132245.4
港澳台商控股	1	74	14	21981.1	7324.2
外商控股					
其他	96	1531	628	228245.8	202018.5

3-B-3 分地区文化制造

地 区	法 人 单位数 (个)	从业人员 期末人数 (人)	#女性	资产总计 (万元)	营业收入 (万元)
总 计	**951**	**8288**	**3735**	**607419.6**	**380254.0**
呼和浩特市	133	2617	990	197212.7	233085.3
包 头 市	132	798	366	38825.2	40899.1
呼伦贝尔市	61	374	163	8918.0	4946.1
兴 安 盟	44	591	246	33888.0	12491.9
通 辽 市	95	637	350	40637.3	19224.5
赤 峰 市	205	1440	655	196716.1	31249.8
锡林郭勒盟	63	538	327	5634.0	1508.9
乌兰察布市	51	343	171	11784.6	4431.8
鄂尔多斯市	79	468	241	46097.6	22192.2
巴彦淖尔市	48	285	127	14619.6	5731.3
乌 海 市	12	48	24	2843.5	2119.1
阿 拉 善 盟	28	149	75	10243.0	2374.0

文化制造业企业主要财务指标

营业成本（万元）	税金及附加（万元）	营业利润（万元）	投资收益（万元）	应付职工薪酬（万元）	应交增值税（万元）
331365.9	**4435.6**	**12144.6**	**704.5**	**33634.0**	**7869.8**
326897.9	4392.6	10517.1	703.8	33197.7	7706.6
7828.9	97.1	-54.6		5159.5	786.7
66041.1	789.9	5243.1	207.4	13099.1	1934.6
4468.0	43.0	1627.5	0.7	436.3	163.2
16799.6	226.4	466.0		8012.4	1882.1
12535.0	144.1	-196.1	444.1	1900.1	612.5
107642.4	1742.3	7692.5	219.7	18520.1	3533.4
4468.0	43.0	1627.5	0.7	436.3	163.2
189920.9	2279.8	2554.7	40.0	4765.1	1678.6

企业主要财务指标

营业成本（万元）	税金及附加（万元）	营业利润（万元）	投资收益（万元）	应付职工薪酬（万元）	应交增值税（万元）
331365.9	**4435.6**	**12144.6**	**704.5**	**33634.0**	**7869.8**
212155.8	2515.8	4021.2	14.5	13207.9	3549.8
32941.9	588.6	3929.5	450.2	4019.3	873.4
4139.1	32.8	113.8	40.4	1132.8	162.1
10047.9	105.6	209.5	50.0	1939.0	134.1
16883.8	76.9	-343.2	40.0	2035.1	427.5
23741.9	795.5	3216.0	54.8	4856.1	1564.1
1380.0	25.9	-61.0	17.0	787.8	37.2
3666.9	38.7	256.0	21.5	1236.8	71.4
18296.3	190.0	1329.0	12.3	2728.4	780.0
4066.3	49.9	-36.2		1080.2	84.9
1963.3	5.7	-303.2		207.7	43.1
2082.6	10.2	-186.6	3.8	402.8	142.2

C. 文化批零业

3-C-1 分地区文化批零业法人单位主要指标

地　　区	法人单位数（个）	从业人员期末人数（人）
总　　计	**2721**	**10382**
呼和浩特市	576	3850
包 头 市	507	1666
呼伦贝尔市	224	590
兴 安 盟	52	190
通 辽 市	177	681
赤 峰 市	294	940
锡林郭勒盟	128	327
乌兰察布市	168	405
鄂尔多斯市	327	918
巴彦淖尔市	121	416
乌 海 市	92	280
阿 拉 善 盟	55	119

3-C-2　按注册类型和控股情况分限额以上文化批零业企业主要财务指标

分　组	法　人单位数（个）	从业人员期末人数（人）	#女性	资产总计（万元）	营业收入（万元）	营业成本（万元）
总　计	**46**	**2282**	**1455**	**470067.4**	**299853.2**	**252275.6**
按注册类型分组						
内资企业	46	2282	1455	470067.4	299853.2	252275.6
#国有企业	NA	135	75	16201.0	7185.6	4628.7
私营企业	22	775	610	79288.1	117221.6	104577.9
港、澳、台商投资企业						
外商投资企业						
按控股情况分组						
国有控股	15	1076	577	367257.3	118726.8	91714.1
集体控股						
私人控股	27	1054	801	89354.4	170581.9	152857.8
港澳台商控股						
外商控股						
其他	4	152	77	13455.7	10544.5	7703.7

3-C-2　续表

分　组	税金及附加（万元）	营业利润（万元）	投资收益（万元）	应付职工薪酬（万元）	应交增值税（万元）
总　计	**2150.9**	**8612.8**	**47.1**	**13894.6**	**2954.8**
按注册类型分组					
内资企业	2150.9	8612.8	47.1	13894.6	2954.8
#国有企业	149.7	230.7		757.1	144.2
私营企业	1176.0	758.1	-7.1	3491.5	1888.7
港、澳、台商投资企业					
外商投资企业					
按控股情况分组					
国有控股	713.9	6529.0	46.0	8014.8	324.5
集体控股					
私人控股	1312.0	1745.6	1.1	4596.7	2550.9
港澳台商控股					
外商控股					
其他	125.0	338.2		1283.1	79.4

3-C-3 分地区文化

地区	法人单位数(个)	从业人员期末人数(人)	#女性	资产总计(万元)	营业收入(万元)
总计	**2721**	**10382**	**5572**	**995006.3**	**565259.3**
呼和浩特市	576	3850	2272	484958.5	332932.8
包头市	507	1666	844	109511.0	68737.0
呼伦贝尔市	224	590	259	31801.5	15694.3
兴安盟	52	190	93	7593.1	10411.8
通辽市	177	681	389	33084.8	20584.1
赤峰市	294	940	500	50771.3	35928.7
锡林郭勒盟	128	327	155	21288.2	8927.7
乌兰察布市	168	405	206	19713.5	16448.7
鄂尔多斯市	327	918	443	182002.2	35260.5
巴彦淖尔市	121	416	203	21162.3	9381.3
乌海市	92	280	151	12675.2	8491.0
阿拉善盟	55	119	57	20444.6	2461.4

3-C-4 按注册类型和控股情况分限额

分组	法人单位数(个)	从业人员期末人数(人)	#女性	资产总计(万元)	营业收入(万元)
总计	**2675**	**8100**	**4117**	**524938.9**	**265406.1**
按注册类型分组					
内资企业	2675	8100	4117	524938.9	265406.1
#国有企业	4	15	9	847.9	796.1
私营企业	1915	5010	2379	370416.0	155202.4
港、澳、台商投资企业					
外商投资企业					
按控股情况分组					
国有控股	17	182	101	16444.8	11568.1
集体控股	5	170	133	1789.2	10624.7
私人控股	2513	7297	3653	485965.6	226557.0
港澳台商控股	NA	3	1	286.6	42.0
外商控股	NA	1	1	1.4	
其他	136	447	228	20451.3	16614.3

批零业企业主要财务指标

营业成本（万元）	税金及附加（万元）	营业利润（万元）	投资收益（万元）	应付职工薪酬（万元）	应交增值税（万元）
472772.5	**3630.5**	**13868.6**	**519.2**	**41685.4**	**7772.8**
290102.5	1798.1	5255.8	71.0	17655.8	3921.2
53409.0	369.9	3163.6	147.8	6201.9	833.3
12737.6	112.0	122.5	18.5	2098.0	378.3
8594.5	42.6	281.7	12.0	871.1	129.6
15067.2	421.4	624.5	23.9	2603.4	657.6
27494.2	302.5	1890.8	11.7	3822.7	625.3
7414.8	48.7	281.2	24.0	1085.3	92.9
13043.3	92.6	1365.7	-9.0	1135.2	198.8
29418.1	164.9	53.3	157.9	3780.8	423.5
7155.4	99.1	212.6	28.6	1200.6	153.9
6508.2	149.2	577.4		943.9	265.5
1827.7	29.5	39.5	32.8	286.7	92.8

以下文化批零业企业主要财务指标

营业成本（万元）	税金及附加（万元）	营业利润（万元）	投资收益（万元）	应付职工薪酬（万元）	应交增值税（万元）
220496.9	**1479.6**	**5255.8**	**472.1**	**27790.8**	**4818.0**
220496.9	1479.6	5255.8	472.1	27790.8	4818.0
477.2	1.9	191.2		64.7	16.0
132847.1	738.0	2321.9	397.1	16254.9	3039.2
7623.3	232.2	1461.5		1199.7	385.0
9846.9	22.6	-270.7		935.7	133.3
189437.3	1169.0	3957.2	486.0	24296.8	4029.5
42.5	0.1	-5.8		6.7	0.5
		-0.6			
13546.8	55.7	114.2	-13.9	1351.8	269.6

D. 文化服务业

3-D-1 分地区文化服务业法人单位主要指标

地区	法人单位数（个）	规模以上	规模以下企业	事业单位	社会团体	从业人员期末人数（人）	规模以上	规模以下企业	事业单位	社会团体
总计	**19213**	**126**	**15333**	**1315**	**2439**	**108444**	**15312**	**53639**	**29072**	**10421**
呼和浩特市	3509	30	3152	152	175	26967	7445	12185	6807	530
包头市	2506	29	2154	102	221	14868	1945	8639	3126	1158
呼伦贝尔市	2031	6	1461	244	320	9617	349	4666	3850	752
兴安盟	691	NA	489	87	113	3369	507	1417	1192	253
通辽市	1573	8	1233	134	198	8020	438	3766	2456	1360
赤峰市	2547	13	2132	105	297	11653	1221	6961	2292	1179
锡林郭勒盟	1017	4	639	130	244	4759	212	2252	1680	615
乌兰察布市	1015	NA	803	99	110	5737	218	3236	1534	749
鄂尔多斯市	2473	19	1956	92	406	13894	2404	6164	2549	2777
巴彦淖尔市	817	NA	629	68	118	4350	76	2199	1532	543
乌海市	662	6	471	35	150	2742	265	1249	870	358
阿拉善盟	372	4	214	67	87	2468	232	905	1184	147

3-D-2　按注册类型和控股情况分规模以上文化服务业企业主要财务指标

分　组	法　人单位数（个）	从业人员期末人数（人）	#女性	资产总计（万元）	营业收入（万元）	营业成本（万元）
总　计	**126**	**15312**	**6134**	**2834834.4**	**497848.5**	**350623.9**
按注册类型分组						
内资企业	125	15290	6123	2831561.6	496013.4	349381.0
#国有企业	8	2305	696	297811.5	40830.9	48946.0
私营企业	35	3116	1307	316592.1	85321.9	42037.1
港、澳、台商投资企业	NA	22	11	3272.8	1835.1	1242.9
外商投资企业						
按控股情况分组						
国有控股	31	7881	2858	1966669.4	280439.6	210268.4
集体控股						
私人控股	76	5664	2464	676105.5	167540.7	97723.7
港澳台商控股	NA	22	11	3272.8	1835.1	1242.9
外商控股						
其他	18	1745	801	188786.7	48033.1	41388.9

3-D-2　续表

分　组	税金及附加（万元）	营业利润（万元）	投资收益（万元）	应付职工薪酬（万元）	应交增值税（万元）
总　计	**5429.0**	**-38838.3**	**64.2**	**120265.7**	**4522.6**
按注册类型分组					
内资企业	5420.1	-38721.0	64.2	119972.0	4486.6
#国有企业	639.2	-18696.8	-3.7	18575.0	428.2
私营企业	1111.6	-758.8	6.8	17747.8	1487.4
港、澳、台商投资企业	8.9	-117.3		293.7	36.0
外商投资企业					
按控股情况分组					
国有控股	2021.4	-17367.2	40.7	69894.2	1227.3
集体控股					
私人控股	2792.4	-3887.6	18.4	34865.2	2652.6
港澳台商控股	8.9	-117.3		293.7	36.0
外商控股					
其他	606.3	-17466.2	5.1	15212.6	606.7

3-D-3 分地区规模以上文化

地区	法人单位数（个）	从业人员期末人数（人）	#女性	资产总计（万元）	营业收入（万元）
总计	**126**	**15312**	**6134**	**2834834.4**	**497848.5**
呼和浩特市	30	7445	2840	1207628.3	275331.9
包头市	29	1945	927	781211.5	77939.7
呼伦贝尔市	6	349	157	101053.7	18403.2
兴安盟	NA	507	193	30704.4	7959.7
通辽市	8	438	176	19098.7	9734.6
赤峰市	13	1221	506	226603.4	28712.5
锡林郭勒盟	4	212	88	13663.0	1049.5
乌兰察布市	NA	218	115	44322.3	5826.7
鄂尔多斯市	19	2404	899	255414.8	53241.3
巴彦淖尔市	NA	76	21	7017.3	1123.8
乌海市	6	265	135	112590.7	5293.9
阿拉善盟	4	232	77	35526.3	13231.7

3-D-4 按注册类型和控股情况

分组	法人单位数（个）	从业人员期末人数（人）	#女性	资产总计（万元）	营业收入（万元）
总计	**15333**	**53639**	**21827**	**7226718.6**	**781393.4**
按注册类型分组					
内资企业	15329	53630	21824	7226239.2	780459.5
#国有企业	60	1873	802	242763.0	35469.1
私营企业	11355	36259	14599	1915651.9	458985.1
港、澳、台商投资企业	NA				
外商投资企业	NA	9	3	479.5	933.8
按控股情况分组					
国有控股	191	3317	1368	3852263.4	61018.3
集体控股	37	237	104	6379.0	3842.9
私人控股	14072	45588	18338	2696987.1	614942.2
港澳台商控股	6	7	3	59.8	59.9
外商控股	NA	9	3	18.7	50.5
其他	1024	4481	2011	671010.7	101479.6

服务业企业主要财务指标

营业成本（万元）	税金及附加（万元）	营业利润（万元）	投资收益（万元）	应付职工薪酬（万元）	应交增值税（万元）
350623.9	**5429.0**	**-38838.3**	**64.2**	**120265.7**	**4522.6**
211850.6	1947.0	-13545.3	64.9	66362.9	1909.2
61245.3	1339.8	-16368.8		16827.1	810.7
8839.6	291.9	4676.5		1935.5	-343.4
4043.6	127.1	-1631.1		3358.6	274.4
7006.9	233.7	-27.7		2612.1	188.9
26717.6	452.5	-8728.7	-5.8	5395.0	58.1
504.0	43.1	-78.5		468.4	10.3
2482.9	5.6	1067.7		988.9	8.4
15343.8	662.2	-1775.5	5.1	18500.1	1427.7
390.5	5.6	-243.5		376.8	61.0
4655.4	208.8	-3265.9		1521.6	103.4
7543.7	111.7	1082.5		1918.7	13.9

分规模以下文化服务业企业主要财务指标

营业成本（万元）	税金及附加（万元）	营业利润（万元）	投资收益（万元）	应付职工薪酬（万元）	应交增值税（万元）
590051.4	**7804.2**	**-64795.7**	**2905.4**	**192351.9**	**18021.4**
589370.3	7796.2	-64992.6	2905.4	192309.7	17947.9
23192.7	383.3	-1978.6	213.3	17701.6	1481.4
324671.8	3854.6	2192.8	1819.1	117195.4	10575.4
681.0	8.0	196.9		42.3	73.5
67671.5	1624.7	-45783.5	126.9	22985.5	581.8
2891.4	18.2	-131.0		901.1	81.7
435601.8	5438.6	-1462.2	2549.0	149617.4	14970.3
47.5	0.1	2.1		15.3	1.5
46.0	1.6	2.0		3.4	0.1
83793.1	721.1	-17423.0	229.5	18829.2	2386.1

3-D-5 分地区规模以下

地　　区	法　人 单位数 （个）	从业人员 期末人数 （人）	#女性	资产总计 （万元）	营业收入 （万元）
总　　计	**15333**	**53639**	**21827**	**7226718.6**	**781393.4**
呼和浩特市	3152	12185	4931	739740.4	214393.8
包　头　市	2154	8639	3712	370868.7	131525.7
呼伦贝尔市	1461	4666	1668	317344.8	49921.8
兴　安　盟	489	1417	620	160704.7	13804.0
通　辽　市	1233	3766	1601	1094976.7	36130.9
赤　峰　市	2132	6961	2869	777769.8	82530.6
锡林郭勒盟	639	2252	940	152129.5	21068.5
乌兰察布市	803	3236	1180	261298.5	26257.1
鄂尔多斯市	1956	6164	2504	2563635.6	136274.2
巴彦淖尔市	629	2199	904	138763.3	44230.5
乌　海　市	471	1249	524	56878.9	13225.8
阿 拉 善 盟	214	905	374	592607.7	12030.4

文化服务业企业主要财务指标

营业成本（万元）	税金及附加（万元）	营业利润（万元）	投资收益（万元）	应付职工薪酬（万元）	应交增值税（万元）
590051.4	**7804.2**	**-64795.7**	**2905.4**	**192351.9**	**18021.4**
160619.0	1804.3	-7232.1	369.9	49312.7	4682.2
83406.6	948.9	3172.1	517.3	38660.4	3341.8
33470.6	565.8	1716.4	268.2	14254.3	1483.9
9125.3	168.2	-692.1	136.7	3348.7	288.9
25887.8	225.3	-653.4	35.9	13565.3	640.9
57073.9	745.1	4624.1	564.5	22777.1	1706.7
23370.2	201.0	-2838.9	86.8	7105.0	302.0
20364.8	267.0	197.2	101.5	8424.6	676.0
128583.0	2119.2	-56648.0	575.9	21225.6	2907.5
33088.7	352.5	-2575.3	188.2	6873.3	1358.2
7439.1	84.0	1544.9	38.6	3728.9	308.7
7622.4	323.0	-5410.6	22.0	3076.1	324.5

3-D-6 分地区文化服务业行政事业单位主要财务指标

地　　区	法　人 单位数 （个）	从业人员 期末人数 （人）		资产总计 （万元）	本年支出合计 （万元）
			#女性		
总　　计	**1315**	**29072**	**14090**	**1906188.1**	**702222.9**
呼和浩特市	152	6807	3449	536424.3	212768.2
包 头 市	102	3126	1478	289535.7	74422.9
呼伦贝尔市	244	3850	1795	247711.4	81123.9
兴 安 盟	87	1192	516	12862.6	19991.7
通 辽 市	134	2456	1124	48037.8	40871.0
赤 峰 市	105	2292	1068	74131.9	48936.4
锡林郭勒盟	130	1680	807	64090.1	28122.3
乌兰察布市	99	1534	741	34387.7	31386.6
鄂尔多斯市	92	2549	1364	285714.7	60891.4
巴彦淖尔市	68	1532	789	134871.1	37299.5
乌 海 市	35	870	422	124533.8	43018.5
阿拉善盟	67	1184	537	53887.1	23390.4

3-D-7 分地区文化服务业社团单位主要财务指标

地　　区	法　人 单位数 （个）	从业人员 期末人数 （人）		资产总计 （万元）	本年费用合计 （万元）
			#女性		
总　　计	**2439**	**10421**	**5221**	**60115.2**	**26120.1**
呼和浩特市	175	530	302	25507.2	9282.4
包 头 市	221	1158	689	2114.7	1754.6
呼伦贝尔市	320	752	290	2010.0	2248.4
兴 安 盟	113	253	82	3489.1	422.6
通 辽 市	198	1360	833	1970.2	1352.8
赤 峰 市	297	1179	550	8114.0	2594.0
锡林郭勒盟	244	615	241	1230.6	854.0
乌兰察布市	110	749	324	3199.1	1929.8
鄂尔多斯市	406	2777	1422	9854.6	4043.4
巴彦淖尔市	118	543	227	1951.0	1130.2
乌 海 市	150	358	194	166.9	179.2
阿拉善盟	87	147	67	507.6	328.7

E. 文化产业个体经营户

3-E-1　文化产业个体经营户抽样调查基本情况

分组	个体经营户数（户）	从业人员期末人数（人）	#女性	全年雇员支出（万元）	全年缴纳税费（万元）	全年缴纳房租（万元）	全年总支出（万元）	全年营业收入（万元）
总计	**7417**	**17167**	**9958**	**29919.0**	**2916.4**	**28774.4**	**127738.7**	**200062.9**
按产业类型分组								
文化制造业	220	585	334	902.1	110.9	380.4	3041.2	4177.0
文化批发和零售业	3620	6686	4490	10299.4	1114.3	13330.7	63862.6	106917.5
文化服务业	3577	9896	5134	18717.8	1691.2	15063.2	60834.9	88968.6
按地区分组								
呼和浩特市	1025	3108	1821	6393.4	598.8	9260.0	29526.7	38381.5
包头市	685	1926	1045	4519.4	165.0	2738.7	19555.3	46237.9
呼伦贝尔市	1446	2608	1533	3059.2	626.6	3651.0	12774.1	18625.0
兴安盟	201	404	255	504.8	67.7	653.8	3002.8	4154.9
通辽市	419	1054	613	1762.3	368.5	1543.1	5582.6	10638.1
赤峰市	813	1975	1196	3866.8	335.3	2957.5	13505.7	20534.9
锡林郭勒盟	1288	2351	1203	3276.0	171.5	2836.5	16649.2	23415.4
乌兰察布市	492	1128	687	1341.5	82.8	1528.6	7685.3	11158.1
鄂尔多斯市	459	1244	803	2905.4	216.0	1838.3	10387.5	14428.0
巴彦淖尔市	262	643	366	1210.9	62.8	768.6	4756.3	6109.9
乌海市	123	323	212	580.3	64.8	551.7	1899.3	3109.1
阿拉善盟	204	403	224	499.2	156.7	446.6	2413.9	3270.2

注：根据四经普612表《个体经营户抽样调查表》中标识为文化产业的单位进行汇总。

附　录

主要指标解释及分类规定

主要指标解释

法人单位　是指有权拥有资产、承担负债，并独立从事社会经济活动（或与其他单位进行交易）的组织。法人单位应同时具备以下条件：

1. 依法成立，有自己的名称、组织机构和场所，能够独立承担民事责任；

2. 独立拥有（或受权使用）资产，有权与其他单位签订合同；

3. 会计上独立核算，能够编制资产负债表等会计报表。

在统计实践中，法人单位包括：企业法人、事业单位法人、机关法人、社会团体法人、民办非企业单位、基金会、居委会、村委会、其他法人。

企业法人　是指依据《中华人民共和国公司登记管理条例》《中华人民共和国企业法人登记管理条例》等国家法律和法规，经各级市场监管机关登记注册，领取《企业法人营业执照》的企业。包括：

1. 公司制企业法人；

2. 非公司制企业法人。

不具有法人资格、但依法成立的个人独资企业、合伙企业在统计上视同法人。

事业单位法人　是指经国务院或地方县级以上机构编制管理部门批准、经国家或地方县级以上事业单位登记管理部门登记或备案，领取《事业单位法人证书》，取得法人资格的事业单位。包括：

1. 各级党委、政府直属事业单位；

2. 中共中央、国务院直属事业单位举办的事业单位；

3. 各级人大、政协机关，监察委员会、人民法院、人民检察院和各民主党派机关举办的事业单位；

4. 各级党委部门和政府部门举办的事业单位；

5. 使用财政性经费的群众团体举办的事业单位；

6. 国有企业及其他组织利用国有资产举办的事业单位；

7. 依照法律或有关规定，应当由各级登记管理机关登记的其他事业单位。

机关法人　是指各级政党机关和国家机关。包括：

1. 县级以上各级中国共产党委员会及其所属各工作部门；

2. 县级以上各级人民代表大会机关；

3. 县级以上各级人民政府及其所属各工作部门，以及地区行政行署；

4. 县级以上各级政治协商会议机关；

5. 县级以上各级监察委员会、人民法院、检察院机关；

6. 县级以上各民主党派和工商联机关；

7. 乡、镇中国共产党委员会和人民政府。

社会团体法人　是指依据《社会团体登记管理条例》，经国家或县级以上民政部门登记注册或备案，领取《社会团体法人登记证书》的各类社会团体，以及由机构编制管理部门管理其编制的群众团体。

民办非企业单位　指企业单位、事业单位、社会团体和其他社会力量以及公民个人利用非国有资产举办的，从事非营利性社会服务的社会组织。民办非企业法人指经各级民政部门核准登记，领取《民办非企业单位登记证书》的民办非企业单位。

基金会　指民政部、省级、地级或市级民政部门核准登记的，颁发《基金会法人登记证书》的基金会。

居委会　由不设区的市、市辖区的人民政府决定设立的社区（居委会）。

村委会　由乡、民族乡、镇的人民政府提出，经村民会议讨论同意后，报县级人民政府批准，设立的村民委员会。

其他法人　是指除上述类型以外的法人。具体是指依据《中华人民共和国农民专业合作社法》及其他法律、法规成立，具备法人条件的单位。

单产业法人　是指仅包含一个产业活动单位的法人单位，称为单产业法人单位，该法人单位同时也是一个产业活动单位。

多产业法人　是指由两个及以上产业活动单位组成的法人单位，称为多产业法人单位，这些产业活动单位接受法人单位的管理和控制。

从业人员期末人数　指报告期最后一日在本单位工作，并取得工资或其他形式劳动报酬的人员数。该指标为时点指标，不包括最后一日当天及以前已经与单位解除劳动合同关系的人员，是在岗职工、劳务派遣人员及其他从业人员之和。从业人员不包括：

1. 离开本单位仍保留劳动关系，并定期领取生活费的人员；

2. 在本单位实习的各类在校学生；

3. 本单位因劳务外包而使用的人员，如：建筑业整建制使用的人员。

营业收入　指企业经营主要业务和其他业务所确认的收入总额。营业收入包括"主营业务收入"和"其他业务收入"。根据会计"利润表"中"营业收入"项目的本年累计数填报。

资产总计　指企业过去的交易或者事项形成的、由企业拥有或者控制的、预期会给企业带来经济利益的资源。资产一般按流动性（资产的变现或耗用时间长短）分为流动资产和非流动资产。其中流动资产可分为货币资金、交易性金融资产、应收票据、应收账款、预付款项、其他应收款、存货等；非流动资产可分为长期股权投资、固定资产、无形资产及其他非流动资产等。

分类规定

登记注册类型 指企业或企业产业活动单位的登记注册类型,市场监管部门对企业(单位)登记注册的类型分为以下几种:

1. 国有企业:指企业全部资产归国家所有,并按《中华人民共和国企业法人登记管理条例》规定登记注册的非公司制的经济组织。不包括有限责任公司中的国有独资公司。

2. 集体企业:指企业资产归集体所有,并按《中华人民共和国企业法人登记管理条例》规定登记注册的经济组织。

3. 股份合作企业:指以合作制为基础,由企业职工共同出资入股,吸收一定比例的社会资产投资组建,实行自主经营,自负盈亏,共同劳动,民主管理,按劳分配与按股分红相结合的一种集体经济组织。

4. 联营企业:指两个及两个以上相同或不同所有制性质的企业法人或事业单位法人,按自愿、平等、互利的原则,共同投资组成的经济组织。联营企业包括国有联营企业、集体联营企业、国有与集体联营企业和其他联营企业。

国有联营企业 指所有联营单位均为国有。

集体联营企业 指所有联营单位均为集体。

国有与集体联营企业 指联营单位既有国有也有集体。

其他联营企业 指上述三种联营企业之外的其他联营形式的企业。

5. 有限责任公司:指根据《中华人民共和国公司登记管理条例》规定登记注册,由两个以上,五十个以下的股东共同出资,每个股东以其所认缴的出资额对公司承担有限责任,公司以其全部资产对其债务承担责任的经济组织。有限责任公司包括国有独资公司以及其他有限责任公司。

国有独资公司 指国家授权的投资机构或者国家授权的部门单独投资设立的有限责任公司。

其他有限责任公司 指国有独资公司以外的其他有限责任公司。

6. 股份有限公司:指根据《中华人民共和国公司登记管理条例》规定登记注册,其全部注册资本由等额股份构成并通过发行股票筹集资本,股东以其认购的股份对公司承担有限责任,公司以其全部资产对其债务承担责任的经济组织。

7. 私营企业:指由自然人投资设立或由自然人控股,以雇佣劳动为基础的营利性经济组织。包括按照《公司法》《合伙企业法》《私营企业暂行条例》以及《个人独资企业法》规定登记注册的私营独资企业、私营合伙企业、私营有限责任公司、私营股份有限公司和个人独资企业。

私营独资企业 指按《私营企业暂行条例》的规定,由一名自然人投资经营,以雇佣劳动为基础,投资者对企业债务承担无限责任的企业。

私营合伙企业 指按《合伙企业法》或《私营企业暂行条例》的规定,由两个以上自然人按照协议共同投资、共同经营、共负盈亏,以雇佣劳动为基础,对债务承担无限责任的企业。

私营有限责任公司 指按《公司法》《私营企业暂行条例》的规定,由两个以上自然人投资或由单个自然人控股的有限责任公司。

私营股份有限公司 指按《公司法》的规定,由五个以上自然人投资,或由单个自然人控股的股份有限公司。

8. 其他企业:指上述第 1 条至第 7 条之外的其他内资经济组织。

9. 合资经营企业(港或澳、台资):指港澳台地区投资者与内地的企业依照《中华人民共和国中外合资经营企业法》及有关法律的规定,按合同规定的比例投资设立,分享利润和分担风险的企业。

10. 合作经营企业(港或澳、台资):指港澳台地区投资者与内地企业依照《中华人民共和国中外合作经营企业法》及有关法律的规定,依照合作合同的约定进行投资或提供条件设立,分配利润、分担风险和亏损的企业。

11. 港、澳、台商独资经营企业:指依照《中华人民共和国外资企业法》及有关法律的规定,在内地由港澳台地区投资者全额投资设立的企业。

12. 港、澳、台商投资股份有限公司:指根据国家有关规定,经商务部(原外经贸部)批准设立,并且其中港、澳、台商的股本占公司注册资本的比例达 25% 以上的股份有限公司。凡其中港、澳、台商的股本占公司注册资本的比例小于 25% 的,属于内资中的股份有限公司。

13. 其他港、澳、台商投资企业:指在中国境内参照《外国企业或个人在中国境内设立合伙企业管理办法》和《外商投资合伙企业登记管理规定》,依法设立的港、澳、台商投资合伙企业。

14. 中外合资经营企业:指外国企业或外国人与中国内地企业依照《中华人民共和国中外合资经营企业法》及有关法律的规定,按合同规定的比例投资设立,分享利润和分担风险的企业。

15. 中外合作经营企业:指外国企业或外国人与中国内地企业依照《中华人民共和国中外合作经营企业法》及有关法律的规定,依照合作合同的约定进行投资或提供条件设立,分配利润、分担风险和亏损的企业。

16. 外资企业:指依照《中华人民共和国外资企业法》及有关法律的规定,在中国内地由外国投资者全额投资设立的企业。

17. 外商投资股份有限公司：指根据国家有关规定，经商务部（原外经贸部）批准设立，并且其中外资的股本占公司注册资本的比例达25%以上的股份有限公司。凡其中外资股本占公司注册资本的比例小于25%的，属于内资中的股份有限公司。

18. 其他外商投资企业：指在中国境内依照《外国企业或个人在中国境内设立合伙企业管理办法》和《外商投资合伙企业登记管理规定》，依法设立的外商投资合伙企业。

企业控股情况　根据企业实收资本中某种经济成分的出资人的实际投资情况，或出资人对企业资产的实际控制、支配程度进行分类。具体分为国有控股、集体控股、私人控股、港澳台商控股、外商控股和其他六类。

国有控股　包括：（1）在企业的全部实收资本中，国有经济成分的出资人拥有的实收资本（股本）所占企业全部实收资本（股本）的比例大于50%的国有绝对控股。（2）在企业的全部实收资本中，国有经济成分的出资人拥有的实收资本（股本）所占比例虽未大于50%，但相对大于其他任何一方经济成分的出资人所占比例的国有相对控股；或者虽不大于其他经济成分，但根据协议规定拥有企业实际控制权的国有协议控股。（3）投资双方各占50%，且未明确由谁绝对控股的企业，若其中一方为国有经济成分的，一律按国有控股处理。

集体控股　包括：（1）在企业的全部实收资本中，集体经济成分的出资人拥有的实收资本（股本）所占企业全部实收资本（股本）的比例大于50%的集体绝对控股。（2）在企业的全部实收资本中，集体经济成分的出资人拥有的实收资本（股本）所占比例虽未大于50%，但相对大于其他任何一方经济成分的出资人所占比例的集体相对控股；或者虽不大于其他经济成分，但根据协议规定拥有企业实际控制权的集体协议控股。

私人控股　包括：（1）在企业的全部实收资本中，私人经济成分的出资人拥有的实收资本（股本）所占企业全部实收资本（股本）的比例大于50%的私人绝对控股。（2）在企业的全部实收资本中，私人经济成分的出资人拥有的实收资本（股本）所占比例虽未大于50%，但相对大于其他任何一方经济成分的出资人所占比例的私人相对控股；或者虽不大于其他经济成分，但根据协议规定拥有企业实际控制权的私人协议控股。

港澳台商控股　包括：（1）在企业的全部实收资本中，港澳台商经济成分的出资人拥有的实收资本（股本）所占企业全部实收资本（股本）的比例大于50%的港澳台商绝对控股。（2）在企业的全部实收资本中，港澳台商经济成分的出资人拥有的实收资本（股本）所占比例虽未大于50%，但相对大于其他任何一方经济成分的出资人所占比例的港澳台商相对控股；或者虽不大于其他经济成分，但根据协议规定拥有企业实际控制权的港澳台商协议控股。

外商控股　包括：（1）在企业的全部实收资本中，外商经济成分的出资人拥有的实收资本（股本）所占企业全部实收资本（股本）的比例大于50%的外商绝对控股。（2）在企业的全部实收资本中，外商经济成分的出资人拥有的实收资本（股本）所占比例虽未大于50%，但相对大于其他任何一方经济成分的出资人所占比例的外商相对控股；或者虽不大于其他经济成分，但根据协议规定拥有企业实际控制权的外商协议控股。

其他控股情况　除上述五类以外的企业控股情况。

统计上大中小微型企业划分办法

一、根据工业和信息化部、国家统计局、国家发展改革委、财政部《关于印发中小企业划型标准规定的通知》(工信部联企业〔2011〕300 号),以《国民经济行业分类》(GB/T4754 - 2017)为基础,结合统计工作的实际情况,制定本办法。

二、本办法适用对象为在中华人民共和国境内依法设立的各种组织形式的法人企业或单位。个体工商户参照本办法进行划分。

三、本办法适用范围包括:农、林、牧、渔业,采矿业,制造业,电力、热力、燃气及水生产和供应业,建筑业,批发和零售业,交通运输、仓储和邮政业,住宿和餐饮业,信息传输、软件和信息技术服务业,房地产业,租赁和商务服务业,科学研究和技术服务业,水利、环境和公共设施管理业,居民服务、修理和其他服务业,文化、体育和娱乐业等 15 个行业门类以及社会工作行业大类。

四、本办法按照行业门类、大类、中类和组合类别,依据从业人员、营业收入、资产总额等指标或替代指标,将我国的企业划分为大型、中型、小型、微型等四种类型。具体划分标准见附表。

五、企业划分由政府综合统计部门根据统计年报每年确定一次,定报统计原则上不进行调整。

六、本办法自印发之日起执行,国家统计局 2011 年印发的《统计上大中小微型企业划分办法》(国统字〔2011〕75 号)同时废止。

附表：

统计上大中小微型企业划分标准

行业名称	指标名称	计量单位	大型	中型	小型	微型
农、林、牧、渔业	营业收入(Y)	万元	Y≥20000	500≤Y＜20000	50≤Y＜500	Y＜50
工业＊	从业人员(X)	人	X≥1000	300≤X＜1000	20≤X＜300	X＜20
	营业收入(Y)	万元	Y≥40000	2000≤Y＜40000	300≤Y＜2000	Y＜300
建筑业	营业收入(Y)	万元	Y≥80000	6000≤Y＜80000	300≤Y＜6000	Y＜300
	资产总额(Z)	万元	Z≥80000	5000≤Z＜80000	300≤Z＜5000	Z＜300
批发业	从业人员(X)	人	X≥200	20≤X＜200	5≤X＜20	X＜5
	营业收入(Y)	万元	Y≥40000	5000≤Y＜40000	1000≤Y＜5000	Y＜1000
零售业	从业人员(X)	人	X≥300	50≤X＜300	10≤X＜50	X＜10
	营业收入(Y)	万元	Y≥20000	500≤Y＜20000	100≤Y＜500	Y＜100
交通运输业＊	从业人员(X)	人	X≥1000	300≤X＜1000	20≤X＜300	X＜20
	营业收入(Y)	万元	Y≥30000	3000≤Y＜30000	200≤Y＜3000	Y＜200
仓储业	从业人员(X)	人	X≥200	100≤X＜200	20≤X＜100	X＜20
	营业收入(Y)	万元	Y≥30000	1000≤Y＜30000	100≤Y＜1000	Y＜100
邮政业	从业人员(X)	人	X≥1000	300≤X＜1000	20≤X＜300	X＜20
	营业收入(Y)	万元	Y≥30000	2000≤Y＜30000	100≤Y＜2000	Y＜100
住宿业	从业人员(X)	人	X≥300	100≤X＜300	10≤X＜100	X＜10
	营业收入(Y)	万元	Y≥10000	2000≤Y＜10000	100≤Y＜2000	Y＜100
餐饮业	从业人员(X)	人	X≥300	100≤X＜300	10≤X＜100	X＜10
	营业收入(Y)	万元	Y≥10000	2000≤Y＜10000	100≤Y＜2000	Y＜100
信息传输业＊	从业人员(X)	人	X≥2000	100≤X＜2000	10≤X＜100	X＜10
	营业收入(Y)	万元	Y≥100000	1000≤Y＜100000	100≤Y＜1000	Y＜100
软件和信息技术服务业	从业人员(X)	人	X≥300	100≤X＜300	10≤X＜100	X＜10
	营业收入(Y)	万元	Y≥10000	1000≤Y＜10000	50≤Y＜1000	Y＜50
房地产开发经营	营业收入(Y)	万元	Y≥200000	1000≤Y＜200000	100≤Y＜1000	Y＜100
	资产总额(Z)	万元	Z≥10000	5000≤Z＜10000	2000≤Z＜5000	Z＜2000
物业管理	从业人员(X)	人	X≥1000	300≤X＜1000	100≤X＜300	X＜100
	营业收入(Y)	万元	Y≥5000	1000≤Y＜5000	500≤Y＜1000	Y＜500
租赁和商务服务业	从业人员(X)	人	X≥300	100≤X＜300	10≤X＜100	X＜10
	资产总额(Z)	万元	Z≥120000	8000≤Z＜120000	100≤Z＜8000	Z＜100
其他未列明行业＊	从业人员(X)	人	X≥300	100≤X＜300	10≤X＜100	X＜10

说明：

1. 大型、中型和小型企业须同时满足所列指标的下限，否则下划一档；微型企业只须满足所列指标中的一项即可。

2. 附表中各行业的范围以《国民经济行业分类》（GB/T4754－2017）为准。带＊的项为行业组合类别，其中，工业包括采矿业，制造业，电力、热力、燃气及水生产和供应业；交通运输业包括道路运输业，水上运输业，航空运输业，管道运输业，多式联运和运输代理业、装卸搬运，不包括铁路运输业；仓储业包括通用仓储，低温仓储，危险品仓储，谷物、棉花等农产品仓储，中药材仓储和其他仓储业；信息传输业包括电信、广播电视和卫星传输服务，互联网和相关服务；其他未列明行业包括科学研究和技术服务业，水利、环境和公共设施管理业，居民服务、修理和其他服务业，社会工作，文化、体育和娱乐业，以及房地产中介服务，其他房地产业等，不包括自有房地产经营活动。

3. 企业划分指标以现行统计制度为准。（1）从业人员，是指期末从业人员数，没有期末从业人员数的，采用全年平均人员数代替。（2）营业收入，工业、建筑业、限额以上批发和零售业、限额以上住宿和餐饮业以及其他设置主营业务收入指标的行业，采用主营业务收入；限额以下批发与零售业企业采用商品销售额代替；限额以下住宿与餐饮业企业采用营业额代替；农、林、牧、渔业企业采用营业总收入代替；其他未设置主营业务收入的行业，采用营业收入指标。（3）资产总额，采用资产总计代替。

文化及相关产业分类(2018)

一、目的和作用

(一)为深化文化体制改革和持续推进社会主义文化强国建设提供统计保障,建立科学可行的文化及相关产业统计制度,制定本分类。

(二)本分类为反映我国文化及相关产业生产活动提供标准分类依据,为文化及相关产业统计提供统一的定义和范围,为发展文化产业、推进社会主义文化繁荣兴盛提供统计服务。

二、定义和范围

(一)定义

本分类规定的文化及相关产业是指为社会公众提供文化产品和文化相关产品的生产活动的集合。

(二)范围

根据以上定义,我国文化及相关产业的范围包括:

1. 以文化为核心内容,为直接满足人们的精神需要而进行的创作、制造、传播、展示等文化产品(包括货物和服务)的生产活动。具体包括新闻信息服务、内容创作生产、创意设计服务、文化传播渠道、文化投资运营和文化娱乐休闲服务等活动。

2. 为实现文化产品的生产活动所需的文化辅助生产和中介服务、文化装备生产和文化消费终端生产(包括制造和销售)等活动。

三、分类原则

(一)以《国民经济行业分类》为基础

本分类以《国民经济行业分类》(GB/T 4754 - 2017)为基础,根据文化生产活动的特点,将行业分类中相关的类别重新组合,是《国民经济行业分类》的派生分类。

(二)兼顾文化管理需要和可操作性

根据我国文化体制改革和发展的实际,本分类在考虑文化生产活动特点的同时,兼顾文化主管部门管理的需要;同时立足于现行统计制度和方法,充分考虑分类的可操作性。

(三)与国际分类标准相衔接

本分类借鉴了联合国教科文组织的《文化统计框架—2009》的分类方法,在定义和覆盖范围上与其衔接。

四、分类方法

本分类采用线分类法和分层次编码方法,将文化及相关产业划分为三层,分别用阿拉伯数字编码表示。第一层为大类,用01 - 09 数字表示,共有9 个大类;第二层为中类,用3 位数字表示,共有43 个中类;第三层为小类,用4 位数字表示,共有146 个小类。

五、有关说明

(一)本分类建立了与《国民经济行业分类》(GB/T 4754 - 2017)的对应关系。在本分类中,如国民经济某行业小类仅部分活动属于文化及相关产业,则在行业代码后加“*”做标识,并对属于文化生产活动的内容进行说明;如国民经济某行业小类全部纳入文化及相关产业,则小类类别名称与行业类别名称完全一致。

(二)本分类全部小类对应或包含在《国民经济行业分类》(GB/T 4754 - 2017)相应的行业小类中,具体范围和说明可参见《2017 国民经济行业分类注释》。

(三)本分类01 - 06 大类为文化核心领域,07 - 09 大类为文化相关领域。

六、文化及相关产业分类表

表1　文化及相关产业的类别名称和行业代码

类 别 名 称	国民经济行业代码
第一部分　文化核心领域	
一、新闻信息服务	
（一）新闻服务	
新闻业	8610
（二）报纸信息服务	
报纸出版	8622
（三）广播电视信息服务	
广播	8710
电视	8720
广播电视集成播控	8740
（四）互联网信息服务	
互联网搜索服务	6421
互联网其他信息服务	6429
二、内容创作生产	
（一）出版服务	
图书出版	8621
期刊出版	8623
音像制品出版	8624
电子出版物出版	8625
数字出版	8626
其他出版业	8629
（二）广播影视节目制作	
影视节目制作	8730
录音制作	8770
（三）创作表演服务	
文艺创作与表演	8810
群众文体活动	8870
其他文化艺术业	8890
（四）数字内容服务	
动漫、游戏数字内容服务	6572
互联网游戏服务	6422
多媒体、游戏动漫和数字出版软件开发	6513 *
增值电信文化服务	6319 *
其他文化数字内容服务	6579 *
（五）内容保存服务	
图书馆	8831
档案馆	8832
文物及非物质文化遗产保护	8840
博物馆	8850
烈士陵园、纪念馆	8860
（六）工艺美术品制造	
雕塑工艺品制造	2431
金属工艺品制造	2432
漆器工艺品制造	2433

续表 1

类别名称	国民经济行业代码
花画工艺品制造	2434
天然植物纤维编织工艺品制造	2435
抽纱刺绣工艺品制造	2436
地毯、挂毯制造	2437
珠宝首饰及有关物品制造	2438
其他工艺美术及礼仪用品制造	2439
（七）艺术陶瓷制造	
陈设艺术陶瓷制造	3075
园艺陶瓷制造	3076
三、创意设计服务	
（一）广告服务	
互联网广告服务	7251
其他广告服务	7259
（二）设计服务	
建筑设计服务	7484 *
工业设计服务	7491
专业设计服务	7492
四、文化传播渠道	
（一）出版物发行	
图书批发	5143
报刊批发	5144
音像制品、电子和数字出版物批发	5145
图书、报刊零售	5243
音像制品、电子和数字出版物零售	5244
图书出租	7124
音像制品出租	7125
（二）广播电视节目传输	
有线广播电视传输服务	6321
无线广播电视传输服务	6322
广播电视卫星传输服务	6331
（三）广播影视发行放映	
电影和广播电视节目发行	8750
电影放映	8760
（四）艺术表演	
艺术表演场馆	8820
（五）互联网文化娱乐平台	
互联网文化娱乐平台	6432 *
（六）艺术品拍卖及代理	
艺术品、收藏品拍卖	5183
艺术品代理	5184
（七）工艺美术品销售	
首饰、工艺品及收藏品批发	5146
珠宝首饰零售	5245
工艺美术品及收藏品零售	5246

续表 2

类 别 名 称	国民经济行业代码
五、文化投资运营	
(一)投资与资产管理	
文化投资与资产管理	7212 *
(二)运营管理	
文化企业总部管理	7211 *
文化产业园区管理	7221 *
六、文化娱乐休闲服务	
(一)娱乐服务	
歌舞厅娱乐活动	9011
电子游艺厅娱乐活动	9012
网吧活动	9013
其他室内娱乐活动	9019
游乐园	9020
其他娱乐业	9090
(二)景区游览服务	
城市公园管理	7850
名胜风景区管理	7861
森林公园管理	7862
其他游览景区管理	7869
自然遗迹保护管理	7712
动物园、水族馆管理服务	7715
植物园管理服务	7716
(三)休闲观光游览服务	
休闲观光活动	9030
观光游览航空服务	5622
第二部分　文化相关领域	
七、文化辅助生产和中介服务	
(一)文化辅助用品制造	
文化用机制纸及纸板制造	2221 *
手工纸制造	2222
油墨及类似产品制造	2642
工艺美术颜料制造	2644
文化用信息化学品制造	2664
(二)印刷复制服务	
书、报刊印刷	2311
本册印制	2312
包装装潢及其他印刷	2319
装订及印刷相关服务	2320
记录媒介复制	2330
摄影扩印服务	8060
(三)版权服务	
版权和文化软件服务	7520 *
(四)会议展览服务	
会议、展览及相关服务	7281－7284
	7289

续表3

类 别 名 称	国民经济行业代码
（五）文化经纪代理服务	
文化活动服务	9051
文化娱乐经纪人	9053
其他文化艺术经纪代理	9059
婚庆典礼服务	8070 *
文化贸易代理服务	5181 *
票务代理服务	7298
（六）文化设备（用品）出租服务	
休闲娱乐用品设备出租	7121
文化用品设备出租	7123
（七）文化科研培训服务	
社会人文科学研究	7350
学术理论社会（文化）团体	9521 *
文化艺术培训	8393
文化艺术辅导	8399 *
八、文化装备生产	
（一）印刷设备制造	
印刷专用设备制造	3542
复印和胶印设备制造	3474
（二）广播电视电影设备制造及销售	
广播电视节目制作及发射设备制造	3931
广播电视接收设备制造	3932
广播电视专用配件制造	3933
专业音响设备制造	3934
应用电视设备及其他广播电视设备制造	3939
广播影视设备批发	5178
电影机械制造	3471
（三）摄录设备制造及销售	
影视录放设备制造	3953
娱乐用智能无人飞行器制造	3963 *
幻灯及投影设备制造	3472
照相机及器材制造	3473
照相器材零售	5248
（四）演艺设备制造及销售	
舞台及场地用灯制造	3873
舞台照明设备批发	5175 *
（五）游乐游艺设备制造	
露天游乐场所游乐设备制造	2461
游艺用品及室内游艺器材制造	2462
其他娱乐用品制造	2469
（六）乐器制造及销售	
中乐器制造	2421
西乐器制造	2422
电子乐器制造	2423

续表 4

类 别 名 称	国民经济行业代码
其他乐器及零件制造	2429
乐器批发	5147
乐器零售	5247
九、文化消费终端生产	
（一）文具制造及销售	
文具制造	2411
文具用品批发	5141
文具用品零售	5241
（二）笔墨制造	
笔的制造	2412
墨水、墨汁制造	2414
（三）玩具制造	
玩具制造	2451 – 2456
	2459
（四）节庆用品制造	
焰火、鞭炮产品制造	2672
（五）信息服务终端制造及销售	
电视机制造	3951
音响设备制造	3952
可穿戴智能文化设备制造	3961 *
其他智能文化消费设备制造	3969 *
家用视听设备批发	5137
家用视听设备零售	5271
其他文化用品批发	5149
其他文化用品零售	5249

表2　带"＊"行业分类文化生产活动内容的说明

序号	国民经济行业分类及代码	文化及相关产业类别名称及小类代码	文化生产活动的内容
1	应用软件开发(6513＊)	多媒体、游戏动漫和数字出版软件开发(0243)	包括应用软件开发中的多媒体软件、游戏动漫软件、数字出版软件开发活动。
2	其他电信服务(6319＊)	增值电信文化服务(0244)	仅指固定网增值电信、移动网增值电信、其他增值电信中的文化服务,包括手机报、个性化铃音等业务服务。
3	其他数字内容服务(6579＊)	其他文化数字内容服务(0245)	仅指文化宣传领域数字内容服务。
4	工程设计活动(7484＊)	建筑设计服务(0321)	仅包括房屋建筑工程,体育、休闲娱乐工程,室内装饰和风景园林工程专项设计服务。
5	互联网生活服务平台(6432＊)	互联网文化娱乐平台(0450)	仅包括互联网演出购票平台、娱乐应用服务平台、音视频服务平台、读书平台、艺术品鉴定拍卖平台和文化艺术平台。
6	投资与资产管理(7212＊)	文化投资与资产管理(0510)	指政府主管部门转变职能后,成立的国有文化资产管理机构和文化行业管理机构的活动;文化投资活动,不包括资本市场的投资。
7	企业总部管理(7211＊)	文化企业总部管理(0521)	指不具体从事对外经营业务,只负责文化企业的重大决策、资产管理,协调管理下属各机构和内部日常工作的文化企业总部的活动,其对外经营业务由下属的独立核算单位或单独核算单位承担,还包括派出机构的活动(如办事处等)。
8	园区管理服务(7221＊)	文化产业园区管理(0522)	仅指非政府部门的文化产业园区管理服务。
9	机制纸及纸板制造(2221＊)	文化用机制纸及纸板制造(0711)	包括未涂布印刷书写用纸制造、涂布类印刷用纸制造、感应纸及纸板制造。
10	知识产权服务(7520＊)	版权和文化软件服务(0730)	版权服务包括版权代理服务,版权鉴定服务,版权咨询服务,著作权登记服务,著作权使用报酬收转服务,版权交易、版权贸易服务和其他版权服务。文化软件服务指与文化有关的软件服务,包括软件代理、软件著作权登记、软件鉴定等服务。
11	婚姻服务(8070＊)	婚庆典礼服务(0754)	指婚庆礼仪服务。包括婚礼策划、组织服务,婚礼租车服务,婚礼用品出租服务,婚礼摄像服务和其他婚姻服务。
12	贸易代理(5181＊)	文化贸易代理服务(0755)	包括文化用品、图书、音像、文化用家用电器和广播电视器材等国际国内贸易代理服务。
13	专业性团体(9521＊)	学术理论社会(文化)团体(0772)	学术理论社会团体包括党的理论研究、史学研究、思想工作研究、社会人文科学研究等团体的服务。文化团体包括新闻、图书、报刊、音像、版权、广播、电视、电影、演员、作家、文学艺术、美术家、摄影家、文物、博物馆、图书馆、文化馆、游乐园、公园、文艺理论研究、民族文化等团体的服务。
14	其他未列明教育(8399＊)	文化艺术辅导(0774)	包括美术、舞蹈、音乐、书法和武术等辅导服务。
15	智能无人飞行器制造(3963＊)	娱乐用智能无人飞行器制造(0832)	指按照国家有关安全规定标准,经允许生产并主要用于娱乐的智能无人飞行器的制造。
16	电气设备批发(5175＊)	舞台照明设备批发(0842)	包括各类舞台照明设备的批发。
17	可穿戴智能设备制造(3961＊)	可穿戴智能文化设备制造(0953)	指由用户穿戴和控制,并且自然、持续地运行和交互的个人移动计算文化设备产品的制造。
18	其他智能消费设备制造(3969＊)	其他智能文化消费设备制造(0954)	仅指虚拟现实设备制造活动。